STORIA E STORIE

SAMURAI, SHŌGUN E KAMIKAZE

Jonathan Clements

STORIA E STORIE

LA GRANDE STORIA DELL'IMPERO DEL SOL LEVANTE

GIUNTI

Titolo originale: *A Brief History of Japan*

First published in 2017 by Tuttle Publishing,
an imprint of Periplus Editions (HK) Ltd.

Traduzione di Luigi Sanvito

www.giunti.it

Via Bolognese 165 – 50139 Firenze – Italia
Via G.B. Pirelli 30 – 20124 Milano – Italia
Prima edizione: gennaio 2020
Seconda ristampa: ottobre 2022

FSC
www.fsc.org
MISTO
Carta da fonti gestite
in maniera responsabile
FSC® C005461

Stampato presso Rotolito S.p.A., Seggiano di Pioltello (MI)

INDICE

RUSSIA
CINA
COREA DEL NORD
Mar del Giappo
COREA DEL SUD
Hons
Kanazawa
Fukui
Matsue
Tottori
Gif
Kyoto
Otsu
Isola di Tsushima
Hiroshima
Okayama
Himeji
Kobe
Nara
Osaka
Yamaguchi
Sakai
Tsu
Takamatsu
Kitakyushu
Wakayama
Matsuyama
Tokushima
Shikoku
Fukuoka
Kochi
Saga
Oita
Kumamoto
Nagasaki
Kyushu
Mare del
Miyazaki
Kagoshima

RUSSIA
Giappone
250 km
100 miglia
N
Asahikawa
Hokkaido
Sapporo
Hakodate
Aomori
Akita
Morioka
Oceano Pacifico Settentrionale
Isola di Sado
Sendai
Yamagata
Fukushima
Nikko
Nagano
Utsunomiya
Mito
Tokyo
Saitama
Chiba
Kawasaki
Yokohama
Shizuoka
ppine
Okino Erabu
Isole di Okinawa
Okinawa
Kume
Mare delle Filippine
N
Irabu
Miyako
Tarama
Ishigaki
Iriomote
100 Km
40 miglia

PREFAZIONE

La prima volta che misi piede in Giappone ero più preparato della maggior parte dei nuovi venuti. Avevo studiato a Taiwan, ed ero già in grado di comprendere il significato di tutti i cartelli lungo le strade, anche se non sapevo necessariamente pronunciare la lingua dei loro avvisi. Quasi per caso arrivai non nei dintorni di Tōkyō, bensì a Kyōto, l'antico cuore del Giappone, che presto mi avrebbe stregato con la sua storia e la sua cultura. Mi trovavo lì per studiare le relazioni estere del Giappone premoderno e la sua letteratura, e cominciai a fare acquisti come se non ci fosse un domani, spedendo a casa scatole e scatole di libri, cd, vhs e *shōgi*, gli scacchi locali. Stavo studiando il giapponese già da parecchi mesi, ed ero sicuro che un giorno lo avrei padroneggiato completamente.

Venticinque anni e tre lauree più tardi, mi sentivo ancora un principiante. Nel corso del mio ultimo viaggio in Giappone ero vecchio abbastanza da essere il padre dello studente che ero allora. Nei negozi compravo a malapena qualcosa, preferendo la facilità e la rapidità degli acquisti online. In compenso, peregrinavo per musei sconosciuti al turismo di massa, in cerca di testi sulla storia e il folklore locale, e indugiavo sugli antichi campi di battaglia, nel tentativo di comprendere il significato dei vecchi poemi di guerra. Ho guardato mio figlio mentre giocava, da solo, in un parco ben attrezzato e impeccabilmente pulito. Ho contato i negozi di seconda mano che erano sorti a Teramachi, il quartiere dello shopping di Kyōto, meravigliandomi che fosse più facile acquistare pannolini per adulti che per bambini. A Nagoya, mi sono imbattuto in una coppia di amici il cui giovane figlio stava partecipando a una «danza del dragone». Data la penuria di ragazzini nel quartiere, il loro dragone assomigliava più a un coccodrillo.

Adesso sono un saggista, con all'attivo alcune biografie dedicate a figure di spicco della storia nipponica: il principe Saionji e l'ammiraglio Tōgō, il giovane ribelle Amakusa Shirō e il re pirata Coxinga. La mia specialità è sempre stata la scoperta e la divulgazione di vicende strane e meravigliose. E cosa potrebbe esserci di più strano e meraviglioso della storia di un'intera nazione, dalle sue origini avvolte nel mito al futuro che presumibilmente l'aspetta?

La decisione più difficile per l'autore di un libro come questo riguarda i temi che ritiene di dover escludere dalla trattazione. Al riguardo, mi sono ispirato il più possibile al pionieristico *A Brief History of Indonesia* di Tim Hannigan. Come Tim, mi sono trovato di fronte alla difficoltà di narrare una storia che si estende per milioni di anni con migliaia di personaggi, e al problema di evidenziare i punti salienti del suo sviluppo senza banalizzarli o appesantirli. Molti colleghi prima di me hanno tentato di narrare le vicende del Giappone ricorrendo a un simile approccio. E molti sono caduti nelle trappole insite nella stessa disciplina storiografica, compreso il vizio di rimettere in discussione qualunque risultato acquisito. Quanto era feudale il periodo feudale? Quanto era isolazionista l'epoca *Sakoku*?

Chi menzionare? Chi ignorare? Quali personalità privilegiare in un elenco di 125 imperatori? Chi scegliere tra dozzine di shōgun? E come orientarsi tra gli scrittori e gli artisti, i filosofi e i samurai? Considerando poi che altri autori avevano scritto interi libri incentrati sul soggetto di una mia singola pagina, o persino di una riga, il compito che mi ero assunto sembrava davvero scoraggiante.

Ho ripensato alla persona che ero prima di arrivare in Giappone, prima di conoscere la sua lingua. Cosa avrei voluto sapere di quel Paese? Quali storie avrei voluto sentire per prime; a cosa avrei dovuto entusiasmarmi per approfondire la mia conoscenza di una terra infinitamente sorprendente? E in che modo avrei potuto restituire al lettore le sue vicende senza perdermi in un'intricata foresta di nomi multisillabici?

A differenza della Cina, il cui sviluppo può essere descritto dal susseguirsi di specifiche dinastie, in Giappone c'è una sola dinastia, che per di più sostiene di aver governato il Paese fin dagli albori della sua storia. Si tratta di un'affermazione piuttosto discutibile, ed è probabile che in futuro gli studiosi inizieranno a concepire la singola genealogia imperiale come una fitta rete di relazioni e influenze reciproche, sulla falsariga di Herman Ooms e della sua recente tesi secondo la quale il Giappone dell'VIII secolo era governato da una «dinastia Tenmu». Sta di fatto che gli storici e i divulgatori non possono più raccontare la storia del Giappone accontentandosi di un modello «verticistico» (chi era al comando, e quando). Di conseguenza, occorre elaborare un altro approccio, tanto più che nella terra del Sol Levante la questione del potere e della sua conquista è dipesa fin troppo spesso dalle oscillazioni del consenso e dalle sue esigenze implicite. I samurai andavano in guerra *immaginando* quale sarebbe stata la politica del loro condottiero se fossero riusciti a insediarlo sul trono. Gli shōgun detentori della reggenza arguivano ciò che l'imperatore-bambino *avrebbe probabilmente voluto* se solo avesse potuto parlare.

In questo libro mi sono concentrato su alcuni punti di svolta - l'iniziale processo di popolamento dello stesso Giappone e lo sbarco di una nuova ondata di migranti dall'Asia continentale. Altri capitoli analizzano i periodi cruciali dell'incontro con realtà straniere, nonché le conseguenze di tali contatti: l'arrivo della cultura cinese e del buddhismo, e la loro progressiva trasformazione in modelli squisitamente nipponici, non più alimentati da influssi esterni; l'affacciarsi dei primi missionari cristiani e i due secoli di brutale isolamento seguiti alla loro cacciata; la comparsa delle potenze coloniali nel XIX secolo e i cambiamenti rivoluzionari che hanno introdotto nella società giapponese; l'emergere del militarismo di Stato nella prima metà del Novecento e la proiezione del Paese sullo scenario internazionale; e infine, l'occupazione su vasta scala delle truppe americane dal 1945 al 1952, che ha cambiato il Giappone ancora una volta. In ognuna di quelle fasi storiche, la terra del Sol Levante fu inondata di idee e culture straniere. Inizialmente i giapponesi parvero limitarsi a scimmiottare gli influssi esterni; in realtà se ne stavano impossessando per riplasmarli in modo originale. (Ero tentato di usare l'aggettivo «unico», ma il «mito dell'unicità giapponese» - *nihonjinron* - è un argomento piuttosto controverso).

Intanto, da qualche anno a questa parte gli storici del Giappone devono fare i conti con uno sviluppo inaspettato: più si va indietro nel tempo, e più emergono nuove scoperte. Contrariamente a quel che si crede, la storia dell'antico Giappone non è affatto un capitolo chiuso. Semmai è vero il contrario, come i ricercatori dell'ultima generazione hanno ampiamente dimostrato. Questo sviluppo dipende in parte dall'incredibile effetto che la tumultuosa economia nipponica della fine del secolo scorso ha avuto sull'edilizia. Nuove città sono sorte in luoghi come le colline di Tama, alla periferia di Tōkyō, e la loro edificazione ha dato il via, per pura casualità, a numerose scoperte archeologiche, come pure ad affannose corse contro il tempo per studiare i siti prima che venissero trasformati in parcheggi o centri commerciali. Le spese di una simile «archeologia di salvataggio» si sono moltiplicate tra il 1970 e il 1977, per decuplicarsi nel 1992. Da allora in poi gli investimenti nel settore della ricerca archeologica sono in stallo, a causa soprattutto del rallentamento globale dell'economia. Cionondostante, i frutti di quelle campagne di scavi hanno calamitato l'attenzione degli studiosi per almeno un altro decennio, facendo emergere scoperte incredibili e nuove teorie di portata rivoluzionaria, mettendo in crisi dati che si ritenevano acquisiti una volta per tutte, e mandando in soffitta non pochi testi precedenti, ormai superati e sostanzialmente inutili.

La politica continua a esercitare una forte influenza sulla storiografia dell'arcipelago giapponese. Se ci occupiamo dei secoli antichi, il problema più rilevante sorge dal vistoso divario tra una mitologia nazionale che sostiene la discendenza di tutti gli imperatori dalla dea del Sole, e le discipline archeologiche che fanno risalire tale discendenza ad aristocratici coreani. Nel 1692, l'illustre nobiluomo Tokugawa Mitsukuni portò alla luce una vecchia tomba; subito dopo, tuttavia, decise di riporre al suo interno tutti gli oggetti che vi aveva trovato. Lo scavo di tombe fu dichiarato illegale in Giappone nel 1874, e nonostante un certo allentamento del divieto nel corso del XX secolo, la casa imperiale ha continuato a ostacolare qualunque dissotterramento di sepolcri che potessero contenere resti di antenati del regnante in carica.

Nel 1976, complice un'editoria di bassa lega ossessionata dal passato preistorico del paese, gli archeologi si videro proibire per l'ennesima volta l'apertura di tombe imperiali. Senza dubbio alcuni di quei siti erano stati saccheggiati molto tempo addietro, ma nessuno può dire onestamente quali ricchezze storiche si nascondano a tutt'oggi nelle grandi tombe ancora sigillate. Di conseguenza il primo capitolo di questo libro («Giappone mitico e preistorico») è separato dal secondo da un muro di leggende, in quanto attualmente non vi è alcuna possibilità di studiare in modo adeguato il periodo anteriore al 700 d.C. Immaginiamo per un istante quanto sarebbe diversa la nostra conoscenza della Cina senza i materiali estratti nel 1970 da alcuni tumuli sepolcrali: non sapremmo nulla dell'Esercito di terracotta, nulla del mausoleo del primo imperatore Qin, nulla della versione integrale del *Tao Te Ching*, nulla dei manuali militari di Sun Bin. Gli apologeti potrebbero anche lodare i giapponesi per il rispetto che dimostrano nei riguardi delle loro radici e delle loro tradizioni, al punto da proibire la profanazione delle tombe imperiali. Sta di fatto, tuttavia, che questo atteggiamento riduce drasticamente la possibilità di scoprire qualunque manoscritto originale anteriore all'VIII secolo d.C.

Trovo che questa situazione sia particolarmente frustrante, soprattutto perché l'elemento più interessante dell'antichissima storia giapponese risiede proprio nella sua connessione con i regni coreani di Kara e Baekje. Gli esuli dalla Corea furono infatti alla base di interi rami di quella che sarebbe diventata l'aristocrazia nipponica. I contatti col Giappone sono frequentemente menzionati nei coreani *Annali di Baekje* fino al 428 d.C., quando qualunque riferimento al paese scompare per circa due secoli; un'omissione che aspetta ancora di essere chiarita. Purtroppo la storia più recente – in particolare la prima fase del

XX secolo – ha talmente invelenito e politicizzato il dibattito sui contatti tra Giappone e Corea, tanto da spingere gli studiosi a disinteressarsene.

Nel 2008, un gruppo selezionato di ricercatori ha avuto il permesso di entrare nella gigantesca tomba di Gosashi, che secondo alcuni ospiterebbe i resti della leggendaria imperatrice Jingū. Tempo totale concesso al sopralluogo: 150 minuti. Gli archeologi non hanno potuto toccare nulla, e dopo due ore e mezza sono stati sbrigativamente cacciati fuori. Un fax dai toni molto rigidi inviato al *National Geographic*, ha ricordato alla comunità scientifica che in Giappone alcuni siti archeologici, lungi dal testimoniare semplicemente un'antica cultura ormai dimenticata, rivestono un significato e un valore che permeano ancora l'attualità del Paese. Infatti, come recita il testo del fax, «le cerimonie religiose della Casa Imperiale continuano a svolgersi presso le tombe e i mausolei. Dato che questi sono luoghi di ricordo e venerazione sia per il popolo che per la famiglia imperiale, è della massima importanza che la loro integrità e dignità vengano preservate».

Il penultimo imperatore del Giappone, conosciuto all'estero come Akihito (o più correttamente come l'imperatore Heisei – in proposito rinvio alla «Nota sui nomi»), ha destato un piccolo scandalo riconoscendo ufficialmente *alcuni* dei suoi antenati coreani. Peraltro, si tratta soltanto di qualche dozzina di generazioni lungo l'albero genealogico. Quanto a tutti gli altri progenitori, non ha escluso la possibilità che fossero esseri sovrannaturali discesi dallo spazio. A loro volta i coreani sono spesso altrettanto nazionalisti riguardo ai loro rapporti con il Giappone. Kara (o Kaya, o Gaya, o Imna...) era un antico regno meridionale della penisola coreana che probabilmente aveva introdotto nell'arcipelago nipponico molti elementi della cultura continentale. Non a caso nella lingua giapponese *kara* è una delle parole usate per indicare il continente (come in *karate*, il cui significato originale è «mano cinese»). Ciononostante, i giapponesi si riferiscono a quel regno come a Mimana. Se ci si rivolge a uno storico coreano, è meglio non menzionare quest'ultima parola, perché allude chiaramente alla pretesa degli antichi giapponesi di aver conquistato Kara. Persino nei primi anni del XXI secolo, un ricercatore coreano ha tentato di individuare un background comune tra i due Paesi sulla base di specifici ritrovamenti archeologici. I suoi sforzi, tuttavia, non hanno ricevuto alcun sostegno da parte dei colleghi nipponici. L'antica storia del Giappone rimane, almeno in parte, una questione di credenze religiose impermeabili a qualunque accertamento scientifico.

Sebbene questo libro non sia di taglio accademico, ho fatto del mio meglio per integrare nella narrazione le tendenze più moderne della storiografia, compreso l'indirizzo che lega lo sviluppo storico al clima e all'ambiente. L'ultimo ventennio ha visto sviluppi impressionanti nel dibattito sull'«invenzione della tradizione» e sull'eco-storia del Giappone, nonché sull'uso innovativo di quelli che comunemente chiamiamo megadati. Personalmente apprezzo in modo particolare gli studi che cercano di ricostruire il clima del Giappone medievale ordinando in tabelle le diverse date delle feste annuali in onore dei fiori di ciliegio. Negli ultimi anni non sono mancate neppure ricerche su soggetti di solito trascurati, quali le donne, le classi subalterne e i gruppi periferici delle isole. In proposito, ricordo che i più antichi resti umani mai rinvenuti nell'arcipelago nipponico, databili attorno al 30.000 a.C., sono stati scoperti nelle isole Ryūkyū, mentre la cultura degli Ainu di Hokkaidō ci fornisce qualche informazione sul modo di vita degli indigeni giapponesi.

PUNTO DI PARTENZA: CIPANGO

Cina, anno 1280.

Marco Polo aveva assistito a quello spettacolo con i propri occhi. Il suo sguardo aveva indugiato sullo Yangtze (il fiume azzurro) gremito di imbarcazioni grandi e piccole: mercantili di lungo corso, robuste giunche da guerra, e una miriade di scafi fluviali maldestramente riadattati a scopi militari. Tutti al servizio dell'ultima grande impresa del nuovo imperatore, il mongolo Kublai Khan: un'imponente armata avrebbe attraversato il mare per annientare il regno dell'isola ribelle di Cipango.

Nessuno in Occidente aveva mai sentito parlare di Cipango prima di allora. Le memorie di Marco Polo erano addirittura le prime a citare quell'isola in una lingua europea. Nel menzionarla, tuttavia, il viaggiatore veneziano si era fatto influenzare da anni di racconti propagandistici ad uso e consumo dei coscritti della flotta di Kublai, come pure da una serie di bugie e falsificazioni architettate dai recalcitranti alleati coreani.

Nella sua corrispondenza intimidatoria con i governanti di Cipango, Kublai aveva definito l'isola un primitivo regno barbarico, incapace di comprendere l'etichetta di corte e ignaro dei guai in cui si sarebbe cacciato se avesse resistito all'impero mongolo. Eppure, arringando alle sue armate, si era detto certo di una cosa: chiunque sapeva quanto incredibilmente ricca fosse Cipango.

In proposito, e pur non disponendo di alcuna prova a sostegno, ecco cosa scriveva un entusiasta Marco Polo: «[Gli abitanti di Cipango] dispongono di oro in abbondanza, dato che nell'isola se ne trova in quantità illimitata».

Kublai Khan aveva già tentato di invadere il regno ribelle dopo un decennio di crescenti tensioni diplomatiche. Sia il popolo di Cipango che le sue controparti coreane avevano passato anni a mentire sulla distanza delle isole dal continente, e sulla probabilità di un'accanita resistenza. Gli ambasciatori erano stati fuorviati da abili raggiri, al punto che spesso non avevano neppure più saputo a chi dovevano rivolgersi. I nativi sostenevano sfacciatamente di essere governati da un imperatore che non aveva nulla da invidiare a quello della Cina, ma in realtà l'uomo che sedeva sul trono di Cipango nel 1274 era soltanto un fantoccio. Suo padre, ex imperatore che aveva ufficialmente abdicato, continuava a immischiarsi negli affari politici da dietro le quinte. Sua madre, formalmente priva di qualunque potere, apparteneva all'autorevole famiglia dei Fujiwara, e forte della sua parentela, obbligava il nuovo regnante ad assecondare i desideri del nonno e degli zii. Quanto alla moglie del neo imperatore, era una discendente della famiglia Minamoto, influente clan con molti interessi personali.

Eppure niente di tutto questo importava davvero, perché la politica estera e gran parte di quella locale erano nelle mani del supremo generale dell'imperatore, lo shōgun, che esercitava le sue funzioni dalla città di Kamakura. Ma anche lo shōgun era una marionetta controllata da un'altra entità, il clan Hōjō, che governava segretamente le isole da molti decenni. I compiti del generale erano stati delegati a un reggente, lo *shikken*, che a quel tempo era un imberbe giovanotto di ventitré anni assistito nell'ombra da un gruppo di consiglieri. A conti fatti era davvero difficile capire dove risiedesse il potere autentico.

Questa confusione istituzionale non era tipica solo di Cipango. I mongoli erano costretti a confrontarsi con un sistema simile anche più a sud, nell'attuale Vietnam, dove qualunque richiesta di risposta diretta doveva passare attraverso una serie di notabili dai titoli altisonanti, per nulla disposti a sprecare un paio di mesi solo per chiedere al destinatario qualche chiarimento. La terra che Marco Polo conosceva come Cipango sfuggiva a qualunque tentativo di comprensione. Quel paese sorgeva al di là dell'orizzonte, al confine estremo del mondo asiatico allora conosciuto, e il suo governo sembrava dipendere da una confusa galassia di centri di potere e alleanze instabili: un tratto che ricorrerà spesso nella storia del Giappone.

Tuttavia a Kublai rimaneva pur sempre l'argomento del presunto oro di Cipango. In proposito, le sue truppe erano state indottrinate a dovere. Le armate che avevano imposto l'egemonia mongola a tutta l'Asia, erano pronte ad avventarsi su quell'arcipelago sconosciuto, e a liquidare le basi da cui partivano le sue scorrerie. Quel che accadde subito dopo, rappresenta uno degli episodi più celebri della storia militare dell'umanità.

Nel 1274 le forze d'invasione di Kublai si impossessarono rapidamente delle isole di Tsushima e Iki, al centro dello stretto di Corea, largo 200 chilometri. L'enorme flotta si affollò nella grande baia di Hakata, che costituiva da secoli la porta d'ingresso dell'arcipelago.

I nativi la stavano aspettando.

Il paese non aveva visto una battaglia significativa da due generazioni, e i membri della sua classe guerriera, i samurai, non erano preparati al combattimento. Tuttavia, avevano le loro idee particolari su come regolare lo svolgimento di uno scontro. I mongoli, assieme ai loro alleati coreani e cinesi, osservarono sbalorditi un soldato con una strana armatura rivestita di seta colorata mentre lanciava sopra le loro teste una freccia a «bulbo sibilante». Il rumore prodotto dal dardo squarciò l'aria di quel ventoso giorno di novembre, segnalando che i difensori intendevano chiedere un colloquio e una serie di duelli tra i rispettivi campioni.

I mongoli risposero con una pioggia di frecce avvelenate. Non erano lì per aderire alle consuetudini guerriere degli indigeni. Erano lì per invadere e sottomettere.

Il combattimento che seguì fu terribilmente feroce. Alla fine del primo giorno di scontri, i difensori avevano perso un terzo dei loro effettivi. Tuttavia, anche per i mongoli non tutto stava filando liscio. Temendo di non riuscire a proteggere una testa di ponte circondata quasi completamente da fortificazioni nemiche, a un certo punto decisero di ritirarsi sulle loro navi, in attesa dell'alba.

Ma i nativi avevano altri piani. Verso sera presero il mare a bordo di piccole barche riempite di materiale incendiario. Raggiunta la flotta nemica, riuscirono a inerpicarsi sulle fiancate dei vascelli, ad aggredire gli equipaggi, e a dare fuoco agli scafi, nonostante una pioggia battente riducesse di molto l'efficacia degli incendi.

Presto il vento si fece ancora più forte. I nativi si risolsero a tornare a terra, confidando nel fatto che la furia degli elementi avrebbe combattuto al loro posto. La madre di tutte le tempeste si abbatté sugli invasori, rovesciando le barche più piccole e minacciando di far scontrare le navi più grandi, ancorate una vicina all'altra. Vista la situazione, i comandanti della flotta ordinarono ai vascelli di prendere il largo e raggiungere acque meno agitate.

Ma era troppo tardi. La tempesta si era trasformata in un mostruoso tifone. Il vento e le onde mandarono le navi mongole a fracassarsi contro la costa, oppure le costrinsero a cozzare tra loro. I vascelli degli invasori vennero investiti dalle onde, affondando o capovolgendosi, e trascinando verso lo stesso destino anche le navi destinate al trasporto truppe e quelle da rifornimento. Presto si fece troppo buio per vedere, ma i difensori sulla terraferma poterono udire gli schianti del legname, le urla degli uomini, i nitriti dei cavalli.

Il mattino successivo, mentre il sole spuntava tra le nuvole, la baia di Hakata appariva costellata di legname galleggiante. I pochi sopravvissuti che, bagnati fradici, erano riusciti a toccare terra in alcuni punti della costa, vennero prontamente raggiunti e giustiziati. Quel che rimaneva della flotta cinese – per lo più navi di grandi dimensioni – lasciò la baia e fece rotta verso casa.

Un anno più tardi, un gruppo di ambasciatori inviato nell'arcipelago da Kublai, porse allo *shikken* una pergamena dorata con cui gli si offriva di diventare «re di Cipango». Si trattava di un gesto di riconciliazione dal chiaro significato politico: tutte le parti in causa si sarebbero risparmiate ulteriori guai, se solo i nativi si fossero inchinati davanti al khan e lo avessero riconosciuto come signore supremo. Lo *shikken* rispose all'offerta di Kublai facendo giustiziare tutti i suoi emissari.

Infuriato, l'imperatore ordinò di approntare una flotta ancora più imponente, che si radunò nello Yangtze sotto gli occhi di Marco Polo. Grazie alla moderna archeologia marina, ora sappiamo con esattezza a cosa si riferiva il viaggiatore veneziano quando parlava di 15.000 navi lungo il «fiume azzurro», ben lontano dallo stretto di Corea. Era evidente che la nuova offensiva contro Cipango scontava numerosi difetti organizzativi e una programmazione a dir poco abborracciata. La seconda flotta di Kublai era stata allestita utilizzando qualunque cosa i signori della guerra mongoli potessero racimolare, comprese chiatte traballanti e vascelli fluviali di dubbia tenuta. Il legno appariva deformato; i chiodi presentavano un alto contenuto di zolfo, indizio inequivocabile che erano stati fabbricati frettolosamente e con materiale di bassa lega. Stracarica dei cavalli e dei rifornimenti necessari a una lunga campagna, stipata all'inverosimile di soldati (al punto che ben 3000 di loro sarebbero morti di malattia ancora prima di avvistare terra), la flotta salpò in due gruppi distinti, uno dalla Corea, e l'altro dalla foce dello Yangtze.

Per evitare di ritrovarsi imbottigliati una seconda volta nella baia di Hakata, i mongoli si tennero al largo, affiancando l'un l'altro gran parte dei loro malsicuri vascelli fino a formare una specie di enorme fortezza galleggiante. Gli invasori temevano soprattutto un attacco dal mare, tanto più che la maggioranza delle loro truppe era costituita da pavidi coscritti cinesi e coreani, decisamente sensibili a certe dicerie sui «dragoni nascosti tra le acque» e fin troppo disponibili ad arrendersi. Le forze di Kublai erano partite con vettovaglie sufficienti per tre mesi, due terzi delle quali erano già stati consumati ancora prima di toccare stabilmente terra.

Le imbarcazioni dei samurai si avvicinarono al nemico in una formazione talmente modesta – uno o due per volta – da far ritenere che volessero aprire una trattativa. In realtà, quegli scafi nascondevano reparti suicidi incaricati di una missione senza ritorno. All'improvviso i samurai abbatterono gli alberi dei loro battelli, li trasformarono in rampe d'imbarco, e si gettarono all'assalto delle navi più grandi.

E poi arrivò la *vera* tempesta, un secondo tifone ancora più potente del primo. Stando ai reperti trovati dagli archeologi moderni sul fondo marino, si trattò di una tempesta di categoria 3; un «uragano maggiore» con raffiche di vento a 199 chilometri all'ora, in grado di sollevare onde alte più di quattro metri. Se si fosse scatenato ai giorni nostri sulla terraferma, avrebbe strappato i tetti dagli edifici, risucchiato i prefabbricati, e sradicato gli alberi. Per la fortezza galleggiante dei mongoli fu un'autentica apocalisse. Circa 30.000 uomini riuscirono ad abbandonare le navi mentre affondavano, e a raggiungere la spiaggia. Erano stremati, affamati, privi di acqua dolce: facili prede, per i samurai del luogo.

Per quanto desiderassero ardentemente una rivincita su Cipango, i mongoli non la ottennero mai. Il progetto di una terza flotta di invasione si arenò ben presto per mancanza di fondi e trascuratezza gestionale. Infine venne abbandonato del tutto dopo il 1286. Kublai morì nel 1294, e i suoi discendenti preferirono far finta che le irriducibili isole a oriente non esistessero.

Fra i nativi, le due terrificanti tempeste si ammantarono quasi subito di un'aura leggendaria. Alcuni culti religiosi si spinsero ad affermare che erano state le loro incessanti preghiere a impedire la comparsa di una terza flotta di invasione. Si disse che i mongoli erano stati sconfitti non da una singola élite guerriera, ma dagli sforzi combinati di un'intera nazione, e persino dagli stessi elementi naturali. Per colpire al cuore il nemico, gli Dèi avevano inviato un Vento Divino, o Kamikaze. Questo intervento sovrannaturale provava, a detta dei suoi abitanti, che Cipango era un paese speciale, addirittura unico. Benedetto dalle sue divinità, non si sarebbe piegato a nessuno.

Nel corso dei decenni successivi, gruppi di sentinelle lungo le coste scrutarono incessantemente il mare in previsione di un nuovo attacco. Ma all'orizzonte non apparve alcun nemico. Nello stesso tempo, però, le esigenze pratiche della difesa finirono per comportare costi sempre più elevati, e non solo in termini di vite umane potenzialmente sacrificabili. Tutelare adeguatamente l'indipendenza del paese mandò in bancarotta parecchi signori locali. Quando, nei primi tempi, i samurai combattevano l'uno contro l'altro, il perdente subiva la confisca delle proprie terre, che venivano assegnate al vincitore. Ma quando il nemico proveniva da un paese straniero, questo meccanismo non era più applicabile. Lo shōgunato di Kamakura, che deteneva il potere, collassò nel giro di una generazione, e i samurai tornarono a combattersi a vicenda in un'altra guerra civile, stavolta nel nome di *due* imperatori rivali.

Come detto, l'Europa conobbe l'esistenza di Cipango grazie a Marco Polo. I suoi racconti inverosimili di straordinarie ricchezze e brutali guerrieri diventarono rapidamente luoghi comuni della cultura popolare. Due secoli più tardi, Cristoforo Colombo sarebbe partito alla ricerca delle Isole delle Spezie e di questa leggendaria Cipango, navigando a occidente nella speranza di raggiungere l'oriente, e finendo per scoprire qualcosa di completamente inaspettato.

Attualmente ne sappiamo assai di più sulla terra che le lingue occidentali hanno chiamato Cipango, Xipango, Xipang, Japón, e infine Giappone. Ma persino nel nostro mondo interconnesso, questo termine non soddisfa del tutto. Quando vogliono riferirsi al loro arcipelago, i giapponesi ricorrono alla parola «Nippon», coniata per indicare il Giappone come il paese «del Sol Levante». E ancora oggi la nostra percezione di quella terra è spesso ambivalente, giacché tendiamo a considerarla sia come una nazione con un piede nel futuro, sia, allo stesso tempo, come un paese aggrappato alle fosche vestigia di un passato bellicoso. Comunque sia, questa è la sua storia.

LA VIA DEGLI DÈI: IL GIAPPONE MITICO E PREISTORICO

1

Le vecchie donne raccontavano che un tempo il mare era più basso. Esistevano baie e insenature che una volta erano terreni pianeggianti, ma che poi l'acqua salata aveva sommerso. Stava diventando sempre più difficile trovare un cervo. Ce n'erano di tutti i tipi nelle vaste pianure. Le vecchie donne dicevano che la carne dei cervi era buona. Le vecchie donne raccontavano molte storie come questa, ma i giovani conoscevano solo ciò che potevano vedere con i loro occhi.

Gli uomini non catturavano un cervo da mesi, eppure il cibo non mancava. Si potevano raccogliere molluschi in abbondanza durante la bassa marea. Un giorno, però, una ragazza aveva estratto dalla sabbia qualcosa di diverso: un coltello d'osso.

Le vecchie donne dicevano che noi, o gente come noi, una volta vivevamo laggiù, ma che ora la terra era tornata al mare.

Le vecchie donne dicevano che se il cervo se ne fosse andato, noi lo avremmo seguito presto. Avremmo lasciato queste isole lunghe e strette, e avremmo puntato a nord, verso le terre più grandi oltre il sorgere del sole.

Tutti sapevano che quelle terre erano lì. Si potevano scorgere le nuvole addensarvisi sopra. Si potevano osservare gli uccelli che vi facevano ritorno. Alcuni pescatori che si erano spinti troppo lontano con le loro canoe, sostenevano persino di averle viste: verdi, lussureggianti, e con montagne fumose.

Non tutti i vecchi erano d'accordo. Alla maggior parte delle donne non importava che i cervi fossero diventati rari. Limitatevi a pescare, dicevano. Conservate le noci e le bacche per i tempi di magra. C'erano sempre dei molluschi da estrarre dal fango, e il fango per plasmare il vasellame.

Poi c'era la Gente della Nave, proveniente dalla terra del sole calante. Se ci fossimo spostati, avrebbero potuto non trovarci più. La Gente della Nave veniva per prendere le nostre cipree, scambiandole con merci quasi magiche: robusti strumenti che non si rompevano mai; quelle creature chiamate maiali che mangiavano qualunque cosa e fornivano carne succulenta; quel disco meraviglioso che rifletteva tutto ciò che vedeva, splendeva abbagliante alla luce del sole, e rivelava il tuo vero aspetto quando ti ci mettevi di fronte.

I vecchi litigavano sul futuro, trascinando i figli nei loro diverbi come se fossero canoe risucchiate in un gorgo. Tutti concordavano sul fatto che eravamo in troppi. Il litorale stava diventando affollato. Bisognava camminare a lungo tra le secche, per trovare molluschi che bastassero per cena. E ancora più a lungo, per raccogliere frutti nella foresta. Tutto lasciava credere che avremmo dovuto muoverci, andare avanti, verso il sole nascente, verso quelle nuove terre così verdeggianti.

Alcuni, tuttavia, sostenevano che era meglio restare; che era preferibile continuare a raccogliere cipree per la Gente della Nave, così da ottenere in cambio altri maiali e i loro semi sconosciuti.

I pro e i contro erano stati discussi per mesi, addirittura per anni, ma la gente era più affamata di quanto volesse ammettere, e ciò la rendeva incline alla rabbia. Le vecchie donne più sagge temevano la possibilità di incontrare altre tribù. E se le terre verdi fossero già state colonizzate da altri uomini? Questa era la loro preoccupazione. Cosa sarebbe successo?

Ma i maschi ostentavano sicurezza. Impugneremo le nostre mazze, rispondevano. Impugneremo le nostre mazze di pietra e li schiacceremo.

Entrambi gli schieramenti pensavano di aver vinto. I pescatori e le loro famiglie salirono sulle barche e fecero rotta a nord e a est, portando con loro chiunque volesse. La loro partenza rese possibile agli altri di restare. Dite alla Gente della Nave, si raccomandarono i primi al momento di prendere il mare, che ce ne siamo andati verso il sol levante, dove le terre sono così rigogliose da permetterci di vivere per sempre. Dite loro questo, se qualcuno di voi sopravvivverà al prossimo inverno.

Il Giappone è nato quindici milioni di anni fa, spinto lontano dal bordo dell'Eurasia dalla formazione del mare destinato a prendere il suo nome. All'epoca era sostanzialmente piatto, però si trovava alla confluenza di tre enormi placche tettoniche: quella dell'Eurasia, quella del Pacifico, e quella delle Filippine. Ben presto i continui attriti tra le tre placche deformarono pesantemente il territorio pianeggiante, provocando la comparsa di imponenti montagne. Queste cime, assai giovani in termini geologici, crearono ripidi corsi d'acqua e fiumi impetuosi, che presero a precipitare verso il mare trascinando nella loro corsa sedimenti di ogni tipo.

Altrove le placche tettoniche vennero spinte verso il basso. I primi vulcani apparvero dopo un milione di anni, punteggiando il paesaggio con i loro crateri più antichi. Due milioni di anni fa, la parte settentrionale dell'isola di Honshū fu letteralmente squarciata da enormi eruzioni, le cui cicatrici formano ancora oggi laghi circolari e creste rocciose del diametro di qualche chilometro. La mappa del Giappone rimane costellata di isole e laghi sospettosamente rotondi, come pure di baie curvilinee che indicano il bordo dimenticato di vecchi crateri. Anche nell'era degli insediamenti umani, alcuni disastri fortuiti hanno causato lo spopolamento di intere regioni. Certe aree del paese sono state colonizzate «per la prima volta» in più di un'occasione, senza che i nuovi arrivati sospettassero che le ossa dei primi abitanti giacevano sotto i loro piedi, sepolte da strati di cenere e fango.

Persino oggi il Giappone ospita un decimo dei vulcani attivi di tutto il mondo. Durante la sua storia le caratteristiche geografiche e morfologiche del paese hanno determinato disastri ricorrenti: non solo eruzioni vulcaniche, ma anche smottamenti legati alla friabilità del terreno montagnoso e terremoti dovuti alla mutevole dinamica delle placche sotterranee. Partendo dai primordi e risalendo fino all'era moderna, molti racconti ci narrano di intere montagne che precipitano nel mare; di nuove isole che emergono da abissi fiammeggianti; della terraferma che si sfalda sotto l'azione di ondate impetuose. Non è un caso che *tsunami* sia una parola giapponese. Ogni 800-1100 anni, ad esempio, i sedimenti del Giappone settentrionale mostrano tracce di depositi di *tsunami*; uno spesso strato di fango frutto di un'immensa inondazione marina, provocata a sua volta da un terremoto lungo una linea di faglia distante 70 chilometri sul fondo del mare. Le cronache di corte dell'869 d.C. parlano di uno *tsunami* suscitato da un sisma che aveva ucciso un migliaio di persone e cancellato la cittadella militare di Tagajō. Sarebbero trascorsi 1142 anni prima che il fenomeno si ripetesse nel 2011.

Il Giappone smentisce qualunque previsione, e non manca mai di sorprendere. I turisti moderni si stupiscono ancora di quanto sia lussureggiante; persino oggi, i suoi abitanti lo chiamano l'arcipelago verde (*midori no rettō*). Ma è altrettanto vero che le sue città si presentano troppo spesso come un miscuglio per nulla attraente di grattacieli, tombini e supermercati. Va ricordato, però, che i siti urbani del Giappone sorgono su spazi assai ristretti, in gran parte strappati al mare nel corso dell'ultimo secolo. Tōkyō, Nagoya e Ōsaka occupano le uniche grandi aree non montagnose dell'intero paese a sud di Hokkaidō, ovvero le pianure di Kantō, Nōbi e Kansai. Peraltro, anche queste pianure si caratterizzano per un'estensione relativamente modesta.

Nell'entroterra più di due terzi del territorio nazionale sono costituiti da montagne inabitabili, oggi fittamente rimboscate con varietà arboree non locali. In epoca preistorica, le stesse zone erano coperte da boschi di querce sempreverdi, cipressi *hinoki*, e alberi di canfora. Furono queste specie a fornire il legname per i primi edifici del Giappone. Oggi, invece, sono incredibilmente rare, al punto che si trovano soltanto nei recinti sacri di templi e santuari. Queste foreste furono distrutte senza pietà a partire dall'Alto Medioevo, nel tentativo di soddisfare il crescente bisogno di terre coltivabili, legna da ardere che supplisse alla bassa qualità del carbone, e materiali destinati allo sviluppo edilizio, dove il legno era di gran lunga preferito alla pietra. Il più grande edificio ligneo mai costruito – il tempio buddhista di Tōdaiji, a Nara – richiese l'abbattimento di 900 ettari di foresta, pari a circa nove chilometri quadrati. Il legno, per di più, va sostituito con periodicità, e questo implica non solo un continuo consumo di risorse naturali, ma anche la constatazione che una parte cospicua del «vecchio» Giappone è in realtà assai più recente di quanto sembri.

Le antiche foreste stavano già scomparendo all'epoca delle prime cronache scritte della storia giapponese, rimpiazzate da pini rossi, querce decidue, e vaste concentrazioni di castagneti e noceti. Il moderno aspetto dei boschi nipponici è dovuto anche a una coraggiosa opera di riforestazione avviata nel XVI secolo, quando i grandi feudatari dell'arcipelago cominciarono a capire che l'incessante disboscamento delle colline avrebbe avuto un effetto disastroso sull'agricoltura. Attualmente i boschi ricoprono più della metà del territorio nazionale.

Il Giappone è anche un paese *lungo*: il suo estremo più meridionale nelle isole Ryūkyū condivide la stessa latitudine con le Bahamas; quello più settentrionale, nella regione di Hokkaidō, si trova sullo stesso parallelo del Quebec. I secoli più recenti e i severissimi codici dei samurai hanno imposto ai nativi una certa omogeneità culturale, a tutto discapito delle differenze regionali, ridotte spesso a sofisticate sfumature nell'abbigliamento o nella cucina; ma questa standardizzazione non può oscurare il fatto che l'antico Giappone era assai più variegato, giacché comprendeva al suo interno sia gli isolani subtropicali che i cacciatori d'orsi delle montagne ricoperte di neve.

A causa della latitudine, la maggioranza delle terre emerse del Giappone è più vicina al sud di quanto accada a gran parte dei paesi europei. Così, il clima dell'arcipelago non solo è piuttosto caldo, ma anche decisamente umido – persino nel bel mezzo delle Alpi giapponesi, la distanza dal mare non è mai superiore ai 100 chilometri, con tutte le conseguenze immaginabili in termini di umidità e piovosità, soprattutto d'estate. Questa situazione fa sì che i cambiamenti climatici producano in Giappone effetti opposti rispetto alle latitudini in cui vive la maggior parte degli storici di lingua inglese. Quando la temperatura del pianeta era più calda, gli storici europei esaltavano le vigne romane in Inghilterra e le colonie vichinghe in Groenlandia, mentre il Giappone soffriva le piaghe della siccità e delle epidemie. Quando la temperatura globale era più fredda, e i londinesi dell'epoca elisabettiana contemplavano tristemente il Tamigi ghiacciato, il Sol Levante viveva un boom agricolo e demografico, grazie a un clima sostanzialmente temperato.

Da sempre, uno degli elementi più importanti della geografia giapponese è lo Stretto di Corea (conosciuto anche come Stretto di Tsushima, dal nome dell'isola che vi sorge più o meno al centro). Si tratta dello stretto che separa l'arcipelago nipponico dall'Asia continentale. Con un'ampiezza minima di 200 chilometri, questo specchio d'acqua garantisce al Giappone una «distanza di sicurezza» pressoché ottimale; non così eccessiva da impedire il commercio e le comunicazioni, ma non così ridotta da permettere operazioni militari su vasta scala. La traversata dello stretto era abbastanza tranquilla per qualunque scafo premoderno che fosse in grado di aspettare la fine delle tempeste in un porto sicuro, ma terribilmente letale per una flotta nemica priva di un approdo sicuro sulla terraferma.

Gli umani arrivarono prima che lo stretto si formasse. Alla fine dell'ultima era glaciale, il Giappone meridionale era collegato alla Corea da un braccio di terra, e in seguito, per qualche tempo, da una striscia di ampiezza così modesta da rendere visibili entrambe le rive. All'estremo nord il Giappone era connesso alla Siberia da un analogo ponte terrestre, che metteva in comunicazione Hokkaidō con l'isola di Sachalin e la costa russa. A sud, le isole Ryūkyū erano più grandi e meno distanti l'una dall'altra, estendendosi dalla proto-Taiwan fino ai confini dell'arcipelago giapponese vero e proprio. Di conseguenza, i primi coloni la raggiunsero sia da nord che da sud.

Da qualche parte al largo della costa vi sono certamente

molti siti archeologici che un tempo ospitavano questi popoli dimenticati; siti poi sommersi dalle acque durante l'ultimo periodo dell'era glaciale. Sfortunatamente, le aree in questione coincidevano in gran parte con i primordiali territori di caccia: ad esempio, le praterie dove l'antico popolo Jōmon inseguiva e uccideva i bisonti, si trovano oggi sotto il mare.

I discendenti dei primi coloni vagarono per l'entroterra, lungo le coste e le valli fluviali. All'estremo nord di Honshū, la baia di Aomori era particolarmente ricca di pesci, crostacei e alghe. A sud, gli stretti tra le isole di Honshū, Shikoku e Kyūshū formavano un paradisiaco mare interno, protetto dalle tempeste ma brulicante di vita acquatica. Talvolta le correnti marine creavano gorghi pericolosi – i *naruto* – ma nonostante ciò, quel mare interno restava (e resta ancora) una splendida oasi di acque tranquille punteggiate di isole verdeggianti.

Questa via d'acqua priva di insidie ha esercitato una potente influenza sullo sviluppo storico del Giappone, incoraggiando il commercio marittimo e i collegamenti tra le isole. Dove ci sono pescatori, ci sono navi da pesca; e dove ci sono navi, vi è anche la possibilità di trasportare facilmente merci e prodotti da un'isola all'altra, e oltre l'orizzonte.

Alcuni scavi di tombe antiche hanno riportato alla luce resti umani cosparsi di ocra rossa (un ornamento citato da specifiche fonti cinesi), come pure scheletri di donne appartenenti alla classe aristocratica, con indosso bracciali di conchiglia troppo stretti per essere rimossi, e troppo delicati per far pensare a lavori di fatica. Chiunque fossero, queste donne avevano probabilmente indossato i bracciali durante la loro infanzia, per poi non separarsene più: da qui l'ipotesi che si trattasse di sacerdotesse o sciamane, come tali esonerate dalla caccia e dai raccolti.

Molti corpi adulti sembrano aver subìto l'estrazione di determinati denti – quattro incisivi inferiori e due canini inferiori – forse risalente all'epoca del loro matrimonio o a qualche rito dell'età puberale. I denti di altri teschi presentano incisioni biforcute eseguite secondo schemi specifici, così da evidenziare l'appartenenza a una certa tribù.

Uno dei metodi più proficui per conoscere una società preistorica, consiste nell'esaminare la sua ceramica. Anche se è estremamente difficile imbattersi in manufatti ancora integri, i loro cocci sono piuttosto resistenti. I primi giapponesi hanno lasciato vasi sorprendentemente belli, come pure figurine in argilla con motivi a spirale o a corda intrecciata. Nel 1877 l'archeologo americano Edward Morse descrisse il suo ritrovamento di alcuni vasi di età preistorica ricorrendo all'espressione «cord-marked» («segnati dalle corde»). Traducibile in giapponese come *Jōmon*, questa espressione è diventata il termine abituale per riferirsi alla cultura egemone nell'arcipelago nipponico dalla fine dell'ultima era glaciale fino al 300 a.C. circa.

È possibile che la produzione di vasellame del popolo Jōmon fosse fiorita grazie al clima, poiché le temperature più fredde del cosiddetto periodo «Dryas recente» (attorno al 10.000 a.C.) lo avevano probabilmente spinto a immagazzinare grandi quantità di ghiande, bacche e noci come cibo per l'inverno. A ogni modo, vi sono prove di scambi commerciali tra comunità separate durante la tarda era Jōmon. Dapprima le merci raggiungevano mete lontane dai loro luoghi di origine a bordo di canoe lunghe e sottili (tre metri per cinquanta centimetri, stando ad alcuni ritrovamenti). A nord si era diffusa la moda delle grosse perle di giada, mentre svariate tribù cominciavano a utilizzare punte di freccia e raschietti di ossidiana, ricavando il vetro vulcanico necessario alla loro lavorazione da tre siti principali nelle regioni meridionali, centrali e settentrionali.

Le abitudini alimentari dei gruppi tribali dell'entroterra comprendevano anche il consumo occasionale di pesce spada, come pure di qualche orso: probabilmente gli arcieri Jōmon ricorrevano a frecce intrise nel succo di aconito per abbattere le prede più grandi.

I moderni archeologi giapponesi sobbalzano quando sentono parlare di «cacciatori-raccoglitori»: secondo loro, persino gli Jōmon più antichi si caratterizzavano per un grado di organizzazione interna che andava ben al di là di uno sfruttamento superficiale delle risorse a disposizione. Grazie a un contesto di relativa abbondanza, i primissimi giapponesi conducevano un'esistenza semisedentaria all'interno di villaggi, pur non disdegnando «spedizioni di approvvigionamento» all'esterno, a seconda della stagione e del cibo che ogni periodo dell'anno poteva offrire. I frutti di tali spedizioni venivano poi conservati nei caratteristici vasi di cui si è detto. Gli Jōmon praticavano un'orticultura piuttosto modesta, ben lontana quantitativamente e qualitativamente da un'attività agricola degna di questo nome.

Si tramanda che il Primo Imperatore della Cina avesse sentito storie di isole leggendarie abitate da immortali, poste da qualche parte a oriente del suo regno. Secondo molti cortigiani ed esperti improvvisati, il segreto della vita eterna si nascondeva in quella direzione. Tuttavia, solo dei maghi qualificati – giovani puri di entrambi i sessi – avrebbero potuto avvicinarsi a quelle terre benedette.

Risoluto a impossessarsi dell'elisir dell'immortalità, il Primo Imperatore organizzò la più strana delle imprese coloniali, radunando una flottiglia il cui equipaggio era composto da un migliaio di vergini, e facendola salpare dalla costa cinese attorno al 212 a.C. La flottiglia fu però respinta da mostri marini; o almeno, così sostenne il capo della spedizione, l'inaffidabile

Xufu. Dopo che ebbe ascoltato questa scusa, il Primo Imperatore decise di navigare per qualche tempo lungo la costa cinese, indugiando sulla prua della sua nave con una balestra in pugno, nella speranza, probabilmente, di arpionare qualche sfortunata balena. La flottiglia di vergini salpò di nuovo due anni più tardi, facendo rotta verso il Sol Levante. Nessuno la rivide più.

Non vi è alcuna prova che le navi delle vergini – posto che siano mai esistite – siano riuscite a raggiungere l'arcipelago nipponico. In quel caso sarebbero inevitabilmente entrate in contatto con le tribù dell'ultimo periodo Jōmon. Comunque sia, questa storia del Primo Imperatore e della sua ossessione ha attratto spesso l'attenzione di poeti e romanzieri asiatici, spingendoli a chiedersi se una delle molte tribù dell'antico Giappone non fosse davvero di origine cinese.

Qualche tempo dopo l'epoca del Primo Imperatore, il dizionario geografico conosciuto come il *Libro dei monti e dei mari* (*Shanhai Jing*) menzionò per la prima volta la terra di Wa, collocandola nel mare nord-orientale al di là dell'odierna Corea. Si tratta di uno dei tanti passi del testo in stile «qui ci sono i dragoni»; un elenco fantastico che comprende granchi giganti, una salamandra con la faccia d'uomo, e una tribù di sirene stanziata in un oceano vicino. Ciononostante, il termine cinese Wa avrebbe indicato l'arcipelago nipponico ancora per qualche secolo.

Si sono formulate parecchie ipotesi riguardo all'origine di questo nome, né in proposito sono mancate idee piuttosto fantasiose: che si trattava, ad esempio, di una traduzione errata del modo giapponese di dire «il nostro paese» (*wa ga kuni*); che era una storpiatura del nome del duca Ngwa, leggendario condottiero partito dall'attuale regione di Shanghai per colonizzare gli oceani; che era una parola indicante un «vassallo». Tuttavia, l'ipotesi più probabile è che con Wa i cinesi intendessero designare la terra dei «nani»: un chiaro riferimento, non privo di disprezzo, alla bassa statura degli isolani.

Più in generale, la nostra conoscenza dell'antico passato nipponico deve molto ai primi anni dell'VIII secolo d.C., quando un gruppo di cortigiani lavorò a due documenti destinati a rimpiazzare gli archivi perduti: il *Kojiki* (*Un racconto di antichi eventi*)[1] e il *Nihongi*, o *Nihon-shoki* (*Annali del Giappone*). In realtà esistevano anche cronache anteriori, che però erano state date alle fiamme durante una congiura di palazzo: da qui la necessità di sostituirle con nuovi testi, conservando il più possibile il loro contenuto originale. Ci occuperemo della loro annalistica nel prossimo capitolo (guerre, dinastie di regnanti, fatti del mondo reale), ma fin d'ora va osservato che questi resoconti del mitico passato nipponico riecheggiano con ogni probabilità le credenze dei primi abitanti dell'arcipelago.

In proposito, ecco cosa scrivono i compilatori del *Kojiki*: «Sebbene gli inizi del mondo siano lontani, i primi saggi parlano di un'era durante la quale nacquero gli spiriti e gli esseri umani».

All'inizio – proseguono – vi era un caos indistinto, da cui si separarono due princìpi opposti, il Cielo e la Terra. Qualche misteriosa interazione tra queste forze primordiali creò i primi dèi. Vi era una linea sottilissima, causata dalla rotazione della stella polare attorno al suo asse, e da questa linea giunsero i primi esseri sovrannaturali, tra i quali la coppia fratello-sorella Izanagi («Colui che invita») e Izanami («Colei che invita»). Dall'alto di un ponte sospeso tra Cielo e Terra, le due divinità agitarono le acque del mare con la punta della loro lancia ingioiellata. Le

1. *Kojiki. Un racconto di antichi eventi*, a cura di Paolo Villani, Marsilio editore, Venezia 2006. [N.d.T.]

prime isole si formarono dal sacro fango che cadeva dalla punta, e la coppia divina le elesse a loro dimora.

Non ci volle molto prima che Izanagi e Izanami si accorgessero che i loro corpi erano diversi. Di conseguenza, cercarono di cancellare tale difformità dormendo assieme. I due allestirono una cerimonia di matrimonio, nel corso della quale si avvicinarono l'uno all'altra in un cerchio attorno al pilastro del Cielo (il tetto centrale era tipico dell'architettura del periodo Yayoi), per poi unirsi strettamente.

La coppia ripudiò i suoi due primi figli, giacché erano nati deformi. Izanagi e Izanami bruciarono ossa per invocare i consigli dei loro antenati divini, e costoro dissero che Izanami aveva rovinato la cerimonia parlando per prima; cosa che una donna non dovrebbe mai fare. Così i due dèi ripeterono il rituale. In quell'occasione fu Izanagi a parlare per primo, e la sua felice unione con Izanami diede vita a una serie di isole: Kyūshū e i suoi dintorni, il mare interno, e la parte inferiore di Honshū. Non ancora soddisfatta, la coppia generò alcuni dèi (*kami*). L'ultimo di questi fu il dio del fuoco, che uccise Izanami mentre lo stava partorendo.

Tuttavia, quando si tratta di divinità, la morte non è necessariamente una condizione immutabile. In proposito, alcuni cronachisti cinesi del periodo medievale riferivano dello strano costume nipponico di non disturbare un cadavere per almeno dieci giorni, per offrirgli la possibilità di tornare in vita. A ogni modo, risoluto a recuperare sua moglie da Yomi, la terra dei defunti, Izanagi viaggiò fin laggiù, solo per sentirsi dire che era arrivato troppo tardi. (Il nome Yomi, che significa «Primavera gialla», potrebbe rinviare a una regione vulcanica costellata di pozze sulfuree. Tuttavia è anche simile al termine cinese che indica il mondo infernale, quindi potrebbe essere stato importato dal continente). I morti potevano fuggire da Yomi solo se non avevano mai mangiato il suo cibo, ma Izanami lo aveva già fatto. Rifiutandosi di credere alle parole della moglie, Izanagi accese una torcia magica, constatando che il corpo di Izanami era già divorato dai vermi, e che la sua carne si stava staccando per creare le otto divinità del tuono.

A quel punto Izanagi fuggì, inseguito dapprima dalle megere inviate da Izanami, quindi dai guerrieri non-morti, poi dagli otto dèi del tuono, infine dalla sua stessa consorte. Datosi alla fuga, il malcapitato sposo si liberò delle sue vesti e dei suoi averi, creando nuovi punti di riferimento in luoghi ora scomparsi o dimenticati. Giunto alle porte degli inferi, Izanagi fece rotolare un macigno di fronte all'ingresso, chiudendo sua moglie all'interno e dando vita a un incandescente diverbio con lei.

Izanami disse che se Izanagi avesse osato sbarrarle il cammino, lei avrebbe preso la vita di mille mortali ogni giorno. Il suo consorte ribatté che in quel caso lui avrebbe dato la vita a millecinquecento mortali ogni giorno. Fu così che venne avviato il ciclo dell'esistenza umana, premessa indispensabile alla crescita di qualunque comunità.

Tornato scapolo, Izanagi continuò a spargere dèi come fossero forfora, soprattutto quando si lavava per togliersi di dosso ogni macchia del mondo infernale. Sciacquandosi gli occhi in un ruscello, generò la dea del Sole Amaterasu (la «Grande divinità che splende nei cieli») e il dio della Luna Tsukuyomi («Colui che conta le fasi lunari»). Soffiandosi il naso, generò una serie di nuovi problemi portando alla luce il dio delle tempeste Susano'o (il «Furente e impetuoso»).

Una certa confusione sulla natura di simili esseri divini permane ancora oggi, a causa di un'ambiguità lessicale della lingua giapponese: *kami*, infatti, significa sia «dio» (con un vocabolo importato dalla Cina) che «sopra». Ma nella lingua degli Ainu – che al giorno d'oggi è parlata solo dalla gente dell'isola di Hokkaidō, mentre un tempo era conosciuta anche più a sud – una parola affine, *kamuy*, significa anche «sopra», ed è usata per indicare i totem tribali. Dunque, sembra che il confuso racconto del tempo degli Dèi nipponici possa davvero rappresentare un guazzabuglio di miti delle origini prodotto da tribù locali assimilate, le cui strane caratteristiche geografiche, totem e divinità protettrici sono state accolte in una vasta narrativa in continua crescita. Alcuni nomi potrebbero persino riferirsi a luoghi che si trovano in Corea, rendendo così impossibile la loro localizzazione su una mappa dell'arcipelago giapponese.

A ogni modo, ecco il seguito del racconto: il Sole e la Luna presero a litigare, dopo che quest'ultima aveva ucciso una dea minore del cibo. Da quel litigio nacque la separazione tra il giorno e la notte. Lo stesso Izanagi sparì dalla scena dopo un diverbio con Susano'o, il «Furente e impetuoso», per via della sua condotta irresponsabile. Come gli altri figli di Izanagi, anche Susano'o aveva ricevuto un regno da governare, eppure non faceva altro che piangere, perché voleva incontrare sua madre. Bandito dal padre, mentre si allontanava si fermò alla vista di sua sorella, la dea del Sole, ingaggiando con lei una gara a chi avesse creato più divinità. Sebbene sulle prime sembrasse cordiale e di buon carattere, Susano'o aveva iniziato ben presto a comportarsi come il peggiore degli dèi, lasciando correre cavalli imbizzarriti sulle risaie di Amaterasu, defecando sotto il trono del suo palazzo poco prima del raccolto (un momento sacro), e infine, come ultimo insulto, aprendo un buco nel tetto della sua sala di tessitura per gettarvi il cadavere di un cavallino scorticato.

Indignata dal comportamento del fratello, Amaterasu, dea del Sole, scelse di ritirarsi in solitudine, esiliandosi in una caverna e facendo precipitare il mondo nelle tenebre. Migliaia e migliaia di divinità si riunirono in preda al panico, e nel tentativo di indurla a lasciare la caverna, appesero uno specchio sacro con un gioiello a forma di virgola su un albero lì vicino, dando inizio a una serie di rituali che non direbbero nulla ai lettori dei giorni nostri, ma che, all'epoca del *Nihongi*, riecheggiavano parzialmente qualche cerimonia antica. Considerando che lo specchio e il gioiello in questione (o i loro duplicati più moderni) costituiscono due dei tre tesori sacri del Sol Levante, si può ragionevolmente ipotizzare che il racconto della scomparsa di Amaterasu rimandi a qualche disastro dell'antico Giappone – il risveglio di un vulcano, un'eclisse, o forse addirittura il 536 d.C., l'anno senza estate – un evento di tale rilevanza da indurre le tribù autoctone e quelle di origine straniera ad accantonare i loro contrasti e ad aiutarsi a vicenda. In particolare, i numerosi racconti contraddittori del *Nihongi* non si limitano a menzionare gli dèi e i loro tratti distintivi, ma li annotano con i nomi dei loro discendenti presso la corte giapponese dell'VIII secolo, la stessa epoca in cui fu scritto il testo.

Alla fine Amaterasu fu incuriosita dalle urla scomposte che accompagnavano una danza lasciva della Terribile Femmina del Cielo. Chiedendosi cosa potesse avere di così interessante il mondo anche in sua assenza, la dea del Sole sbirciò dalla spelonca e venne lestamente trascinata fuori. Le altre divinità la legarono con una corda sacra, così che non potesse rientrare nell'antro. Di conseguenza anche il sole non fu più in grado di scomparire.

Come detto, Susano'o era stato bandito a causa della sua condotta riprovevole, ma mentre si allontanava, si era fermato a vedere Amaterasu. Fu a quel punto che decise di uccidere la dea della fertilità, che stava spargendo di semi la terra. (È probabile che questa parte del racconto allegorizzi il ciclo delle stagioni). Dopodiché Susano'o discese tra i mortali, dove si imbatté in due anziani che gli offrirono l'unica sopravvissuta delle loro otto figlie, a patto che uccidesse il dragone a otto teste e otto code responsabile della morte di tutte le altre. Così il dio delle tempeste attirò il mostro con del sake fermentato otto volte, lo fece ubriacare per bene, e poi lo uccise senza pietà. Mentre squarciava il cadavere del dragone, Susano'o trovò una spada conficcata in una delle otto code – la Spada del Raduno delle Nuvole del Cielo – che decise di donare a sua sorella Amaterasu a titolo di scusa.

A questo punto la narrazione del *Kojiki* e del *Nihongi* prosegue elencando innumerevoli generazioni di discendenti degli dèi primordiali, soffermandosi sulle loro lotte per il potere, i loro amori, e le nascite dei loro figli. Non occorre una grande dose di disincanto per individuare in questi racconti il *leitmotiv* universale della corsa alla supremazia e al controllo delle risorse, nonché il motivo altrettanto ricorrente delle vittorie ottenute grazie al favore degli dèi.

Il nipote di Amaterasu, Ninigi – il cui nome completo significa «Ho Vinto Correndo con Impeto grazie alle Grandi Orecchie di Riso del Cielo» – venne inviato dall'alto per governare l'intero territorio. A tal fine portò con sé i sacri tesori che certificavano la sua origine divina, ovvero la Spada del Raduno delle Nuvole del Cielo, lo specchio che aveva catturato la luce della dea del Sole e il gioiello a forma di virgola. Ancora oggi il significato di questi oggetti rimane oscuro. Comunque sia, le unioni dinastiche e i patti di fedeltà si susseguirono a lungo, finché, tre generazioni più tardi, ecco apparire il personaggio che secondo gli annali sarebbe diventato il primo imperatore del Giappone: Jinmu, discendente di Ninigi.

Stando alle cronache, Jinmu, dopo essere venuto al mondo nell'isola sud-occidentale di Kyūshū, intraprese una lunga marcia verso est seguendo la costa del mare interno, in cerca del luogo più adatto da cui governare l'intero arcipelago. Con l'aiuto di un corvo a tre zampe inviato da Amaterasu per guidarlo, Jinmu giunse infine in una terra paradisiaca. Si trattava di una pianura verdeggiante costellata di splendidi rilievi, ricca di frutti e selvaggina, e sufficientemente ampia da permettere ulteriori espansioni. Si trattava di Yamato, la «Porta delle Montagne», il cuore del futuro impero.

Le vicende di Jinmu, così come sono tramandate dal *Nihongi*, riecheggiano i racconti mitici dell'età della pietra, con i canti tribali che celebrano lo schianto dei teschi dei nemici contro le rocce, e deprecano la natura subumana degli antagonisti dell'eroe, definiti «Barbari-gambero». Lo stesso Jinmu incoraggia i suoi uomini col canto, forse componendo nuovi inni di battaglia, o forse resuscitando versi e motivi di un passato ancestrale. (Al riguardo, il *Nihongi* non è affatto chiaro, N.d.T.).

In un certo senso, al giorno d'oggi sono soltanto gli elementi religiosi del Giappone preistorico a sopravvivere in qualche forma. Esistono ancora molti tumuli tombali, spesso in luoghi incongrui, come certe piccole colline boschive incapsulate tra complessi residenziali e quartieri dello shopping. Né mancano credenze che hanno attraversato i secoli per giungere più o meno deformate sino a noi, grazie soprattutto alla religione autoctona dell'arcipelago, lo Shintō, ovvero «la via degli dèi».

In proposito, però, dovremmo fare attenzione a non istituire paralleli infondati con la preistoria. Occorre tenere presente che molti contenuti del moderno Shintō, compreso il suo carattere di «religione» organizzata, risalgono a epoche relativamente recenti. Nella spiritualità nipponica contemporanea, peraltro, è ancora molto vivo il sentimento di una profonda connessione tra il sacro e il profano: la vita quotidiana è in balìa del divino; i santuari convivono gomito a gomito col trambusto dei distretti commerciali; basta allontanarsi di poco dal ciglio della strada per imbattersi in una roccia legata con una corda sacra, o qualcosa di simile, in segno di rispetto nei confronti degli spiriti della natura. Lo Shintō è spesso confuso, persino dagli stessi giapponesi, con specifiche tradizioni popolari di carattere locale, legate non di rado ai lavori stagionali nei campi. Altre superstizioni, invece, affondano le loro radici nella religiosità buddhista.

Lo Shintō – quantomeno nella visione proposta dai compilatori del *Kojiki* e del *Nihongi* – è più di una mitologia. Le sue credenze sono rimaste un pilastro centrale della nazione fino al 1945, permeando molti dei rituali la cui celebrazione spetta al capo di Stato, cioè all'imperatore. Ancora oggi il regnante di turno offre riso ad Amaterasu, mentre il successore ufficiale al trono omaggia annualmente gli dèi con i frutti del raccolto.

L'avvento del buddhismo in epoca medievale determinò una profonda reinterpretazione di molte divinità shintoiste, che finirono per essere viste come incarnazioni nipponiche dei santi buddhisti. A livello di religiosità popolare, emerse così un certo grado di sincretismo tra i due culti, che non sarebbe mai venuto meno. Persino oggi molti santuari shintoisti offrono amuleti protettivi o tavole lignee da preghiera in cambio di qualche «donazione» da parte dei fedeli, gli stessi che un tempo venivano definiti pellegrini, e che ora vengono sempre più considerati e trattati alla stregua di semplici turisti. Se ci si reca in un santuario shintoista dei giorni nostri, si vedranno i visitatori lavarsi le mani in una fonte all'ingresso, batterle l'una contro l'altra allo scopo di spaventare gli spiriti maligni e pregare per una varietà di nuove e vecchie preoccupazioni: oggetti perduti, gravidanze e parti sicuri, rimedi contro le malattie e la sterilità, successi nella carriera scolastica o in quella lavorativa. Si possono persino offrire donazioni per ricevere in cambio una profezia scritta su un biglietto o un pezzo di legno.

Nei momenti cruciali della storia giapponese, lo Shintō tende regolarmente ad assumere una fortissima valenza identitaria. Ogni volta che si affacciano influssi stranieri, che siano sutra buddhisti, missionari cristiani o innovazioni della modernità, gli abitanti dell'arcipelago possono sempre rifugiarsi in quell'antica religione. Perché è nata lì. Perché il suo contenuto è inseparabile dalla cultura e dalla geografia del paese. Perché si manifesta nelle corde che legano le rocce esposte alle intemperie; nelle bacchette di legno decorate con foglie di carta; negli alberi vecchi di secoli e nei giardini consacrati; e nelle grandi montagne che incombono sulle pianure. Un poema risalente all'epoca della stesura del *Kojiki* e del *Nihongi* elogia un sovrano mai identificato, augurandogli un eterno periodo di pace con la tipica sensibilità scintoista profondamente devota al mondo della natura e ai suoi mutamenti.

Possa il tuo regno
Durare mille, ottomila generazioni
Finché i ciottoli
Divengano rocce possenti
Coperte di muschio.

Un migliaio di anni dopo, questi versi sono entrati nell'inno nazionale giapponese, che prende il nome dal suo incipit: *Kimigayo*. Ogni giorno, gli scolari, gli atleti e i politici del Sol Levante si alzano in piedi e lo cantano, pervasi da una sorta di antico, atavico potere. Il corvo a tre zampe dell'imperatore Jinmu sventola ancora sulla bandiera della Federazione calcistica del Giappone. Del resto, quando si gioca a pallone, un arto in più costituisce pur sempre un vantaggio.

ATTRAVERSO IL BUCO DELLA SERRATURA: IL POPOLO DI WA 2

Neppure le due cronache più antiche del Giappone concordano su quel che accadde a Chūai, il quattordicesimo imperatore. Secondo la versione più lineare, contenuta nel *Nihongi*, Chūai stava guerreggiando contro una tribù ribelle – la Gente dell'Orso, a Kyūshū – quando fu colpito a morte da una freccia. Il *Kojiki* racconta invece una storia diversa, permeata di elementi sovrannaturali.

Stando a quest'ultima versione, Chūai si trovava al confine estremo della sua isola, ed era già a buon punto nella campagna militare contro la Gente dell'Orso. Perciò si limitava a riposare in uno dei suoi tanti palazzi periferici, pizzicando pigramente le corde di uno strumento musicale. All'improvviso una delle sue mogli – tramandata ai posteri col nome di Jingū – cominciò a parlare con una voce che non era la sua. La donna iniziò a raccontare di una terra posta a occidente, ricca di oro e argento, e disse che gli apparteneva.

Irritato dalle parole della consorte, l'imperatore smise di suonare. Si era già affacciato dalle scogliere, replicò, e aveva scrutato a lungo l'orizzonte verso ovest. Ebbene, laggiù non vi era nulla. Ma Jingū, anziché tacere, pronunciò una maledizione mortale.

«Tu non governerai ancora per molto Tutte le Cose Sotto il Cielo», sentenziò. «E adesso volta lo sguardo alla tua destinazione finale».

Il primo ministro dell'imperatore, che era impallidito vistosamente, balbettò che il suo signore avrebbe fatto meglio a riprendere a suonare. Così Chūai tornò rabbiosamente alla sua musica, limitandosi a pizzicare le corde dello strumento ogni tanto. Le note si fecero più distanti l'una dall'altra... e poi dissonanti... infine, cessarono bruscamente.

I cortigiani presero delle lampade e si avvicinarono all'imperatore, solo per constatare che era morto.

Il primo ministro si rivolse agli dèi per avere chiarimenti, ma le risposte che ricevette l'indomani dagli oracoli non fecero che confermare le strane parole di Jingū. Il prossimo imperatore – aveva detto la donna – era ancora nel suo grembo. Si trattava del volere della dea del Sole, e di altre tre divinità delle quali nessuno aveva mai sentito parlare.

Nel *Kojiki* non è del tutto chiaro chi pronunciò queste ultime parole: forse la stessa Jingū, che in quell'occasione aveva proseguito con i suoi strani discorsi, invitando il popolo ad allestire una flotta e disseminare le acque di bastoncini e barche giocattolo, affinché le onde del mare accogliessero l'offerta e si placassero. Salpata con la sua flotta, la vedova dell'imperatore fece ritorno qualche tempo dopo, affermando di aver sottomesso le terre oltre l'orizzonte. Alcune fonti riferirono che il re di Silla era stato ben lieto di riconoscere la supremazia di Jingū. Altre sostennero che la donna lo aveva trascinato in riva al mare, spaccandogli le ginocchia per farlo cadere davanti a lei. Dopodiché, lo aveva trafitto con una lancia, per poi seppellirlo in una tomba senza nome.

Comunque fosse andata, Jingū tornò in patria per partorire.

Fu allora, e solo allora, che depose il corpo di Chūai su una chiatta funebre, e risalì il mare interno fino a raggiungere Yamato. Fino a quel momento la notizia della morte dell'imperatore era stata tenuta nascosta.

I figliastri di Jingū iniziarono a complottare per rovesciarla. Uno di essi si arrampicò su un albero per scrutare i dintorni, ma fu sbalzato a terra e divorato da un cinghiale gigante.

Il fratello più giovane attese con i suoi uomini la comparsa della chiatta funebre, risoluto a prenderla d'assalto. Ma quando finalmente arrivò, dal suo interno uscì una compagnia di soldati armati. I due schieramenti combatterono per qualche tempo senza prevalere l'uno sull'altro, finché il comandante delle forze di Jingū disse ai suoi avversari che era inutile continuare lo scontro, dato che la donna era già morta.

Per dimostrare di essere sincero, estrasse un coltello e recise la corda del suo arco.

L'altro schieramento fece lo stesso, solo per scoprire che l'atto dell'uomo nascondeva un inganno. Jingū era ancora viva; i suoi soldati avevano occultato corde di ricambio tra i nodi dei loro capelli. Queste corde vennero rapidamente tese sugli archi, che tornarono ad essere strumenti di morte.

Senza dubbio stava accadendo qualcosa di sospetto. Quando era partito per Kyūshū, Chūai godeva di buona salute, eppure era tornato in patria privo di vita. Jingū aveva fatto ritorno da una terra sconosciuta, sostenendo di avere portato in grembo il successore di Chūai per ben tre anni, e di essere ancora in comunione con le voci nella sua testa. Aveva prevalso sui figliastri, e adesso proclamava che il suo bambino, concepito in modo così soprannaturale, era il nuovo imperatore.

«I giorni» – si legge nel *Nihongi* – «diventarono bui come la notte». Il cattivo presagio gettò il popolo nel terrore, ma poi si dissolse quando si scoprì che due sacerdoti erano stati sepolti nella stessa tomba. Separati i loro corpi, il sole tornò a splendere.

Sulla riva del mare, la baia era costellata di delfini spiaggiati. Secondo alcuni si trattava di un banchetto mandato dagli dèi, eppure i corpi dei delfini stavano già marcendo, e il loro sangue puzzava.

Il principe era ancora un infante, e Jingū avrebbe governato in suo nome fino a quando non fosse diventato adulto. Così la donna tenne le redini del potere per sessantanove anni, fino alla sua morte. A quel punto, l'anziano imperatore Ōjin poté finalmente succederle, per poi morire all'età di 110 anni.

L'arco temporale che va grosso modo dal 300 a.C. al 250 d.C. – la cosiddetta «età del ferro» del Giappone – è conosciuto dagli archeologi moderni come il periodo Yayoi, dal nome del distretto di Tōkyō dove furono scoperti i suoi resti più importanti, venuti alla luce nel 1884. Le origini di questo periodo, tuttavia, affondano in Corea. Fu da quel paese che centinaia di migliaia di nuovi migranti attraversarono lo Stretto in cerca di una terra sicura. Secondo alcune note a margine che commentano le prime cronache del Giappone, questi viaggiatori si insediarono dapprima a Kyūshū, per poi peregrinare, generazione dopo generazione, lungo il mare interno, finché non trovarono il migliore dei luoghi possibili a Yamato (la «Porta delle Montagne»), nei pressi dell'odierna Nara.

I nuovi arrivati provenivano da un mondo che, se non era apertamente cinese, aspirava a diventarlo. Portavano con loro il sistema di scrittura di quella terra, che venne usato maldestramente nei primi tentativi di trascrizione delle parole e dei concetti nipponici. Disponevano anche di nuove tecnologie e nuovi materiali – in particolare metalli e il tornio da vasaio – ed erano caratterizzati da una cultura intrisa di confucianesimo patriarcale.

Nonostante le testimonianze archeologiche e le antiche leggende parlino di donne guerriere e capotribù, adombrando una società dove il potere era di tipo sostanzialmente matriarcale, gli immigrati dalla Corea emarginarono ben presto il sesso femminile. Impossibilitate ad accedere di nuovo a incarichi autorevoli, le donne dovettero accontentarsi di un ruolo privilegiato all'interno dei santuari e durante le cerimonie religiose; una posizione che nei secoli successivi sarebbe stata insidiata dall'avvento del buddhismo. Nel mondo dei nuovi venuti, dominato dalla tradizionale diffidenza confuciana nei confronti del genere femminile, le donne venivano viste semplicemente come mogli, madri e figlie da maritare, o comunque da sistemare in un modo o nell'altro. Certo, vi fu anche qualche sporadico ritorno al passato, come nel caso dell'imperatrice Jingū armata d'ascia, ma persino la base del suo potere doveva quasi tutto all'importanza di suo marito, o forse al desiderio della sua famiglia di continuare a governare il paese, in attesa che il figlio della stessa imperatrice diventasse sufficientemente adulto per salire al trono. È ai tempi di Jingū che sentiamo parlare per l'ultima volta di sciamane. Per citare J. Edward Kidder, si trattava di «donne-oracolo preparate a combattere».

Il primo resoconto scritto degli antichi miti del Giappone risale al *Kojiki*, completato nel 712 d.C. Occorre tenere presente che da quel momento in poi, il testo subì probabilmente numerose riscritture e abbellimenti. Anche se alcuni dei suoi passi sembrano comporre un elenco relativamente accurato di re e regine, come pure di molti fatti degni di nota, altre sezioni potrebbero essere state aggiunte solo per assecondare gli interessi di figure successive, oppure per restituire in modo distorto il ricordo di antiche inimicizie. Malgrado questi limiti, il *Kojiki* rimane un testo prezioso per capire quali storie i giapponesi si raccontavano tra di loro e su di loro.

Sebbene si presenti come una cronologia lineare di mille anni di guerre e gesta eroiche, il *Nihongi* (composto dopo il *Kojiki*) evidenzia un gruppo di lignaggi familiari separati, ma in origine coesistenti: le dinastie reali del vecchio Yamato; le saghe degli antenati della nobiltà di Kyūshū; le ultime leggende di clan un tempo orgogliosi e ora invisibili sotto nuovi nomi e alleanze. A un certo punto, molti potrebbero aver pensato a se stessi, almeno una volta, come a «re» di un territorio o l'altro del Giappone – Kyūshū, forse; le coste del mare interno; i primi contrafforti di Yamato. La linea genealogica della dea del Sole non procede semplicemente da imperatore a imperatore, ma si ramifica in altri diciannove clan che rivendicano una discendenza dai suoi figli. Inoltre, la genealogia in questione potrebbe anche nascondere sottili differenze tra i vari tipi di nuovi arrivati, soprattutto tra quelli originari di Baekje e Silla, a seconda del gruppo che ebbe il sopravvento. Del resto, in mancanza di qualunque grande cataclisma che possa aver causato un'emigrazione improvvisa di così vasta portata, è logico ritenere che gli immigrati siano giunti in ondate successive partendo da regni coreani diversi.

Storicamente si registrano parecchi dissidi dinastici, causati quasi sempre dalle frizioni tra l'erede più giovane e i suoi fratelli (o, più di frequente, *fratellastri*). Questo fenomeno rinvia alle lotte sotterranee tra potenti famiglie, desiderose di influenzare il futuro imperatore convincendolo della provenienza di sua madre dalla loro linea di sangue. Se la fanciulla giusta appartenente al clan giusto attraeva l'imperatore al momento giusto, il figlio maggiore del regnante poteva essere facilmente accantonato in favore del pargolo della nuova concubina, con evidenti vantaggi per il suo clan di origine in termini di influenza a corte.

Senza dubbio le antiche epopee delle sofisticate divinità del Cielo in lotta con i ringhianti, bellicosi dèi della Terra rinviano in controluce a vicende realmente accadute per il controllo del Giappone, narrate naturalmente dai vincitori di turno. Eppure in quei resoconti, e nella loro trasmissione ai posteri, vi è qualcosa che elude ogni criterio di attendibilità. Grazie agli archivi digitali e alle risorse di internet, si possono ricostruire i dettagli dei propri antenati fino ad almeno un secolo prima. Ma più si retrocede nel tempo, più i fatti accertati lasciano il posto a pettegolezzi e ad accenni fumosi, al punto da impedire qualunque ricostruzione oggettiva. Questo limite intrinseco ha sicuramente complicato la vita anche agli storiografi nipponici dell'VIII secolo. Infatti, come potevano rievocare in modo attendibile eventi risalenti a un millennio prima, quando disponevano soltanto di qualche vaga memoria di pergamene perdute?

Per le generazioni future, i lignaggi della nobiltà giapponese erano divisi in tre categorie: gli immigrati, i discendenti degli imperatori, e i discendenti dagli «dèi del cielo e della terra». Forse i tre sacri tesori del Giappone riflettono questa struttura tripartita del paese come specchio, spada e gioiello – le ultime ondate migratorie dal continente con il loro strano specchio cinese, i primi invasori con la loro spada di conquista, e gli indigeni dell'arcipelago con il loro sacro gioiello a forma di virgola, simbolo di saggezza.

È possibile che le storie riguardanti Jinmu traggano la loro origine dagli antichi racconti relativi al clan degli Ōtomo, il cui territorio ancestrale (in particolare Kyūshū) non era lontano dalla terraferma; circostanza che potrebbe averli coinvolti nelle vicende dei primi conquistatori. Le storie dedicate a Sujin, il decimo imperatore, sembrano invece attingere alle tradizioni del clan Mononobe, una potente famiglia che si distingueva per la sua spregiudicatezza politica e una forte connessione con entità indigene sottomesse. Non è un caso che Sujin si avvalesse di un gruppo di sciamane, rispettando un costume che aveva ben poco a che fare col confucianesimo conservatore dei nuovi arrivati. Durante il suo regno, i *kami* si insediarono nei loro luoghi di residenza e stabilirono i loro confini; un'allusione poetica all'incorporazione e pacificazione di svariati clan limitrofi, dai quali l'imperatore raccoglieva tributi sotto forma di cibo e prodotti tessili.

Analogamente, le storie riguardanti Ōjin, il quindicesimo imperatore, paiono strettamente collegate alle tradizioni familiari del clan Soga, i cui robusti legami col continente asiatico emergono dalle lunghe digressioni che questi racconti riservano alla diplomazia e agli scambi culturali.

Un giorno qualcuno potrebbe finalmente riuscire a mettere ordine nel *Nihongi*, facendo emergere dal maestoso fiume della sua epica contorta tre o più saghe incrociate che riguardino lo stesso periodo di due o tre secoli, fino a condurci alla data storicamente accertata del 552 d.C., quando l'imperatore Kinmei (509-571) ricevette il fatidico dono dei tesori buddhisti dal regno coreano di Baekje. Le pagine del *Nihongi* offrono intricati racconti di conquista e acculturazione, con fortezze montane brulicanti di *kami* e demoni che si arrendono alla marcia del progresso, o se ne ritraggono prima che sia troppo tardi. Né mancano riferimenti a gruppi indigeni dell'estremo sud, quando l'imperatore Jinmu dichiara di aver scacciato gli «Aimishi». Questa parola deriva da particelle di cinese classico unite assieme, nel tentativo di riprodurre un suono che non esisteva in quella lingua.

Undici sovrani più tardi, ecco il *Nihongi* soffermarsi sulle molteplici campagne di conquista e asservimento intraprese dall'imperatore Keikō, talvolta contro barbari locali, che cattura e poi sacrifica, e talvolta contro genti che lo accolgono a braccia aperte. La principessa Kamu-nashi, ad esempio, «capo di quell'intero paese», gli va incontro agitando in segno di pace un ramo da cui pendono una spada, uno specchio e un gioiello. Si trattava della versione barbara di uno stendardo, oppure di una riproduzione delle spade cerimoniali a tre punte tipiche dei nuovi arrivati coreani? A ogni modo, la principessa ottiene l'aiuto di Keikō per sconfiggere i «ribelli» presenti nel suo regno (che evidentemente era già stato incorporato in quello dell'imperatore). Nel frattempo, i soldati di Keikō s'impegnano nella pacificazione non solo dei nemici della principessa, ma anche dei nuovi avversari incontrati strada facendo, come gli infausti Ragni di Terra annidati nelle grotte, che vengono percossi con mazze di pietra fino a quando il loro sangue non tocca le caviglie. I luogotenenti dell'imperatore riferiscono di un'altra terra che converrebbe conquistare:

> Nelle selvagge lande orientali, vi è un paese chiamato Hitakami [Altezza del Sole]. Gli abitanti di questo paese, sia uomini che donne, acconciano i loro capelli a forma di maglio, e coprono di tatuaggi i loro corpi. Sono di temperamento fiero, e si fanno chiamare Emishi [Barbari-Gambero]. Inoltre, il loro territorio è vasto e fertile. Dovremmo attaccarli, e prendercelo.

Come nel caso dei Ragni di Terra, furono i nemici dei Barbari-Gambero a dare loro questo nome, forse riferendosi all'alimento base di cui si nutrivano, o più verosimilmente ai lunghi baffi dei loro uomini. Peraltro, il nome potrebbe anche derivare da *emushi*, la parola nativa per spada. La descrizione dei Barbari-Gambero che troviamo nel *Nihongi*, presenta molte analogie con quella degli annali cinesi e con alcune testimonianze archeologiche, confermando ciò che si sospettava da tempo, ovvero che i nuovi venuti si erano sostituiti rapidamente agli Jōmon, uccidendoli o costringendoli a lasciare le loro terre, creando problemi alla successiva ondata di conquistatori.

Alcune generazioni più tardi, Yūryaku (456-479), il ventunesimo imperatore, si vantava in una lettera ai cinesi del fatto che lui e i suoi antenati avevano conquistato 115 «nazioni» barbare appartenenti a quella Gente Pelosa. I giapponesi avrebbero discusso ancora dei loro vicini Emishi all'epoca del trentottesimo imperatore, Tenji (626-672), i cui emissari in Cina verranno citati nella *Nuova storia dei Tang* con un chiaro riferimento ai Barbari-Gambero (in cinese *xiayi*). Ai confini della terra di Wa, riportano gli annali Tang, s'innalzano grandi montagne (le Alpi giapponesi?), oltre le quali vi è il territorio della Gente Pelosa.

> La terra dei Barbari-Gambero è un piccolo paese nell'isola del mare. I loro ambasciatori hanno barbe lunghe quattro piedi. Tendono le frecce fin dietro il loro collo, posano una zucca sulla testa di una persona lontana dozzine di passi, e la centrano senza errore.

I racconti sugli Emishi scompaiono quasi completamente dalla cronachistica nel momento in cui il Giappone diventa più riconoscibile agli occhi del lettore; ciononostante, restano parte integrante della formazione del paese. Gran parte della loro cultura era effimera; usavano il legno come materiale da costruzione e si ornavano di conchiglie. Sembra che avessero eretto giganteschi monumenti di pietra, ai quali gli annali nipponici successivi avrebbero accennato in qualche occasione. Un tempo, gli altari, i menhir e i cerchi di pietra degli Emishi costellavano l'intero arcipelago. In seguito, furono distrutti per essere utilizzati come materiale da costruzione per le fondamenta e le merlature dei castelli medievali. Si può dire, a tutti gli effetti, che la creazione di una certa immagine iconica del Giappone comporti la distruzione di quella precedente.

Come aiutanti, schiavi e madri, gli Emishi costituivano una parte rilevante della popolazione di Yamato, mentre le loro antiche tradizioni, distorte o dimenticate, sono tuttora alla base della religione ufficiale del Giappone, lo Shintō, la via degli dèi. I toponimi dell'arcipelago devono molto ai racconti popolari degli Emishi. Persino il nome odierno dell'isola di Hokkaidō, la «via per il mare settentrionale», potrebbe derivare dalla corruzione di un termine più specifico, *hoku-Ka'i-dō*, ovvero «la strada settentrionale verso i Barbari-Gambero». Nei secoli successivi, ogni volta che cercavano di asserire la loro «nipponicità», intesa come qualcosa di differente o superiore rispetto alle culture continentali, i giapponesi dovevano necessariamente mettere da parte l'eredità del bronzo cinese e dell'acciaio coreano, i broccati di seta, l'architettura buddhista e quella Tang, la letteratura e la poesia della Cina... per restare con cosa? Scordarsi della Cina e della Corea significava dimenticarsi di molti dei loro stessi antenati. In realtà, il vero cuore dello spirito nipponico, la sua vera essenza persino oggi, s'identifica col fantasma degli Emishi.

Vissuto forse nel I secolo d.C., Yamato Takeru era un principe dei proto-giapponesi che aveva ucciso suo fratello ed era stato esiliato dal padre nelle terre di confine, dove aveva sconfitto numerosi nemici. Sua zia, capo sacerdotessa del santuario di Ise, gli aveva donato la Spada del Raduno delle Nuvole del Cielo, la stessa che il dio Susano'o aveva estratto dalla coda del dragone.

Intrappolato in una radura in fiamme da un infido signore della guerra, Yamato Takeru ricorse alla spada divina per salvarsi. Da allora in poi, quell'arma fu conosciuta come Kusanagi, ovvero la «Falciatrice d'erba».

Per quanto Yamato Takeru sia un personaggio semi leggendario, resta il fatto storico che durante la sua epoca si registrarono alcuni scambi tra i residenti dell'arcipelago e le élite al potere nel continente. Nel 238 d.C. giunsero in Cina alcuni emissari di Himiko («Principessa del Sole»), che regnava su Yamatai, nella pianura del Kansai, a ovest del massiccio centrale delle Alpi giapponesi. Le loro descrizioni del paese natìo, così come sono state tramandate dagli storiografi, alludono a un territorio montagnoso a «sud-est della Corea». E il modo più rapido e ovvio per raggiungerlo passava attraverso lo stretto omonimo.

Si è versato molto inchiostro sulla figura di Himiko, forse regina-strega «agile nella via degli dèi», o forse sacerdotessa del sole e figura simbolica. Himiko potrebbe persino non essere un nome, bensì un titolo scaturito dalla contrazione di *himemikoto*, che in giapponese significa «donna maestosa». Al riguardo vi è anche un'altra ipotesi: Himiko potrebbe derivare dalla corruzione di *hime-hiko*, termine nipponico che indica un fratello e una sorella al vertice del potere come principe e principessa. Chiunque sia stata, il suo interesse a comunicare con un Figlio del Cielo mai visto prima, che oltretutto si trovava a più di 1500 chilometri di distanza, tradisce una rispettosa consapevolezza dell'importanza della Cina; consapevolezza che probabilmente si rifaceva a qualche contatto precedente.

Mentre gli annali cinesi si soffermano spesso sulla regina Himiko, le cronache ufficiali nipponiche di inizio VIII secolo non la menzionano affatto. Era già stata dimenticata? Oppure gli storiografi l'avevano nascosta sotto un altro nome? Forse si trattava di «Colei che splende nei cieli» (Amaterasu), la capricciosa dea del Sole che aveva dominato le prime leggende nipponiche. O magari di «Merito divino» (Jingū), l'antica regina-guerriera che si diceva fosse posseduta dalla dea del Sole, e che aveva condotto una campagna vittoriosa contro la Corea. O, ancora, di una delle tante veggenti menzionate nei regi elenchi come compagne dei governanti maschi.

Secondo gli autori della *Cronaca dei Wei* – un annale cinese del III secolo – Himiko governava su quello che probabilmente era il più grande di una trentina di regni dell'arcipelago, con una popolazione complessiva di 70.000 famiglie. Sebbene l'esatta localizzazione del suo territorio sia stata al centro di innumerevoli controversie, il fatto che le grandi tombe a tumulo dell'epoca Kofun si trovino nell'area di Ōsaka-Nara, suggerisce che la regina abbia vissuto lì, da qualche parte lungo lo spartiacque del fiume Yamato. Gli antichi toponimi di quella zona evocano un'era di semplicità che sembra uscita dalle pagine di Tolkien. Il fiume Yamato, o Porta delle Montagne, si insinua tra le colline che dividono la pianura da nord a sud in un luogo chiamato Grande Pendio (Ōsaka). A nord si apre la Buona Terra Piatta (Nara). E ai confini del territorio, ecco la Cresta della Montagna (Yamashiro), la Splendida Landa (Iga) e le Sacre Correnti (Ise). I numerosi corsi d'acqua che bagnano l'area, scorrono verso le Sponde del Fiume (Kawachi), per poi incontrare il mare presso Cresta dell'Onda (Naniwa) e Cale Chiare (Suminoe).

I cronachisti della Cina menzionano venti altri regni nipponici ormai dimenticati, con nomi quali Shima e Ihaki, Kokata and Kanasana. Lungi dal significare qualcosa per i cinesi, questi appellativi nascevano da caratteri che cercavano di riprodurre suoni sconosciuti alla loro lingua – a meno che le fonti primarie dei cronachisti non si riferissero davvero a regni chiamati

Demone-Schiavo (Kina), Nudo (Luo), e Denti Neri (Heichi). Quanto alla loro posizione geografica, i racconti rimangono sul vago. La discrepanza tra il miglio cinese (*li*) e la sua variante coreana (più corta) ha confuso irrimediabilmente le distanze, ma tutto sembra suggerire che il regno di Himiko si trovasse nei dintorni della pianura del Kansai, dove adesso sorgono Kyōto e Ōsaka. I rivali più potenti della regina appartenevano al regno di Kuna, più a sud, nei pressi dell'odierna Wakayama. Secondo le cronache, erano nuotatori e tuffatori esperti, non portavano calzature e si tatuavano da capo a piedi per allontanare squali e dragoni.

Gli inviati di Himiko raggiunsero la Cina confidando nella protezione delle arti magiche. Avevano viaggiato con un «alfiere del lutto», un guardiano - o meglio, un amuleto vivente - che doveva rimanere casto, non lavarsi, e non curarsi delle proprie vesti. Se i messi avessero fatto ritorno sani e salvi, sarebbe stato abbondantemente ricompensato. In caso contrario, sarebbe finito sul patibolo per essere venuto meno ai suoi doveri.

L'eco di molti passi della *Cronaca dei Wei* si è riverberata attraverso i secoli. Il popolo del regno di Himiko - si legge nel testo - viveva notevolmente a lungo, raggiungendo spesso il secolo d'età. Quando le persone di alto rango camminavano per strada, i comuni cittadini dovevano indietreggiare tra i cespugli circostanti. Gli arcieri della regina tenevano la loro arma «sotto il centro»; un'espressione che richiamava la tipica forma asimmetrica degli archi giapponesi. E allorché si trattava di esprimere consenso, il popolo di Himiko esclamava *Hai!*, come del resto ancora oggi.

Il governatore delle coste cinesi fu lieto di ricevere emissari venuti da così lontano, e inoltrò a Himiko una nota di ringraziamento tipicamente paternalistica, nella quale la nominava regina (anche se lo era già). Inoltre, si preoccupò di inviarle lana e seta in abbondanza, broccati cremisi decorati con dragoni, un centinaio di specchi bronzei, e due spade a lama lunga.

L'«alfiere del lutto» si rivelò all'altezza del suo compito, e gli ambasciatori poterono tornare a casa senza un graffio. Qualche tempo dopo, raggiunsero di nuovo la Cina con una lettera di ringraziamento da parte di Himiko. In quella stessa lettera, la sovrana chiedeva ai cinesi di mediare in una disputa tra Yamatai e Kuna, anche se non è chiaro quali effetti avrebbe potuto avere su un dissidio locale l'opinione di un regnante così distante e per molti versi sconosciuto.

Fu allora che Himiko morì.

La lingua cinese classica è così concisa, che la vicinanza di due periodi può implicare un nesso di causalità. Così, la *Cronaca dei Wei* potrebbe suggerire che la regina morì a causa di quella disputa, perché il decreto dell'imperatore cinese non riuscì ad evitare un colpo di Stato, nel corso del quale la donna perse la vita. Oppure che Himiko, ormai molto anziana, mancò prima che il messaggio arrivasse a destinazione. A ogni modo, la sovrana venne sostituita da un'adolescente, confusamente ricordata come «una sacerdotessa di Himiko». Al riguardo le cronache cinesi riferiscono spassionatamente che un centinaio di donne fu sacrificato durante il funerale della regina.

Gli storiografi cinesi scrissero ancora delle terre al di là del mare nel corso dei secoli successivi, ma non è chiaro fino a che punto, nell'occuparsi dell'arcipelago, abbiano semplicemente abbellito le affermazioni contenute nella *Cronaca dei Wei*. Il *Libro degli Han Posteriori* tornò a occuparsi di Himiko molto tempo dopo la sua morte, descrivendola come una regina-sciamana con un migliaio di ancelle e un solo scudiero di sesso maschile, che «le serviva cibo e bevande, e rendeva note le sue parole». Gli annali in questione ipotizzavano che l'aristocrazia nipponica avesse avuto origine dalla leggendaria spedizione del Primo Imperatore della Cina; un racconto che alcuni contemporanei ritenevano credibile. Gli autori del *Nihongi* contribuirono ad aumentare la confusione, citando di preferenza solo quegli eventi che potevano trovare conferma nella cronachistica cinese. Suggestionati dalle storie sulla regina-strega Himiko, questi compilatori, ad esempio, fecero in modo di retrodatare i racconti che riguardavano l'imperatrice Jingū, così che una governante femmina del Giappone apparisse nello stesso periodo in cui tale figura veniva segnalata dalle fonti cinesi.

Naturalmente la ricostruzione della vita e dei costumi del popolo di Yamatai deve molto anche all'archeologia. Le campagne di scavo condotte in tutto il Giappone, non solo nella parte meridionale del paese, hanno permesso agli studiosi di definire i contorni di una cultura di raccoglitori, inizialmente stanziata vicino alle coste e ai fiumi, con una dieta stagionale basata su quel che il mare produceva d'inverno. I frutti di mare, tuttavia, vennero meno quasi all'improvviso. L'ultimo periodo Jōmon vide infatti un autentico crollo demografico, causato non tanto da guerre o conflitti interni, quanto da un calo delle temperature che ridusse drasticamente la disponibilità dei due generi alimentari che garantivano la sopravvivenza durante l'inverno: i molluschi e le noci. Le zone più a nord dell'isola di Honshū, in particolare, subirono una decrescita della popolazione così devastante che occorsero secoli per riprendersi. Altrove il tasso demografico tornò a salire grazie a una maggiore attenzione alla coltivazione dei cereali, e soprattutto grazie all'arrivo di una novità dal continente: il riso.

Il periodo che va dal 250 al 700 d.C. – grosso modo coevo all'Alto Medioevo europeo – è conosciuto dai climatologi giapponesi come la Fase fredda Kofun; un abbassamento delle temperature ben più forte di quello che si registrò in Europa durante la cosiddetta Piccola Era Glaciale. Il clima si fece rigido, con una misteriosa «nebbia secca» che venne segnalata sia in Cina che nel Vecchio continente. A metà del VI secolo, questo fenomeno ridusse l'impatto della radiazione solare per più di un decennio, provocando carestie diffuse e l'insorgere di malattie. Il Giappone diventò non solo più freddo, ma anche più bagnato; molti siti archeologici sono ben conservati perché furono abbandonati a causa delle inondazioni.

Se da un lato la Fase fredda Kofun inflisse un danno notevole agli indigeni dell'arcipelago ancora in vita, dall'altro consentì alle comunità di immigrati, tecnicamente più evolute, di fiorire e svilupparsi. Attorno al 200 d.C., la comparsa del ferro produsse rapidi cambiamenti nella realtà dell'arcipelago. Pur continuando a costruire in legno, gli indigeni poterono approfittare della nuova efficienza offerta dagli attrezzi metallici. Proprio come le moderne posate nipponiche difettano di metallo – i coltelli, ad esempio, sono usati in cucina ma non a tavola – anche gli oggetti di quell'epoca erano carenti di ferro, al punto che la maggioranza della gente Yayoi continuò a utilizzare strumenti di legno. Tuttavia, molti di quegli stessi manufatti lignei, come i badili e i rastrelli, divennero più diffusi ed efficienti grazie all'innesto di parti metalliche. Anche l'architettura iniziò a privilegiare linee più dritte, visto che le lame in metallo garantivano una maggiore precisione nel taglio e nella sagomatura delle travi. Il territorio subì un rapido disboscamento; le foreste primordiali vennero abbattute non solo per ricavarne legna, ma anche per lasciare spazio ad attività agricole su vasta scala.

Gli alberi sui fianchi delle montagne rimasero però al loro posto, in modo che il terreno non franasse e l'acqua scendesse rigogliosa verso le nuove risaie. Pur relativamente poco adatto allo sfruttamento agricolo, il suolo vulcanico del Giappone avrebbe potuto garantire raccolti più abbondanti grazie all'irrigazione massiccia dei campi. Così, le comunità che fossero state in grado di coltivare in modo autonomo il proprio cibo, sarebbero certamente prosperate, come pure quelle che avessero avuto l'accortezza di accantonare viveri «per gli anni malvagi».

Il santuario di Ise, uno dei siti più venerati del Giappone, è particolarmente utile per comprendere l'antico paese. Fin da quando fu consacrato per la prima volta dall'imperatrice Jitō attorno al 692 d.C., il santuario ha sempre avuto due strutture: anzitutto, l'edificio «originale» con il tetto ligneo ricoperto di paglia, e poi, lì accanto, un suo duplicato. Il complesso viene infatti riedificato con una copia esatta di sé ogni venti anni, riecheggiando un processo di demolizione-ricostruzione che sembra aver accompagnato ogni mutamento dei presagi o delle dinastie durante l'antica storia giapponese. Ise offre anche qualche indizio sull'architettura del passato nipponico – robuste costruzioni in legno di cipresso su un terreno di ciottoli bianchi attorno a un sacro palo posto al centro, con lunghi pinnacoli che conferiscono a ciascun tetto un profilo a forma di corna. È possibile che molti edifici dell'antica capitale del paese assomigliassero a questi, prima che gli sviluppi tecnologici ed edilizi cambiassero irreversibilmente il loro volto originario.

Il periodo Kofun, tuttavia, trae il suo nome da un diverso tipo di architettura: quello delle enormi «tombe antiche» (*kofun*) che costellano il territorio dell'arcipelago. Durante il III secolo d.C., i semplici sepolcri quadrati del periodo Yayoi lasciarono il posto a giganteschi tumuli caratterizzati da una forma a buco di serratura, un cerchio unito a un trapezio: da qui la loro definizione canonica, appunto, di «tombe a buco di serratura». Gli esempi più antichi di tali tumuli, nei dintorni di Nara, risalgono alla fine del III secolo, ma il modello si sarebbe diffuso ben presto in ogni parte del paese, grazie al predominio di un'aristocrazia provvista di copiosa manodopera.

I contenuti dei *kofun* potrebbero sicuramente rivelarci molte cose sul periodo omonimo, ma il loro status inviolabile di antichi sepolcri «imperiali» pone fortissimi limiti allo studio degli archeologi. Per quanto possa suonare provocatorio alle orecchie dei giapponesi, molte «tombe a buco di serratura» si trovano anche in Corea, nel bacino del fiume Yeongsan, ovvero nell'antico territorio del regno di Baekje: una circostanza che sembrerebbe suggerire forti connessioni culturali tra i costruttori di entrambe.

Sebbene l'arcipelago fosse già occupato da un capo all'altro, nel periodo Yayoi la cronachistica acquista un nuovo tono. Da questo momento la storia di ciò che sarebbe diventato il Giappone non è più narrata dagli Jōmon, e neppure dai loro eredi più importanti, gli Yamatai. Al contrario, passa nelle mani di quelle genti straniere, di origine continentale, la cui presenza è testimoniata dai grandi tumuli eretti nel I secolo a.C. a Kyūshū, l'isola più vicina alla Corea, come pure dal sigillo d'oro, risalente alla stessa epoca, scoperto nella regione di Fukuoka.

Le cronache cinesi segnalano «disordini a Wa» attorno alla metà del II secolo d.C., allorché i nuovi venuti, provvisti del ferro capace di abbattere sia i nemici che le foreste, iniziarono a spingersi ancora più in profondità lungo la costa. I corpi nei loro sepolcri giapponesi appaiono notevolmente più alti di quelli dei locali, e questo potrebbe spiegare perché i messaggeri di ritorno sul continente parlassero anzitutto di una terra di «nani». Verso la fine del IV secolo si riscontra una brusca interruzione nella linea di successione dei sovrani nipponici, forse collegata direttamente ai conflitti che avevano causato il collasso del regno di Kara, con il conseguente arrivo nell'arcipelago di più di un milione di profughi. Tuttavia, sembra che questi immigrati fossero giunti con le loro ricchezze intatte, e avessero iniziato quasi subito a interferire nella politica e nelle lotte di potere dei regni indigeni. Alcuni gruppi di Jōmon scelsero di sottrarsi ai nuovi arrivati fuggendo a nord, mentre altri li accolsero pacificamente, nonostante fossero in schiacciante superiorità numerica. Le testimonianze archeologiche rivelano un doppio impatto: anzitutto, quello causato dall'enorme afflusso di nuovi lignaggi (pari in alcune zone al 73% della popolazione totale) e, in secondo luogo, quello determinato dalle unioni con le genti del luogo, con un'impennata nella crescita demografica.

Se un tempo le cronache cinesi descrivevano indiscriminatamente gli abitanti delle isole come «barbari», ora le stesse cronache si soffermano sullo sviluppo civile propiziato da questi nuovi venuti, che avevano spinto gli indigeni più arretrati ai lembi estremi dell'arcipelago. Per i secoli a venire il nord avrebbe costituito una specie di frontiera; un luogo ricco di opportunità per i giovani sufficientemente coraggiosi e ambiziosi; una terra dove i «barbari» si dividevano tra sottomessi e irriducibili. La lunga marcia verso nord si sarebbe conclusa solo nel XIX secolo, con l'annessione definitiva di Hokkaidō all'impero nipponico. Gli abitanti di quest'isola, gli Ainu, mostrano tuttora una rassomiglianza non sorprendente con gli antichi giapponesi; oggi conducono una misera esistenza ai margini di quella che un tempo era la loro terra.

A partire dall'inizio del III secolo, le «tombe a buco di serratura» iniziarono a diffondersi nella pianura del Kansai, ovvero nel cuore del leggendario regno di Himiko. Dato interessante, al loro interno sono stati rinvenuti pochissimi bracciali di conchiglia; indizio palese che la vecchia classe dirigente era stata soppiantata. La genetica e la tecnologia del continente si erano insinuate ben presto nelle élite autoctone. Le esigenze abitative dei nuovi arrivati avevano accelerato il processo di deforestazione; ampi territori erano stati disboscati per far posto a colture, dighe e argini.

È probabile che le confuse testimonianze storiche di quel periodo abbiano oscurato una duplice lotta per l'egemonia, con i vecchi regni che si contendevano il potere, e le élite dei nuovi arrivati che combattevano per farsi strada non solo nell'arcipelago, ma anche sul continente, intervenendo a più riprese negli affari interni della Corea.

Il caos imperante negli annali giapponesi impedisce una precisa datazione storica. Del resto, i cronachisti, così come i lettori, erano costretti a destreggiarsi tra racconti ripetitivi di guerre attraverso gli stretti e saghe altrettanto monotone di sovrani che generavano eredi; per non parlare della loro frustrazione allorché si accorgevano, sulla base di un rapido calcolo, che quegli stessi sovrani dovevano avere avuto vite lunghissime, salendo al trono in età adulta e regnando talvolta per più di un secolo. Se si trattava di stabilire quanto fosse storica la figura di Yamato Takeru, «l'uccisore di draghi», è chiaro che un'ipotesi valeva l'altra. L'unica cosa che si poteva dire al riguardo era che suo figlio Chūai apparteneva a una generazione più vicina a quella in cui gli annali sono stati redatti. Furono soprattutto i biografi di Jingū, la vedova di Chūai, a confondere le acque. Il *Kojiki* riferisce che Jingū era salpata per Silla, nella penisola coreana, assieme a una flotta di invasione. Grazie all'aiuto dei venti di coda e al generoso traino di alcuni pesci sotto gli scafi, le sue navi avevano varcato rapidamente lo stretto. Alla vista di quella improbabile squadra, il re di Silla aveva subito deposto le armi e giurato fedeltà alla donna, impegnandosi a servire la sovrana del «Cielo» come semplice stalliere, e assicurandole, a titolo di omaggio, l'invio «ogni anno, finché la terra e il cielo ci saranno» di navi e navi colme di beni, soprattutto cavalli.

L'intera storia abbonda di licenze poetiche, portenti, magie e strani capovolgimenti del destino, al punto che si potrebbe facilmente interpretare come la cronaca mascherata di *un'invasione coreana del Giappone*. Eppure, a ben vedere, questo racconto sembra richiamare più da vicino alcuni atteggiamenti giapponesi cronologicamente successivi ai capitoli del *Kojiki*. Infatti, se si spostano in avanti i particolari relativi all'alleanza e all'omaggio dei cavalli – diciamo al 369 d.C. – si noterà una forte rassomiglianza con le vicende intercorse in quel periodo tra i due paesi, puntualmente riferite dagli annali coreani. La stessa impressione si ricava anche dalla condotta e dai proclami del presunto nipote ultracentenario di Jingū, l'imperatore Nintoku (r. 313-399), tradizionalmente morto all'età di 145 anni.

Sovrano assai potente, Nintoku aveva commissionato innumerevoli lavori pubblici, compresi alcuni canali per deviare fiumi pericolosi. Inoltre, era famoso per aver concesso ai suoi sudditi una moratoria di tre anni dai loro doveri, lasciando che il suo palazzo cadesse in rovina, mentre il resto del paese prosperava. Quest'ultimo aneddoto contrasta vistosamente con numerose prove archeologiche, attestanti che non meno di 2000 persone avevano lavorato per sedici anni alla costruzione del supposto tumulo funerario di Nintoku a Ōsaka: il Daisenryō Kofun, la più imponente di tutte le «tombe a buco di serratura», eguagliata in maestosità soltanto dal sepolcro del Primo Imperatore in Cina e dalla Grande Piramide in Egitto.

Il Daisenryō Kofun sorge al centro di uno specchio d'acqua circondato da due fossati. Come molte altre tombe *kofun*, è uno splendido retaggio dei tempi antichi sullo sfondo di paesaggi moderni. Il mausoleo non è aperto al pubblico; ai visitatori è concesso solamente avvicinarsi a distanza al santuario che guarda verso lo specchio d'acqua. Occorre un'ora per girare attorno al complesso, ma anche in quel caso si può scorgere soltanto una collina alberata al di là dei fossati. Se si vuole contemplare il Daisenryō Kofun nella sua interezza, bisogna farlo dall'alto, magari mentre si atterra all'aeroporto di Kansai o di Itami. Lo sguardo indugerà dall'oblò su una metropoli sterminata che si allunga verso la collina, per poi arrestarsi su un'improvvisa macchia verde smeraldo, così fittamente coperta di alberi che nessun essere umano potrebbe passarvi attraverso. La strada vi curva attorno, ma la gente del luogo la ignora. È come se un pezzo di Giappone fosse stato murato e poi abbandonato alla natura 1500 anni fa.

Il reame di Yamato era abbastanza potente da stabilire relazioni «inter-stretto» con il regno coreano di Baekje. Nel 369 d.C., le cronache ufficiali di Baekje riferiscono di un dono imperiale elargito al «sovrano di Wa». Si tratta di un'ingombrante spada da cerimonia a sette braccia. Gli annali coreani danno anche conto di molteplici incursioni compiute dal popolo di Wa: razzie di pirati, attacchi militari veri e propri, o entrambe le cose. Nello stesso periodo, il *Nihongi* si occupa a sua volta della Corea, notando come il regno di Silla non avesse prestato i dovuti omaggi al Giappone, e si fosse meritato per questo una spedizione punitiva attorno al 365.

Portata alla luce nel 1883 nell'odierna Cina nord-orientale, la Stele di Gwanggaeto menziona numerosi eventi del IV secolo che suggeriscono un maggiore coinvolgimento del Giappone nella penisola coreana. Secondo l'iscrizione della stele, attorno al 391 d.C. i «briganti di Wae» avevano attraversato il mare e «distrutto» i regni di Baekje e Silla, incontrando però la resistenza armata del reame di Goguryeo.

Quando fu disseppellito, questo reperto dovette sfortunatamente fare i conti con il clima politico dell'epoca, solo due anni dopo che il volto dell'imperatrice Jingū – o meglio, il suo ritratto idealizzato – era apparso sulle banconote da uno yen di nuova emissione. La stele era stata scoperta da un ufficiale dell'esercito nipponico, che in seguito era stato accusato dagli studiosi coreani di aver falsificato l'iscrizione con uno scalpello, in modo che la presenza di «Wae» sul continente risultasse più forte e significativa rispetto al dettato originale. In effetti è alquanto strano che la stele menzioni la distruzione sia di Baekje che di Silla, quando entrambi i regni non avevano ancora subìto quel destino; ed è altrettanto singolare che dall'iscrizione siano «scomparsi» due caratteri che probabilmente menzionavano il regno di Kara. A conti fatti, pare assai più probabile che i giapponesi fossero semplicemente serviti come truppe di appoggio a un regno coreano nelle sue battaglie contro i vicini.

Il testo della stele prosegue menzionando per nome circa due dozzine di castelli, ciascuno dei quali aveva visto probabilmente una battaglia, prima che nel 399 Baekje stringesse una nuova alleanza con i «Wae», intenti ad attaccare Silla, regno che a sua volta era alleato a Goguryeo. Tale scenario sembrerebbe coincidere con quello descritto negli annali di Baekje, secondo i quali il principe Jeonji (Ramo-Dritto), figlio maggiore di re Asin, sarebbe stato inviato a Yamato durante uno scambio di ostaggi. Jeonji aveva fatto ritorno in patria nel 405, dopo la morte del padre. In quell'occasione aveva avuto al seguito una guardia d'onore composta da cento soldati giapponesi. La loro presenza si era rivelata assai opportuna quando il principe aveva scoperto che suo zio si era insediato sul trono. A quel punto

Jeonji e la sua scorta avevano piantato le tende su un'isola, in attesa degli eventi. Durante quel bizzarro intervallo, la «plebe del regno» si era incaricata di uccidere l'usurpatore al posto loro. La stessa storia, in una forma confusa, appare anche nel nipponico *Nihongi*, che però la predata di 120 anni, a ulteriore riprova dell'inattendibilità cronologica del testo. Nel riposizionare temporalmente la vita dell'imperatrice Jingū, i cronachisti del Giappone sembrano aver fatto lo stesso con suo figlio e suo nipote.

Altrettanto irrispettoso dell'ordine cronologico, anche il *Kojiki* ha parecchio da dire sulle faccende coreane. In proposito, nel testo si legge: «Molti uomini attraversarono le acque provenendo da Silla. Il più potente tra loro li arruolò per costruire dighe alla maniera d'oltremare. Fu così che crearono lo "Stagno di Baekje"». Questa storia si abbina perfettamente ai racconti dell'edificazione di dighe e altre infrastrutture durante il regno dell'imperatore Nintoku, morto nel 399, ma anche in questo caso gli eventi appaiono predatati di più di un secolo. Stesso discorso per la menzione che il *Kojiki* fa del principe coreano chiamato Lancia del Sole, che era giunto in Giappone con collane di gioielli, specchi, e sciarpe magiche.

Gli annali di Baekje narrano un'autentica storia d'amore con Yamato durante il regno di Jeonji. Nel 409 la corte giapponese omaggia il re coreano con «perle che splendono di notte» (definizione poetica per qualunque tipo di gemma brillante). Nel 418 Jeonji ricambia la gentilezza con dieci rotoli di seta bianca. E cavalli – sempre cavalli, come dimostrano i ritrovamenti archeologici nelle tombe di Yamato.

Nonostante il divieto di apertura delle tombe imperiali, alcuni siti funerari sono stati accidentalmente scoperti e studiati in epoca moderna. Le tombe più antiche, risalenti alla prima metà del V secolo, contengono oggetti tipici del tempo di pace: pietre a forma di virgola che rimandano a qualche forma di autorità, spade cerimoniali biforcute e specchi di produzione cinese, alcuni dei quali potrebbero coincidere con quelli menzionati nella *Cronaca dei Wei*, tramandati come cimeli di famiglia e poi sepolti assieme a qualche aristocratico di rango. Ma a partire dal 500 d.C. circa, l'oggettistica funeraria diventa di tipo marziale. All'improvviso troviamo nobili seppelliti con asce e spade, elmi e corazze. Grosso modo dal 450 in poi, le tombe degli aristocratici nipponici contengono anche selle, briglie e altri manufatti equestri – sia i cavalli che il bestiame erano stati introdotti dal continente.

Sarebbe sbagliato ritenere che i nuovi arrivati si considerassero sciolti per sempre da ogni legame con la loro terra di origine. Tanto le cronache coreane quanto quelle giapponesi attestano che il popolo di Yamato trattava con i suoi cugini l'acquisizione di manodopera a fini militari, come pure di scribi e fabbri. L'imperatore nipponico Hanzei (r. 406-411) si rivolgeva ufficialmente alla corte cinese come il «Supremo Generale che Mantiene la Pace a Oriente e Governa con un'Ascia da Battaglia Tutti gli Affari Militari nei Sei Paesi di Wa, Baekje, Silla, Imna [Mimana/Kara], Chin-Han, e Mok-Han». Questa formula suggerisce che, almeno per un poco, un governante giapponese si sia considerato signore supremo non solo dell'arcipelago, ma anche di gran parte della Corea meridionale. Dal canto loro, i cinesi lo definivano soltanto «Generale che Mantiene la Pace a Oriente», ma in seguito avrebbero conferito un titolo simile a suo figlio, l'imperatore Ingyō (r. 412-453), poco prima della sua morte.

A partire dal VI secolo, l'amministrazione di Yamato era sufficientemente solida da pianificare in anticipo gli aiuti che sarebbero stati necessari in caso di calamità. Il primo accenno del *Nihongi* a granai pubblici risale al 536 d.C., lo stesso anno in cui il cronachista bizantino Giovanni da Efeso scriveva: «Il sole divenne buio, e le sue tenebre gravarono per diciotto mesi». Le cronache coreane dello stesso periodo riferiscono di un decennio di guerre e invasioni. Frattanto, in Giappone, l'anziano imperatore Senka emanava un decreto con un passaggio piuttosto significativo: «Il cibo costituisce la base dell'Impero. L'oro giallo e diecimila stringhe di denaro non possono curare la fame. Cosa se ne fa di mille scrigni di perle, un uomo che soffre la fame e il freddo?».

Nel *Nihongi* queste parole di Senka alludono alla penuria di cibo in Corea, e alla possibilità di una nuova crisi umanitaria che avrebbe richiesto l'invio di generi alimentari a nord di Kyūshū. Poco dopo gli annali giapponesi riferiscono di ambasciatori in arrivo dal continente con «omaggi», e di discussioni tra i cortigiani di Yamato sull'opportunità di cogliere l'occasione per invadere la penisola coreana.

Nel 552 il sovrano di Baekje suscitò scalpore inviando attraverso lo stretto alcuni doni *speciali*: una statua bronzea di Buddha cesellata in oro, alcuni stendardi cerimoniali, e una serie di sutra, le preziose traduzioni cinesi delle scritture buddhiste originali. Non era la prima volta che manufatti buddhisti raggiungevano l'arcipelago, ma i precedenti contatti con quella religione non avevano prodotto nulla di rilevante. In cerca di un serio appoggio nei suoi contrasti con il regno confinante di Silla, il re di Baekje confidava nel fatto che quei «doni speciali» sarebbero stati accolti in Giappone come emblemi di appartenenza a una stessa consorteria. A quel tempo, naturalmente, il buddhismo andava per la maggiore in Cina, ed era visto come un simbolo di raffinatezza estrema.

L'arrivo dell'ambasciata con i doni provocò uno scandalo gigantesco, che probabilmente non aveva niente a che fare con la religione, quanto piuttosto col senso di superiorità di certe famiglie aristocratiche introdotte a corte, desiderose di un rango più elevato e divise sulla politica – interventista o isolazionista – da tenere nei confronti della penisola coreana. I ministri dell'imperatore Kinmei cominciarono immediatamente a litigare su portenti e presagi, e sulle possibili minacce alle credenze religiose dell'arcipelago, confermando la costante presenza nella corte imperiale di antiche rivalità, frutto di patti dinastici e fragili alleanze che risalivano a un mitico passato.

Secondo il *Nihongi*, l'imperatore Kinmei rimase terribilmente affascinato da quegli oggetti stranieri, arrivando a definirli «di una dignità severa che non abbiamo mai visto prima». Intuendo un'opportunità, Soga no Iname – primo ministro «interventista» dell'imperatore e padre di due delle sue mogli – si disse d'accordo col giudizio del sovrano, e rimarcò la rapidità con cui il buddhismo si era diffuso in Cina e altrove. Se la corte avesse accolto con favore la religione del Buddha, questo avrebbe sicuramente condotto a legami più stretti con il continente.

Ma Soga non era l'unico cospiratore che aveva visto la sua occasione. Gli esponenti di due altri clan, i Nakatomi e i Mononobe, capirono che l'imperatore era desideroso di sentire opinioni diverse al riguardo. Mentre i Soga vantavano molti contatti e forti legami (anche parentali) con il continente, i loro rivali appartenevano a clan che «discendevano dagli dèi», ovvero, più prosaicamente, da gruppi indigeni assimilati dai primi invasori. I Mononobe si consideravano gli armieri di corte; combattenti leali che erano stati i primi ad affiancare il leggendario imperatore Jinmu nelle sue conquiste. Date queste premesse, sostenevano in modo incrollabile la religione autoctona dell'arcipelago, inorridendo al pensiero che si volesse introdurre nel paese un nuovo culto, quando vi erano già «180 dèi del Cielo e della Terra, come pure le divinità dei Campi e del Grano» a pretendere la venerazione del popolo. Il loro ragionamento era molto semplice: «Se proprio in questo momento ci mettessimo ad adorare dèi stranieri, rischieremmo di scatenare l'ira delle nostre divinità nazionali».

Ancora incerto, l'imperatore Kinmei decise di tenere il piede in due staffe, e ordinò al clan Soga di onorare la statua del Buddha per qualche tempo, così da vedere cosa sarebbe successo.

Sfortunatamente per il clan, mentre i suoi capi allestivano un tempio e bruciavano incenso al cospetto del nuovo idolo, un'epidemia di peste cominciò a flagellare il paese. Gli avversari dei Soga non persero tempo a richiamare l'attenzione dell'imperatore su questa «coincidenza», insistendo affinché prendesse una decisione definitiva. Così Kinmei ordinò di gettare la statua straniera in un canale e di radere al suolo il tempio.

I segni del cielo, tuttavia, restavano ambigui, tanto più che le fiamme del tempio si erano spinte fino al salone del palazzo imperiale.

Temendo ora di essere incorso nella collera del Buddha, Kinmei cambiò di nuovo idea, dicendosi pronto a ricevere notizie su un misterioso canto che si era levato dalle onde a Izumi. Inoltre ordinò di ricavare due nuove statue da un albero di canfora che si era arenato sulla spiaggia.

Fu il nipote di Kinmei, principe Shōtoku (574-622), a integrare stabilmente il buddhismo nella realtà dell'arcipelago, e ad adottare molte soluzioni di provenienza cinese in campo amministrativo. Sebbene un po' del sangue dei Soga gli scorresse nelle vene, aiutandolo nelle sue relazioni con il clan, Shōtoku era anche un membro della famiglia imperiale. Le sue riforme miravano a contenere la continua ingerenza negli affari governativi da parte dei clan rivali dei Soga e dei Mononobe. La famiglia imperiale aveva bisogno di mantenere saldo il suo legame con la dea del Sole, conservando il più possibile la purezza del proprio sangue. Da qui la possibilità – già quasi una tradizione – che la moglie principale di ogni imperatore fosse anche una sua sorellastra. Molti regnanti avevano quindi un solo nonno imperiale, con un legame di consanguineità talvolta ancora più stretto, a seconda delle famiglie di appartenenza delle nonne.

Questo pericoloso schema familistico rispondeva all'esigenza di impedire che i parenti non-imperiali esercitassero influenze indebite. Ma cosa accadeva quando un erede in linea diretta non era disponibile? In quel caso si apriva la possibilità che lignaggi esterni s'intrufolassero nella linea di successione.

Il figlio di Kinmei, ad esempio – Bidatsu, trentesimo imperatore (r. 572-585) – era sposato alla propria sorellastra, la cui madre proveniva dalla famiglia Soga. Dopo una serie caotica di intrighi riguardanti i suoi successori, e l'assassinio di un imperatore che aveva tentato di opporsi ai Soga, la vedova-sorellastra di Bidatsu salì al trono come imperatrice Suiko (r. 592-628).

L'avvento al potere di Suiko nascondeva in realtà una feroce lotta di potere dietro le quinte, con il suo primo ministro nonché zio, Soga no Umako, in difficili rapporti con il nipote-reggente, principe Shōtoku. Questi contrasti sarebbero esplosi di nuovo dopo la morte di Suiko, il cui regno avrebbe comunque regalato trentacinque anni di pace al Giappone, intensificando i contatti con la dinastia cinese Sui, la prima famiglia da secoli a rivendicare il dominio su tutta la Cina.

Il regno di Suiko iniziò male, con un terremoto a Nara che fu letto da molti come un cupo presagio. Gli accresciuti contatti con la risorgente Cina, tuttavia, rafforzarono rapidamente la sua autorevolezza presso la corte.

Il consigliere più importante di Suiko, cioè il principe Shōtoku, rappresenta una delle figure iconiche della storia giapponese – basti pensare che negli ultimi decenni del XX secolo, le banconote da 5000 yen recavano stampigliata la sua immagine. Pur dotato in sommo grado di tutte le qualità per regnare, Shōtoku era però sprovvisto delle credenziali di sangue necessarie a quel ruolo. Le antiche cronache lo raffigurano come un eroe dalle capacità sovrumane e raccontano le sue vicende con un tono apologetico che sfiora il culto della personalità. Dal punto di vista storico, tuttavia, è difficile capire quali siano stati i suoi effettivi successi. Se dobbiamo credere alle cronache, Shōtoku era un bambino prodigio di natura ultraterrena che già parlava al momento della sua nascita, mentre da adulto poteva ascoltare dieci petizioni in una volta sola e decidere simultaneamente sul loro contenuto. La sua figura appariva intimamente connessa all'arrivo del buddhismo in Giappone, come pure al rafforzamento dei rapporti con la Cina. La popolarità di Shōtoku derivava sostanzialmente proprio da quest'ultimo aspetto. Si trattava del principe-simbolo di un'era che aveva donato all'arcipelago nuove invenzioni, costumi sofisticati e l'inizio della sua letteratura. Di conseguenza la cultura cinese, prima intravista solo in forma di specchi e racconti mirabolanti, si diffuse molto rapidamente in tutto il Giappone. In prima linea vi era certamente il buddhismo, ma non mancavano altri apporti meno spirituali, come merci di ogni tipo, nuovi divertimenti, e nuove mode.

Il buddhismo offriva una dottrina religiosa radicalmente diversa dalle credenze locali: lungi dal sostenere la fede in un'esistenza eterna nell'oltretomba, suggeriva la possibilità di una concreta salvezza su questa terra. Lo Shintō – termine che sembra nato proprio in quel periodo, in modo da distinguerlo dalla nuova religione di marca cinese – era ancora molto legato al rispetto degli spiriti e alla conciliazione positiva delle forze sovrannaturali. Il buddhismo, al contrario, insisteva sulla nozione di karma, la legge di causa-effetto che guidava il ciclo delle reincarnazioni di ogni essere vivente, determinandone, in base ai meriti, la qualità dell'esistenza successiva. Questi concetti potevano sicuramente generare molti equivoci, ed essere erroneamente interpretati come l'offerta di un'esistenza immortale, o di un miglioramento delle proprie condizioni personali. Le donne avrebbero potuto rinascere uomini, gli uomini avrebbero potuto reincarnarsi più ricchi e potenti. Per ottenere questi risultati sarebbe bastato porgere i dovuti omaggi alle divinità buddhiste, prostrandosi nei nuovi templi che stavano sorgendo in tutto il paese. In realtà l'insegnamento autentico del Buddha non aveva niente a che fare con tutto questo ma, come nella stessa Cina, anche in Giappone la diffusione iniziale del buddhismo non fu esente da errori di traduzione e malintesi filosofici. Ciononostante, le pratiche buddhiste soppiantarono ben presto molte delle vecchie tradizioni. Dato che ora i cadaveri venivano cremati e non più sepolti, i giganteschi tumuli funerari caddero in disuso, e gli sforzi che un tempo erano occorsi per erigerli vennero dirottati verso la costruzione di eleganti templi in onore del Buddha. Prevedibilmente l'architettura tipica di quel periodo si concentrò sulla realizzazione di palazzi e luoghi di culto in stile cinese.

L'amore di Shōtoku per la cultura cinese si estese anche ai metodi di gestione del potere. Sotto la sua reggenza l'arcipelago giapponese cessò di essere un composito mosaico di Stati talvolta in lotta l'uno contro l'altro, e si trasformò in un ordinamento politico unificato, con un solo sovrano a reggerne le sorti. Senza dubbio le tensioni etniche e le antiche rivalità tribali sarebbero durate per ancora un altro migliaio di anni, ma da ora in poi si sarebbero sviluppate, per così dire, ai piedi del trono, come una questione di lealtà all'imperatore.

Ispirate a modelli cinesi e finalizzate a ridurre il potere delle grandi famiglie, le riforme di Shōtoku diedero allo Stato giapponese una struttura organizzata. Il reggente istituì una gerarchia di corte con una dozzina di gradi non ereditari, così che il nepotismo non tornasse a condizionare l'azione di governo.

Shōtoku introdusse anche una costituzione in diciassette punti, destinata a disciplinare non tanto l'attività dei ministri quanto quella dei cortigiani. Profondamente imbevuto di confucianesimo, pretese che i membri della corte evitassero dissidi palesi, si attenessero ai loro compiti istituzionali e obbedissero senza riserve agli ordini imperiali. Come ebbe a scrivere duramente, «in un paese, non ci sono due signori, e il popolo non ha due padroni. È il sovrano l'unico padrone dell'intero paese e dei suoi abitanti». Malgrado questi toni da monarca assoluto, Shōtoku non sottovalutò mai l'importanza della concertazione e del consenso. «Le decisioni su questioni cruciali non dovrebbero essere prese da una sola persona. Al contrario, dovrebbero nascere da un confronto tra più individui». Sebbene potessero suonare contraddittorie, queste due massime, considerate assieme, sottintendevano che l'imperatore fosse un sovrano di natura divina, simbolico e imperscrutabile, il cui assenso – espresso in qualunque modo – sarebbe stato comunque necessario a qualsiasi deliberazione della corte, senza che per questo i suoi ministri dovessero necessariamente appartenere a una nobiltà di tipo ereditario.

Influenzato da un senso del decoro squisitamente cinese, Shōtoku ordinò che chiunque entrasse nel suo palazzo, dovesse prima inginocchiarsi e premere le mani sul pavimento. Soltanto dopo avrebbe potuto farsi avanti.

Alcuni decreti, formulati in modo più chiaro, si sarebbero sovrapposti in seguito a molti dettami della costituzione di Shōtoku, ma persino nel Giappone odierno, a quasi quattordici secoli di distanza, gli studiosi di diritto discutono ancora sulla possibile contraddittorietà o coerenza di queste due fonti giuridiche.

Non vi è dubbio che una certa terminologia sia sopravvissuta allo scorrere del tempo. Prima della reggenza di Shōtoku ci si riferiva al sovrano con titoli quali re, grande signore, o appellativi simili. Ma dato che la sua costituzione affermava che il monarca era un simbolo del Cielo, Shōtoku cominciò a usare il vocabolo *tennō*, «sovrano celeste», abitualmente tradotto come «imperatore». Ancora oggi, questo termine si applica a tutti i regnanti della storia giapponese.

Shōtoku incuneò saldamente il buddhismo nell'organizzazione statale, pretendendo che i funzionari accettassero i cosiddetti «tre tesori»: non lo specchio, la spada e il gioiello delle antiche leggende, bensì il Buddha, la Dottrina e il Clero [Shintō], visti come tre aspetti della stessa autorità divina. Il principe promosse ulteriori contatti con i buddhisti cinesi, propiziando la costruzione di nuovi templi ed esonerando parzialmente dai tributi gli artisti che si fossero dedicati a dipinti devozionali. L'imperatrice Suiko, come sua portavoce, ordinò ai sudditi di realizzare grandi ritratti del Buddha in rame o a ricamo, ma stabilì anche che gli «dèi del cielo e della terra» non sarebbero stati trascurati. Pur applicando le direttive del reggente, Suiko godeva ancora di qualche autorità, e ne approfittò per ricordare al popolo l'antica collaborazione tra il potere maschile e quello femminile. Fu il buddhismo, tuttavia, ad attrarre l'attenzione dei paesi vicini. Non a caso i paragrafi del *Nihongi* sul regno di Suiko e la reggenza di Shōtoku abbondano di riferimenti a grandi ambasciate provenienti dalla Cina e dalla Corea, con regali d'oro e rotoli di sacre scritture, accolte nell'arcipelago da flotte di velieri e truppe di cavalleria in alta uniforme.

La costituzione di Shōtoku non rappresentò solo la base dei futuri dibattiti sullo sviluppo del paese, ma determinò anche il varo di altre riforme, tese a rafforzarne gli effetti. Una di queste consistette nell'adozione del calendario cinese, che divideva il tempo in cicli di dodici anni moltiplicati per cinque, così da fissare periodi della durata di un sessantennio. Nella storia della Cina, un ulteriore «conteggio lungo» aveva stabilito che ogni ventuno cicli – ciascuno pari a 1260 anni – la terra sarebbe stata rinnovata da un profondo sconvolgimento. Così i cronachisti posteriori decisero che erano state le riforme di Shōtoku a realizzare quell'evento epocale, individuando nel 601 d.C. l'«anno zero» del computo nipponico, ma aggiungendo che l'ultimo grande punto di svolta prima di quello doveva essere accaduto 1260 anni prima. Questo, forse, spiega perché gli annali giapponesi inizino con la data apparentemente arbitraria del 660 a.C., sottintendendo che la reggenza di Shōtoku aveva rappresentato la cosa migliore successa al Giappone dai tempi della prima, leggendaria imperatrice Jinmu. Sulla base di tale sistema, un veggente avrebbe potuto predire che uno sconvolgimento altrettanto epocale si sarebbe verificato anche 1260 anni più tardi, attorno al 1861 d.C., sbagliando il vaticinio solo di poco.

Uno dei primi atti della nuova nazione di Shōtoku fu la richiesta ufficiale alla Cina, tramite ambasciatori, di non riferirsi più ai giapponesi come a dei «nani». L'idea di una terra di «Wa» era a dir poco insultante. Di conseguenza i cinesi avrebbero fatto meglio a trattare l'arcipelago con più rispetto. Un'ambasciata inviata presso di loro avanzò questa richiesta nel 607, ignorando deliberatamente una precedente missiva che aveva salutato Shōtoku come il «sovrano di Wa». D'ora in poi, qualunque corrispondenza diplomatica tra il Giappone e la Cina sarebbe dovuta iniziare con la seguente formula: «Dal Figlio del Cielo nella terra dove si leva il sole... al Figlio del Cielo nella terra dove cala il sole». L'arroganza di tale pretesa scandalizzò i cinesi, in quanto implicava non solo che l'arcipelago nipponico fosse in qualche modo superiore all'impero cinese, ma anche che il suo imperatore avesse una statura pari a quella del loro sovrano.

In virtù della posizione a oriente del Giappone rispetto alla Cina, e del fatto che si trattava della dimora scelta dai discendenti di Amaterasu, gli ambasciatori del principe Shōtoku erano convinti che la «terra dove si leva il sole» (in giapponese, «Nippon») fosse la definizione più corretta per il loro paese. Nella moderna lingua mandarina, «Nippon» si pronuncia «Riben», ma nel cinese della dinastia Tang doveva suonare più come «Yatbun». Un migliaio di anni più tardi, dapprima erroneamente intesa come «Cipango», e poi, attraverso i portoghesi e gli spagnoli, come «Japón», quella parola avrebbe indicato il paese che oggi chiamiamo Giappone.

IL PRINCIPE SPLENDENTE: IL GIAPPONE MEDIEVALE

3

I protocolli cinesi per gli ospiti erano molto elaborati e altrettanto complessi. Tutti i visitatori stranieri, compresi i re, dovevano osservare una serie di regole precise, ideate per far capire che l'imperatore della Cina era il signore del mondo, mentre gli ospiti di turno erano soltanto i suoi fedeli sudditi. E i giapponesi - lontani più di 1500 chilometri da casa, cioè da una terra che all'estero appariva poco più che una landa fiabesca – non facevano eccezione. I loro doni sarebbero stati esaminati dai funzionari imperiali, e qualunque cosa fosse stata ritenuta inutile oppure offensiva per l'imperatore Xuanzong, sarebbe stata sequestrata seduta stante.

Com'era consuetudine, Xuanzong avrebbe ricevuto i suoi visitatori di primo mattino. Considerato il clima torrido delle estati a Chang-an – l'antica capitale dell'impero – si trattava probabilmente di una cortesia; ma Ōtomo no Furumaro, vice ambasciatore del Giappone, era assai meno entusiasta quando l'incontro si svolgeva il primo dell'anno.

In piedi prima dell'alba, mentre l'aria fredda mozzava il respiro, Ōtomo raggiungeva con il suo seguito il maestoso palazzo

Daming, nei quartieri settentrionali della grande Chang-an, varcando la porta meridionale e attraversando la vasta piazza della corte esterna. A nord, la sala Hanyuan torreggiava sopra di lui, al vertice di una doppia scalinata a forma di «coda di dragone», progettata per trasmettere ai visitatori la sensazione di star ascendendo al cielo per comunicare con il governatore del mondo.

I dignitari aspettavano in silenzio, al gelo del primo mattino. Un tempo avrebbero chiacchierato o scherzato tra loro, estraendo furtivamente dalle maniche qualche focaccia calda o scuotendo le braccia per combattere il freddo. Ma il cerimoniale di corte era diventato sempre più rigido con il passare degli anni, e ora minacciava di punire chiunque deviasse dalle regole. Persino quando Xuanzong non era presente, occorreva comportarsi come se fosse lì.

Per chiarire senza equivoci la loro posizione subordinata, i diplomatici stranieri, prima dell'inizio delle cerimonie, venivano ospitati in alcune tende al centro della corte. Tutto attorno il loro sguardo poteva soffermarsi sullo sfarzo dell'apparato imperiale: antichi carri da guerra, file di guardie con spaventose alabarde, campane, campanelli e tamburi ordinatamente disposti. L'imperatore Xuanzong sarebbe arrivato in portantina, esibendo vesti scarlatte confezionate per impressionare gli astanti, il volto parzialmente nascosto dalle file di perline appese alla sua corona, mentre i musici di corte intonavano il Motivo della Grande Armonia.

La musica cessava quando l'imperatore si accomodava sul trono. A quel punto partiva una nuova melodia – la Musica dello Svago e dell'Armonia – segnalando ai duchi, ai principi e ai re dei paesi sottoposti che avrebbero dovuto tenersi pronti. Subito dopo, un araldo ordinava loro di inginocchiarsi ed eseguire un doppio inchino in direzione dell'imperatore. I rappresentanti stranieri dovevano farlo ogni volta che ricevevano qualcosa dal reggitore della Cina, che si trattasse di una parola gentile, oppure di una coppa di vino servita da maggiordomi solerti.

Perfettamente a conoscenza del cerimoniale, Ōtomo no Furumaro era pronto a fare la sua parte, anche se al suo arrivo, in quel freddo giorno d'inverno, si era scandalizzato per ciò che aveva visto. L'ambasciatore di un regno coreano si trovava in prima fila, accanto al trono imperiale. Nella quiete della piazza, mentre i convenuti attendevano l'arrivo di Xuanzong, Ōtomo aveva sussurrato in tono di disapprovazione al generale Wu Huaishi, che aveva la sfortuna di essergli vicino: «Silla paga i tributi al Giappone. Fin dall'antichità Silla è sempre stato un vassallo del mio sovrano. Ciononostante, voi avete collocato l'ambasciatore di quel regno vicino all'imperatore, mentre noi rimaniamo sul lato sbagliato. Vi sembra giusto?».

Il generale Wu era uno stratega dalle reazioni veloci. Lo era sempre stato, non solo sui campi di battaglia della sua gioventù, ma anche nelle complesse cerimonie di corte. Le regole del palazzo imperiale dovevano riflettere lo stato del mondo, con l'imperatore della Cina al centro e i suoi sottoposti in precise posizioni periferiche a seconda della loro importanza. Qualcuno avrebbe potuto giudicare offensiva la lamentela di Ōtomo, ma il generale Wu l'aveva interpretata come un richiamo a ripristinare la correttezza della cerimonia. Se l'ambasciatore di Silla si trovava nel posto sbagliato, allora sarebbe stato scortese da parte di Ōtomo non farlo notare, perché in quel caso l'imperatore avrebbe presieduto un rituale non conforme alle regole. Così, pochi istanti prima dell'arrivo di Xuanzong, il generale Wu aveva ordinato ai rappresentanti di Silla e del Giappone di scambiarsi di posto.

Vi era stato un turbinìo di abiti fruscianti, mentre gli ambasciatori si affrettavano a obbedire. La corte aveva già assistito a incidenti del genere, con rappresentanti stranieri che talvolta si erano persino presi a pugni, ma l'inviato di Silla sembrava sapere benissimo dove fosse il suo posto, e l'aveva raggiunto limitandosi a lanciare un'occhiataccia a Ōtomo.

Ignaro di quello che era appena accaduto, l'imperatore aveva fatto il suo ingresso, sedendosi sul trono con il consueto accompagnamento orchestrale. Poi gli ambasciatori si erano presentati con i loro omaggi.

Ōtomo, che adesso si trovava in prima fila, si era prostrato toccando con la fronte il pavimento non una, ma due volte. «Il soggetto straniero della Terra del Sol Levante ha l'ardire di presentarti questo dono», aveva esordito, mentre i suoi servi porgevano l'omaggio in questione – preventivamente controllato – ai valletti di Xuanzong. Dopodiché, com'era costume per il primo giorno dell'anno, aveva esclamato tre volte: «Lunga vita all'imperatore!».

Così facendo, Ōtomo aveva appena annunciato a tutti i presenti che il Giappone si inchinava davanti alla gloria della Cina. Ma non era necessario che i giapponesi, laggiù nel loro arcipelago, lo venissero a sapere. La sua lamentela per il posto occupato dall'ambasciatore coreano aveva altresì notificato agli altri paesi che il Giappone si riteneva superiore a loro – più grande di Silla, migliore di Parhae, più amato del Califfato. Con il suo gesto, Ōtomo aveva fatto in modo che *ciascun* rappresentante straniero ne fosse consapevole.

Dopo la morte del principe Shōtoku nel 622, i suoi ex alleati Soga, in assenza di qualunque oppositore di rilievo, ripresero a intromettersi pesantemente negli affari della famiglia imperiale. Entro una generazione, stavano già tentando di sostituire il lignaggio dell'imperatore con il proprio. I loro intrighi rischiavano però di compromettere le credenze dello Shintō, in quanto gli imperatori erano tali anche perché, come discendenti diretti e incontaminati della dea del Sole, solo a loro era concesso di comunicare con lei.

Prima della sua morte, il principe Shōtoku aveva saputo che la dinastia cinese Sui, nella quale aveva riposto così tanta fiducia e speranza, stava già cadendo a pezzi. Gli imperatori Sui avevano condotto il loro popolo al limite della sopportazione, intraprendendo guerre di conquista, varando riforme troppo radicali, e spendendo soldi che non sempre avevano. Ma Shōtoku era vissuto abbastanza anche per sapere che non tutto era perduto. I regnanti Sui erano stati rimpiazzati dai loro cugini, i figli del duca di Tang. Questa nuova dinastia Tang sarebbe durata più a lungo, e avrebbe portato a maggiori contatti tra le due sponde dello Stretto. Una Cina fortemente unificata, tuttavia, poteva anche significare una Cina con accresciuti interessi espansionistici. E infatti non passò molto tempo prima che i Tang cominciassero a intromettersi nelle liti dei regni coreani, stringendo un patto con Silla e permettendogli di entrare in conflitto con Baekje, alleato del Giappone.

Quanto alla Cina, l'emblema della prima dinastia Tang fu l'imperatore Taizong (r. 626-649), probabilmente soltanto secondo nella sua linea di sangue, ma così attivo nella rivoluzione di suo padre da essere considerato co-fondatore della casa regnante. Anche se non si trattava del figlio maggiore, Taizong si era assicurato la successione dichiarando guerra ai fratelli e scalzandoli con un colpo di Stato. Non sorprende il fatto che la notizia di questo sviluppo fosse giunta fino in Giappone, assieme ad altre testimonianze più gentili della civiltà cinese, come i sutra e le statue del Buddha.

Sebbene esistesse un precedente analogo nella storia nipponica, e il paese non avesse bisogno di essere ispirato dai cinesi, l'iniziativa di Taizong fu presa a modello dai nemici del clan Soga. La costituzione del principe Shōtoku non aveva impedito agli avversari del reggente di commissionare l'assassinio di suo figlio. Ma nel 645 la vecchia supremazia dei Soga venne messa in crisi da Naka no Ōe, un principe che aveva fatto irruzione nella sala del trono di sua madre per uccidere il capofamiglia del clan presso la corte imperiale. Quando si era accorto che i suoi complici esitavano, Naka no Ōe aveva preso in mano la situazione, ferendo gravemente lo sfortunato capo dei Soga di fronte all'imperatrice Kōgyoku, prima di perorare la sua causa. Allorché l'imperatrice, turbata da ciò che era appena accaduto, aveva lasciato la sala per valutare le parole dell'attentatore, i compagni di quest'ultimo avevano ripreso finalmente coraggio, infierendo sulla loro vittima fino a provocarne la morte.

Kōgyoku sedeva sul trono da vedova, e il suo potere dipendeva totalmente dall'appoggio dei Soga, che ora si trovavano in inferiorità numerica rispetto agli alleati di suo figlio tra i membri del clan Nakatomi. L'imperatrice tentò di abdicare in favore di Naka no Ōe, ma questi, volendo continuare a gestire gli affari di Stato senza il fardello dei doveri di corte, la persuase a lasciare il trono a suo fratello. Fu sotto la sua reggenza che vennero emanati nuovi decreti rivoluzionari, le cosiddette Riforme Taika, che strapparono la costituzione di Shōtoku dal regno dell'astrattezza e la calarono nella realtà.

Taika significa «grande cambiamento». Sebbene fossero attribuite a uno specifico imperatore, queste riforme traevano gran parte della loro forza dalle osservazioni e dalle idee di un'intera generazione di eruditi nipponici, tornati nell'arcipelago dopo due decenni di soggiorni di studio in Cina, e in prima linea nell'istituzione di un'università a Nara. Alcuni proclami, resi pubblici il primo giorno dell'anno 646, stabilirono che da quel preciso momento in poi tutte le terre diventavano proprietà dell'imperatore, che poteva discrezionalmente concederle in uso ad altri. Questo fu forse il cambiamento più rivoluzionario, anche se gran parte delle provincie non ne venne a conoscenza per qualche tempo. Non osando spodestare i capi dei villaggi, i riformatori vollero però ridefinire il loro stato e le loro responsabilità. Anziché gestire le risorse agricole locali in totale autonomia, d'ora in poi avrebbero dovuto versare alla corte una certa quota di tributi.

Per tenere sotto controllo lo sfruttamento di quelle che ora erano conosciute come le «terre dell'imperatore», si ricorse alla nomina di archivisti e addetti al censimento. Distribuiti nei vari distretti con mandati di lungo periodo, questi funzionari potevano essere licenziati se non si dimostravano all'altezza dei loro compiti, che adesso comprendevano anche l'invio delle tasse e la coscrizione dei soldati. Quest'ultimo aspetto si rivelò il più controverso, perché sembrava riflettere la crescente paura dei giapponesi di un imminente conflitto con la Corea e di una possibile invasione dal continente. Tutti gli uomini in salute di un'età compresa tra i venti e i cinquantanove anni vennero registrati come abili al combattimento, anche se spesso il loro «servizio militare» non andava oltre tale formalità burocratica, assolta la quale, tornavano alla vita nei campi. A ogni modo, la coscrizione si rivelò una misura così impopolare che molti giovani si diedero alla macchia pur di evitarla.

Dieci anni più tardi, alla scomparsa del suo sostituto, Kōgyoku fu reinsediata sul trono con il nuovo nome di imperatrice Saimei. Fu solo dopo la sua morte, avvenuta nel 661, che il figlio omicida ascese finalmente al potere supremo, dopo sedici anni di governo dietro le quinte. Ormai quarantenne, l'ex principe Naka no Ōe adottò il nome imperiale di Tenji (r. 661-672). Come trentanovesimo imperatore del Giappone, seguì fedelmente i codici istituiti dai suoi predecessori; il che non stupisce affatto, visto che ne era stato l'ispiratore occulto. Anche se le Riforme Taika sono ricordate come atti di sua madre, quest'ultima era stata solo lo strumento della loro attuazione.

Il regno di Baekje cadde nel 660 e ciò indusse i giapponesi a sostenere con maggior forza i loro alleati sul continente, nella speranza di una possibile restaurazione. Non a caso, l'imperatrice Saimei era morta in una capitale provvisoria a Kyūshū, mentre supervisionava i piani di una grande spedizione militare; e Tenji era stato incoronato imperatore solo dopo che le spoglie della madre avevano fatto ritorno nelle pianure centrali del paese.

Nell'agosto del 661 Tenji fece salpare una flotta di 5000 soldati, pronti a sostenere le ambizioni del pretendente Baekje che lui stesso aveva scelto. Alcuni mesi più tardi, in virtù della coscrizione obbligatoria, altri 37.000 soldati si unirono alla spedizione. Quel che successe in seguito costituì il più grande disastro militare della storia giapponese fino alla Seconda guerra mondiale. Nonostante superasse in numero le navi e i guerrieri provenienti da Silla e dalla Cina dei Tang, l'armata nipponica sprecò la sua forza in assalti sconsiderati, per poi ritrovarsi imbottigliata sulle sponde del fiume Geum, dove il suo vantaggio numerico non servì a nulla. Le fonti non concordano sulla dimensione della sconfitta di Tenji, ma le cronache continentali dell'epoca la stimavano in 10.000 giapponesi morti e 400 navi perdute. Al riguardo, ecco cosa riferisce uno degli ultimi aggiornamenti degli *Annali di Baekje*: «Le fiamme e il fumo salirono a bruciare il cielo, mentre le acque dell'oceano diventavano rosse come cinabro».

Il regno di Baekje era perduto per sempre, sopraffatto dalla potenza di Silla e della Cina dei Tang. Come si trova scritto nei suoi *Annali*, «anche se le distruzioni della guerra erano finite, la tragedia aveva comunque toccato ogni famiglia, mentre i cadaveri disseminavano ancora la terra come paglia buttata qui e là».

«Non c'è più niente da fare» – si legge nel *Nihongi*. – «Oggi il nome di Baekje si è estinto per sempre». Alcuni studiosi ritengono che il popolo di Baekje e quello del Giappone si caratterizzassero per un'affinità etnica e linguistica così stretta da renderli pressoché indistinguibili. Sta di fatto che la caduta del regno coreano provocò un ultimo afflusso di migliaia di profughi dal continente, compresi i membri superstiti della famiglia reale di Baekje, che vennero accolti come parenti nobili. Il loro rango e i loro titoli entrarono a far parte della corte giapponese, mentre i loro discendenti si sarebbero riuniti in un nuovo clan – i «Re di Baekje» (*Kudara no Konishiki*) – i cui capi avrebbero giocato un ruolo di primo piano nelle future guerre lungo la frontiera settentrionale. A causa di quegli eventi, tuttavia, il Giappone si ritrovò tagliato fuori dalla sua principale fonte di cultura continentale. La pluridecennale influenza sino-coreana sull'arcipelago subì un brusco arresto, mentre i giapponesi valutavano la possibilità di una controffensiva attraverso lo stretto di Corea.

Come già detto, questo braccio di mare era vasto abbastanza da prevenire qualunque aggressione; così, i giapponesi furono lasciati in pace. Attorno al 670 il regno di Silla e la Cina dei Tang erano scesi in guerra l'uno contro l'altra. Silla aveva scacciato i cinesi dalla Corea, ma continuava a temere attacchi lungo la sua frontiera con l'impero celeste. In questo quadro il Giappone appariva secondario e di scarso interesse, al sicuro com'era all'altro capo dello Stretto. Ciononostante, i giapponesi rimasero sulla difensiva per più di vent'anni, preparandosi a un'invasione che non arrivò mai.

Nel 667 l'imperatore Tenji spostò la sua capitale a Ōtsu, sulla sponda occidentale del lago Biwa. Nel corso del VII secolo, era la quindicesima volta che succedeva, in parte perché le prime città giapponesi si affidavano al legname come materiale da costruzione e riscaldamento, e il disboscamento delle foreste vicine rendeva più economico un semplice trasferimento dei siti ogni pochi anni. Tuttavia la scelta di Ōtsu, che sorgeva nel cuore ancestrale dei clan lealisti di origine coreana, rispondeva probabilmente anche a una necessità strategica: quella di assicurarsi il luogo migliore da cui respingere un'eventuale invasione dal continente.

Lo strano comportamento dell'imperatore Tenji va letto tra le righe, come quando, ad esempio, sembrò voler patteggiare i legami dinastici con il suo fratellastro, un uomo che aveva scandalizzato la corte durante il banchetto d'incoronazione dello stesso Tenji, allorché aveva conficcato una lancia nel pavimento. Il neo imperatore aveva reagito a quel gesto afferrando una spada, ed era stato trattenuto a stento dal suo primo ministro: evidentemente non si trattava di una famiglia felice. Come se il clan imperiale non fosse già abbastanza pericoloso di per sé, Tenji prese a organizzare una serie di matrimoni tra i suoi figli e i loro cugini, probabilmente nel tentativo di dare vita a una nuova tradizione. Il sovrano desiderava che il suo successore fosse *interamente* imperiale, cioè che discendesse dai precedenti regnanti sia dal lato materno che da quello paterno, senza alcun apporto esterno.

La realtà, tuttavia, non assecondò le speranze dell'imperatore. Il suo fratellastro, infatti, riuscì a sottrarre il trono al figlio di Tenji, erede legittimo, regnando dal 673 al 686 come quarantesimo imperatore, Tenmu. Il nuovo sovrano era sposato a una nipote, figlia di Tenji, che gli sarebbe subentrata dal 686 al 697 come imperatrice Jitō. Sotto i loro regni, il buddhismo penetrò ancora più a fondo nella vita del popolo giapponese, venendo anche sfruttato come nuovo mezzo per controllare le regioni periferiche: sorsero templi ovunque; s'istituirono rituali che esaltavano il potere del sovrano; e s'incoraggiò la copiatura dei sutra.

Al tempo della morte dell'imperatrice Jitō, la sua corte finanziava direttamente 545 templi nella regione di Yamato.

La dinastia Tang non si limitò a ispirare i prìncipi giapponesi affinché gestissero personalmente gli affari di stato, come pure a incoraggiare le imperatrici perché governassero a proprio nome. L'influenza di quei regnanti si spinse oltre, causando uno degli impatti culturali più forti e duraturi di tutta la storia dell'arcipelago. Al posto delle suggestioni coreane, i Tang istituirono collegamenti diretti fra il Giappone e il cuore stesso dell'impero cinese, la capitale Chang-an (l'odierna Xi-an), con una serie di vistose ricadute sui costumi delle isole.

Anche se Cina e Giappone avrebbero continuato a svilupparsi autonomamente nei secoli successivi, la dinastia Tang, al culmine del suo splendore, impresse sulla realtà giapponese un'impronta indelebile. Persino oggi, molti elementi della cultura nipponica affondano le loro radici in quell'antico periodo. Ai giorni nostri la dizione giapponese dei caratteri cinesi suona spesso arcaica, più vicina alla pronuncia medievale che al Mandarino moderno. L'architettura dei templi dell'arcipelago – dal Tōdai-ji di Nara agli edifici sacri di Kyōto – risente pesantemente dello stile dell'epoca Tang. In Cina, la successiva dinastia Song avrebbe introdotto la sedia nell'arredamento domestico; in Giappone, i locali avrebbero continuato a sedersi sul pavimento come all'epoca Tang. Se si vuole avere un'idea di come si agghindasse una principessa di quella dinastia, basta dare un'occhiata alle vesti di seta e alle elaborate acconciature di una geisha giapponese. Nei secoli a venire le donne dell'arcipelago si sarebbero depilate e poi ritoccate le sopracciglia al modo dei Tang, conferendo però un tocco di «nipponicità» al loro aspetto con una miscela di limatura di ferro sciolta nell'aceto, così che i loro denti si annerissero. Fino al XIX secolo questi sarebbero stati i segni distintivi di una donna adulta. Alcune caratteristiche dello sport nazionale giapponese - il *sumō* - richiamano le peculiarità degli incontri di lotta nella medievale Chang-an. Ancora oggi, persino i panni dei lottatori sono simili ai perizomi dell'epoca Tang.

Questa assimilazione a 360 gradi della cultura cinese fu comunque legata a un preciso arco temporale. Come osserva Ivan Morris nel suo *Il mondo del principe splendente*[2], i cinesi di un'epoca successiva alla dinastia Tang avrebbero probabilmente considerato il Giappone un paese ridicolmente arretrato, nel suo ostinato aggrapparsi a mode e atteggiamenti ormai superati da secoli, e con una classe intellettuale che si esprimeva ricorrendo a una parodia involontaria della lingua cinese. Un osservatore più gentile, tuttavia, potrebbe notare che la dinastia Tang è considerata da molti studiosi il vertice culturale della civiltà cinese. Forse anche i giapponesi erano stati della stessa opinione, e per questo non avevano rinunciato ai suoi apporti neanche quando era venuta meno.

Nel 684 l'imperatore Tenmu emanò un proclama che si sarebbe ripercosso sui secoli a venire, introducendo l'obbligo per i governanti locali di istituire e mantenere una milizia al servizio del trono.

2. Ivan Morris, *Il mondo del principe splendente: Vita di corte nell'antico Giappone (The World of the Shining Prince)*, traduzione di Pietro Parri, Adelphi, Milano 1984. [N.d.T.]

> Le arti della guerra sono necessarie all'amministrazione celeste. Tutti i funzionari civili e militari dovrebbero avvalersi dei soldati, e impadronirsi delle tecniche equestri. Si faccia attenzione a fornire un numero adeguato di cavalli, armi e oggetti personali. Chi possiede un cavallo, diventerà un soldato di cavalleria. Chi non lo possiede, servirà nella fanteria.

Tenmu temeva ancora un'invasione dalla Cina, eppure era già trascorsa una generazione senza che accadesse niente del genere. Ciononostante, le sue riforme gettarono i primi semi di una classe militare con almeno una parvenza di inquadramento e addestramento. Fra i clan delle regioni periferiche, e persino fra quelli più vicini alla capitale, questi guerrieri cominciarono a distinguersi in due categorie: gli agricoltori-soldati di modesta estrazione sociale, che erano costretti a lasciare i lavori nei campi quando veniva loro ordinato; e un'élite di cavalieri che poteva permettersi il possesso e il mantenimento di un cavallo. Così, iniziò a emergere una classe «equestre».

Più lontano, le provincie meno evolute vennero sollecitate a inviare un omaggio simbolico al sovrano; talvolta sotto forma di cibo, talvolta sotto forma di «cantori, nani e giocolieri». Persino gli Emishi vollero raggiungere la pianura di Yamato, per eseguire le loro danze tribali e riconoscere la potenza dell'imperatore, anche se non si trattava ancora del loro monarca.

Dal 700 al 1300, il clima della Fase fredda Kofun lasciò il posto a quello del cosiddetto Periodo caldo medievale. Gli inverni divennero progressivamente più miti, le estati più torride e siccitose. Il tasso demografico rimase sostanzialmente stabile, in equilibrio tra nuove nascite e i decessi provocati da epidemie occasionali di vaiolo o influenza, senza dimenticare le conseguenze dirette e indirette dei frequenti periodi di siccità.

Nonostante l'avvento del buddhismo, molti giapponesi, persino all'interno dell'amministrazione pubblica, non volsero le spalle alle credenze religiose dei vecchi tempi. Secondo una fonte dell'epoca, i nemici di una certa imperatrice tentarono di ucciderla attraverso un rituale magico, rubandole alcuni capelli e imbottendo con essi un cranio umano. A quel tempo le cerimonie di invocazione della pioggia si avvalevano ancora delle corna e delle ossa dei cervi. Gli archeologi hanno scoperto resti di sacrifici equini risalenti all'ultimo decennio del VII secolo. Tutto lascia credere che il loro scopo fosse quello di scongiurare carestie e inondazioni nel corso di anni particolarmente sfortunati. Nel 705, mentre cercava di non soccombere a un'ondata di cattivi presagi, la nuova capitale dei Fujiwara offrì un sacrificio umano al locale dio del fiume. Nel 710 la capitale fu trasferita di nuovo a Nara, una città progettata a diretta imitazione della Chang-an della dinastia Tang. Grazie forse a un maggiore grado di civiltà, i sacrifici umani furono sostituiti con offerte simboliche, quali l'interramento sotto il suolo cittadino di alcune statuette di argilla come rituale di magia empatica.

Le condizioni dell'epoca favorirono la conversione (o riconversione) delle lande selvagge in terre arabili, permettendo non solo un aumento della popolazione, ma anche una nuova concentrazione di ricchezza e potere nelle mani di coloro che sovrintendevano a quel processo. Ormai insediati in pianta stabile nella corte imperiale di Nara, i vincitori delle lotte del periodo Kofun si diedero a un'esistenza di lussi, apparentemente ignari dei problemi che stavano iniziando ad affliggere la frontiera.

Dal 735 al 737 una devastante epidemia di vaiolo decimò pesantemente la popolazione rurale, inducendo il governo a rivedere il suo sistema di concessione delle terre. Gli agricoltori furono incoraggiati a risiedere stabilmente sui loro campi, con la promessa che avrebbero potuto coltivarli per sempre. Il risultato fu un'inflazione di proprietà terriere e diritti di sfruttamento. Un «agricoltore» con sufficiente spirito d'iniziativa sarebbe potuto diventare qualcosa di più che un semplice contadino. Avrebbe potuto acquistare di nascosto i terreni dei vicini, o assumere lavoranti per farsi sostituire nel raccolto, o persino permettersi dei cavalli e una corazza, accedendo ai ranghi più bassi dell'aristocrazia. E se fosse stato davvero molto intelligente, si sarebbe accordato con un monastero buddhista dei dintorni per «donargli» formalmente la sua terra, così che questa usufruisse delle esenzioni fiscali riservate ai luoghi di culto. Naturalmente la proprietà effettiva di quei campi sarebbe rimasta a lui. Così è facile capire in che modo i monasteri giapponesi, nel giro di poche generazioni, fossero stati in grado di estendere la loro influenza grazie ai contributi sia dei fedeli che degli intrallazzatori.

Nel tentativo di governare e controllare più da vicino le attività delle campagne, i membri di rango inferiore della famiglia imperiale si videro assegnare numerosi feudi esentasse (*shōen*). Si trattava, però, di un sistema tutt'altro che impermeabile agli abusi, soprattutto quando i faccendieri locali stringevano un accordo di matrimonio con l'ultima arrivata di sangue imperiale, unendo le rispettive proprietà fondiarie in modo da non dover pagare alcun tributo. Un altro vantaggio degli *shōen* consisteva nel fatto che i loro intendenti avevano il diritto di rifiutare l'accesso agli ispettori governativi, a meno che questi non fossero provvisti di un mandato da parte dell'imperatore. Ancora una volta, nel giro di qualche decennio, molte di quelle semplici concessioni terriere si trasformarono in autentiche baronie, con notevolissimi benefici in termini di ricchezza e potere per i loro amministratori. Ben presto i gestori degli *shōen* presero a tiranneggiare i loro affittuari, trasformando in beni ereditari terre che un tempo erano date solo in usufrutto temporaneo.

Mentre il gettito delle tasse affluiva alla capitale, il governo cominciò a riflettere su come ridurre i costi. Non essendoci alcun indizio di un'imminente invasione cinese, sembrò il momento giusto per porre fine alla coscrizione obbligatoria. D'ora in poi, in caso di guerra, sarebbero stati i signori degli *shōen* a fornire le truppe. Questa misura obbligò i feudatari a prestare maggiore attenzione all'addestramento e al mantenimento dei propri guerrieri, e li incoraggiò a istituire milizie private di carattere permanente. Nel frattempo, a causa della riduzione delle proprietà fondiarie tassabili, le famiglie oneste si ritrovarono a pagare tributi sempre più alti, così da compensare il vistoso calo del gettito tributario. Molti caddero nella povertà, altri si diedero ad attività illegali, altri ancora andarono a ingrossare i ranghi delle nuove milizie, che stavano diventando sempre più necessarie per contrastare un tasso di criminalità ormai alle stelle.

Nel 784, il cinquantesimo imperatore, Kanmu (737-806), annunciò l'ennesimo trasferimento della capitale, che ora sarebbe sorta in un luogo opportunamente lontano dai maneggi dei monasteri buddhisti, e dall'influenza, ancora molte forte, di alcune famiglie di origine continentale. Tuttavia la sua edificazione a Nagaoka («Lunga collina») dovette fare i conti con innumerevoli circostanze avverse, tra le quali uno scandalo che coinvolse il fratello dell'imperatore, sospettato di complicità nell'omicidio del sovrintendente di palazzo, a sua volta in odore di corruzione. Inoltre il fiume locale, che si riteneva particolarmente adatto al trasporto su acqua, si rivelò pericolosamente suscettibile di esondazioni, come pure terreno fertile per una serie di malattie. A corte le coscienze sporche ascrissero questi problemi al fantasma irrequieto del fratello dell'imperatore, che forse era stato incastrato dai veri colpevoli, e certamente era morto in circostanze sospette mentre si recava in esilio. Allorché il figlio di Kanmu cadde ammalato, si decise di placare l'ira del fantasma adottando una soluzione estrema. Cinque anni dopo la sua scomparsa, costui venne proclamato imperatore nell'aldilà: con il nome di Sudō, rimane l'unico sovrano incoronato in un mondo ultraterreno.

L'imperatore Kanmu sovrintese anche a una nuova stesura degli annali giapponesi, insistendo affinché tutte le genealogie ancora in essere venissero riviste criticamente, in modo da epurare quelle ritenute inaccettabili. Il sovrano ordinò che tutte le copie di una certa genealogia imperiale fossero date alle fiamme, mentre il possesso di un altro albero genealogico sarebbe stato considerato un crimine. Al riguardo, è probabile che Kanmu fosse preoccupato non tanto dalla presenza di lignaggi falsificati, quanto dal fatto che, secondo i documenti in questione, *anche* alcune famiglie coreane rivendicavano una discendenza dalla dea del Sole.

Nel 794 la capitale fu ricostruita in un altro luogo. Come sempre gli architetti imperiali cercarono di imitare il più possibile Chang-an. Il sito prescelto non cessa di incantare ancora oggi, con bellissime colline boscose che lo circondano su tre lati. Nello stile delle capitali cinesi, la nuova città era provvista di una piazza a est e di una a ovest, e appariva divisa da un ampio viale che mutuava il suo nome dalla grande Strada del Passero Vermiglio di Chang-an (Suzaku-ōji). La replica nipponica dell'arteria cinese collegava la cittadella imperiale, a nord, alla porta d'ingresso principale, a sud (Rajōmon, conosciuta più tardi come Rashōmon). Questa porta d'ingresso non era altro che una semplice struttura simbolica: la capitale, infatti, non disponeva di una cinta muraria, né l'avrebbe mai avuta. Nel tentativo di scongiurare possibili inondazioni, le acque del vicino Kamogawa («Fiume delle anatre») vennero deviate in un canale artificiale.

Il disegno della nuova capitale rifletteva chiaramente l'invidia, come pure le aspirazioni, di ambasciatori nipponici quali il già citato Ōtomo no Furumaro, desiderosi di emulare la gloria della lontana capitale cinese per una corte che poteva solo meravigliarsi dei loro racconti di smisurati saloni delle udienze e gigantesche scalinate che sembravano salire al cielo. Tranne che per una breve interruzione nel XII secolo, Heian – questo il suo nome originale – sarebbe rimasta la capitale del Giappone per i successivi mille anni. Persino oggi è conosciuta semplicemente come la «Capitale»: Kyōto. Inoltre avrebbe dato il suo nome a un'intera epoca della storia nipponica, il periodo Heian appunto, dal 794 (data di fondazione della città) al 1185 (data del suo declino come centro di potere).

Poco dopo la nascita di Kyōto, il buddhismo giapponese subì una delle sue trasformazioni più significative. Di ritorno dai loro soggiorni di studio in Cina, i monaci furono ora in grado di interpretare con maggiore appropriatezza i sutra e le scritture originali. Prima di questa svolta, il buddhismo dell'arcipelago era stato un credo confuso, basato su qualunque fonte dottrinaria provenisse dal continente. Nel tentativo di ridurre l'influenza degli esperti di Nara (che si erano autonominati tali), la corte imperiale sostenne con forza i monaci tornati dal continente, tra i quali Saichō (767-822), seguace della scuola cinese Tiantai (in giapponese, Tendai), basata sul *Sutra del Loto*. A differenza di alcune tra le prime sette buddhiste, quella di Saichō sosteneva che qualunque essere umano potesse raggiungere la salvezza, in quanto tutte le creature viventi possedevano la natura di Buddha. Questa prospettiva rese la scuola Tendai incredibilmente popolare, sebbene non fosse l'unica.

Un altro monaco reduce dalla Cina fu Kūkai (774-835), fondatore della scuola Shingon, o della «Vera Parola». Analogamente all'indirizzo Tendai, anche il buddhismo Shingon asseriva di basarsi su un'interpretazione corretta di tutte quelle scritture che i giapponesi avevano frainteso in passato. Ciononostante la versione Shingon di questa «verità» era lontana anni luce da quella Tendai, poiché aveva al suo centro il primo e più grande tra tutti i Buddha, Dainichi Nyōrai, i cui poteri superavano quelli di qualunque incarnazione buddhica successiva, e la cui via verso l'illuminazione poteva essere percorsa attraverso la ripetizione di formule magiche – la già menzionata «Vera Parola». Accanto al raggiungimento finale dell'illuminazione, la scuola Shingon sembrava promettere ai suoi discepoli concreti vantaggi durante l'esistenza terrena. Un fedele Shingon, infatti, avrebbe sempre potuto contare sull'aiuto di innumerevoli santi e divinità. Peraltro non era facile stabilire precisamente da chi e in che modo sarebbe venuto tale sostegno, visto che la scuola custodiva gelosamente molti dei suoi insegnamenti esoterici. Per una strana ironia della storia, entrambe le forme di buddhismo presero piede in Giappone mentre venivano emarginate e perseguitate in Cina, dove l'imperatore Wuzong, della dinastia Tang, aveva lanciato una massiccia campagna contro la religione «straniera» che infestava il suo regno, cioè il buddhismo di origine indiana. Questo potrebbe spiegare l'improvviso afflusso nell'arcipelago di nuove scritture cinesi e il conseguente accrescimento delle attività di traduzione, interpretazione e divulgazione da parte dei monaci locali.

In origine i giapponesi non possedevano una loro lingua scritta. Come in quasi tutti i paesi dell'Asia orientale, anche nell'arcipelago nipponico si ricorreva al ceppo sinitico e ai suoi caratteri di provenienza cinese. Sia il *Kojiki* che il *Nihongi*, ad esempio, erano scritti in cinese – o meglio, i loro compilatori usavano i caratteri cinesi per tramandare le idee e le vicende dell'antico Giappone. A un primo livello, l'uso generalizzato del sinitico condusse a una lingua diffusa in tutto il continente: se si scriveva una lettera in Vietnam, era ragionevole aspettarsi che il suo contenuto venisse compreso da un lettore in Giappone, anche se nessuno dei due parlava la lingua dell'altro. A un secondo livello, questo significava che le parole giapponesi, da allora in poi, avrebbero potuto essere pronunciate in una varietà di modi diversi. Di conseguenza, i vocaboli scritti avrebbero potuto rivelarsi ambigui, con due o più significati possibili.

Col passare del tempo i giapponesi si sforzarono di risolvere questo problema. Gli uomini utilizzavano la scrittura sinitica come segno del loro status e della loro cultura. Qualunque abbreviazione o formula concisa veniva respinta come «scrittura da donne». Di conseguenza, mentre gli uomini si attenevano rigorosamente alle forme cinesi, il genere femminile trovò un ottimo strumento di espressione nel sinitico «semplificato», assai più flessibile e adatto ai fonemi nipponici. Non disdegnando l'utilizzo di abbreviazioni e formule gergali, le donne del periodo Heian scrissero i loro diari privati in un corsivo che, anziché ricorrere ai caratteri cinesi, utilizzava simboli particolari, nel tentativo di rappresentare graficamente i suoni della lingua parlata. Questo sistema di scrittura divenne noto come hiragana (carattere prestato di uso comune), e la sua introduzione costituì un punto di svolta nello sviluppo della cultura nipponica. Non occorse molto tempo per capire che l'hiragana poteva essere usato non solo per informare i lettori sulla corretta pronuncia di un simbolo cinese, ma anche per scopi sintatticamente più complessi. In tal modo un semplice verbo come «andare», il cui carattere cinese veniva letto dai giapponesi come «*i*», poteva ora arricchirsi di suffissi che lo collegavano al tempo presente (*i-kimasu*), o a quello passato (*i-kimashita*). Fu così che gli ideogrammi cinesi smisero di costituire un sofisticato codice straniero goffamente imitato dagli abitanti dell'arcipelago e, in virtù di un progressivo adattamento, entrarono al servizio della lingua giapponese. Ancora oggi il giapponese scritto rimane una combinazione di sinitico e hiragana, con innumerevoli apporti autoctoni che rafforzano e chiariscono gli ideogrammi di origine straniera, 2136 dei quali sono ancora necessari per poter leggere un giornale.

Quando ci si sforza di apprendere il giapponese moderno si è soliti memorizzare l'hiragana come una serie di suoni: «*a-i-u-e-o, ka-ki-ku-ke-ko, sa-shi-su-se-so*», e così via. Anticamente, tuttavia, gli abitanti dell'arcipelago ricorrevano ad alcuni espedienti mnemonici. Durante il periodo medievale, si imparava il sillabario dell'hiragana attraverso una poesia, facilmente riconoscibile dai seguenti tre suoni d'apertura: *I-ro-ha*. Nella sua interezza, il componimento così recitava:

> Anche i fiori che sbocciano
> Alla fine appassiscono
> Chi non è soggetto al cambiamento, nel nostro mondo?
> Oggi attraversiamo le montagne profonde del karma
> Ma non avremo sogni effimeri,
> Né saremo preda dell'illusione.

A complicare ulteriormente le cose, i monaci giapponesi svilupparono un terzo sistema di scrittura, largamente usato per chiarire la pronuncia dei termini dottrinali. Basato su frammenti di caratteri cinesi – da qui il nome *katakana* (caratteri spezzati), – questo sistema è in uso ancora oggi, soprattutto per trascrivere le parole straniere e, che ci si creda o no, i versi prodotti dagli animali.

Lo sviluppo di un'aristocrazia colta e letterata favorì la produzione di opere scritte, molte delle quali sono arrivate fino ai giorni nostri. Accanto al cronachismo non sempre attendibile del *Kojiki* e del *Nihongi*, troviamo anche diari personali (ad esempio le *Note del guanciale*, in originale *Makura no Sōshi*)[3] e raccolte di poesie vecchie di un millennio.

Come detto, non pochi di quegli scritti sono sopravvissuti allo scorrere dei secoli, restituendoci la visione del mondo che era propria dei ceti aristocratici della società nipponica. Un diarista del X secolo, ad esempio, ci informa sul codice di condotta tipico di un nobile del clan Fujiwara, alternando regole di comportamento privato a oscuri rituali di natura astrologica.

Appena sveglio, il nobile in questione avrebbe anzitutto sussurrato sette volte il nome della sua stella protettrice. Dopodiché, si sarebbe lavato le mani, avrebbe pulito i denti con uno stecchino, e si sarebbe voltato a occidente per salutare con riverenza il Buddha e il *kami* locale. Consumata una farinata d'avena per colazione, avrebbe inserito un pettine tra i suoi lunghi capelli una volta ogni tre giorni, e si sarebbe tagliato le unghie delle mani e dei piedi una volta ogni dodici giorni. Infine, avrebbe fatto un bagno una volta ogni cinque giorni, ma solo se i presagi fossero stati propizi.

Per distrarsi, il nobile Fujiwara avrebbe potuto indugiare con lo sguardo su uno Yamato-e, un rotolo riccamente decorato che talvolta comprendeva testi scritti, e talvolta solo raffigurazioni pittoriche. Lo Yamato-e andava svolto secondo un preciso ri-

3. *Le note del guanciale*, di Sei Shōnagon. Stesura databile attorno all'anno 1000. Edizione italiana a cura di L. Origlia, SE, Milano 2002. [N.d.T.]

tuale, con la mano sinistra a srotolarlo e la destra a ripiegarlo, in modo da mostrarlo piano piano agli occhi dell'osservatore. Ciascuna storia veniva rappresentata in modo lineare – come se, per esempio, l'osservatore camminasse al fianco di una processione sacra e poi la superasse lentamente, oppure assistesse alla progressione di un piano-sequenza *ante litteram*.

Per forza di cose molti musei moderni espongono gli Yamato-e già distesi, come se ciascuno di essi fosse un unico, lungo dipinto. Questa soluzione, tuttavia, toglie ai rotoli qualunque drammaticità dinamica, impedendo all'osservatore la scoperta graduale dei loro dettagli.

Una delle testimonianze più preziose della vita di corte durante il periodo Heian proviene da una loquace, ostinata, fragile dama di compagnia, la cui abitudine ad annotare per iscritto fatti e riflessioni ricorda da vicino l'attività di una blogger moderna. L'etichetta di corte impediva che il suo nome venisse pronunciato in pubblico. Di conseguenza l'identità di questa donna è rimasta sconosciuta, anche se spesso ci si riferiva a lei col suo soprannome, Sei Shōnagon («Consigliera minore»). Alcuni passi del suo diario anticipano persino i moderni post virali, come quando l'autrice ironizza su un gatto trattato alla stregua di un cortigiano, o si abbandona a barzellette e battute di spirito ormai incomprensibili.

Sei Shōnagon amava ricevere lettere e scovare libri che non aveva mai letto. Le persone maleducate la irritavano profondamente. Non riusciva mai a trovare un buon paio di pinzette. Odiava macchiare d'inchiostro il libro che stava ricopiando o aspettare inutilmente un uomo per tutta la notte; o, ancora peggio, giacere con un amante che russava troppo forte, rendendo così nota la sua presenza ai vicini.

Non sopportava di andare a letto da sola, e bruciava solennemente l'incenso per consolarsi della mancanza di un uomo. Quando si guardava nel suo specchio cinese e si accorgeva che la superficie bronzea era un poco appannata, temeva che anche il suo aspetto stesse diventando tale. Quando riceveva una lettera del suo amante durante le ore serali, non poteva aspettare di munirsi di una lanterna per far luce; in preda all'impazienza, usava un paio di pinze per togliere dal braciere un pezzo di carbone incandescente, senza preoccuparsi che questo potesse appiccare il fuoco all'intera stanza.

Sei Shōnagon detestava avere a che fare con esorcisti che si rivelavano ciarlatani sonnolenti, incapaci di scacciare qualunque presenza maligna. Si gonfiava di orgoglio infantile quando l'imperatrice le rivolgeva la parola e lei, spesso per caso, rispondeva in modo appropriato.

Allorché la sua carrozza percorreva un sentiero boscoso, Sei si sporgeva a toccare i rami degli alberi.

Peraltro, non tutti l'amavano. Murasaki Shikibu (la «Ragazza di glicine dell'Ufficio delle Cerimonie»), un'altra dama di corte che teneva un diario, non poteva patirla, anche se doveva sopportare i suoi scarabocchi. Un migliaio di anni più tardi, le opere letterarie di queste due notevolissime donne sono ancora tra noi. Murasaki Shikibu e Sei Shōnagon non solo scrivevano delle loro vite con uno stile intenso ed evocativo, ma si dedicavano alla stesura dei loro diari nello stesso luogo e allo stesso tempo. Forse da qualche parte, sedute in un bar proprio ora, ci sono due amiche-nemiche come loro: la prima spumeggiante, chiacchierona e sensuale; la seconda riservata, meno sofisticata ma più acuta. Sei Shōnagon è la ragazza espansiva e disponibile; Murasaki Shikibu è quella meno appariscente, capace di pensieri profondi, ma solo sulla via di casa. Rimasta vedova in giovane età, Murasaki era introversa, introspettiva, gelidamente spiritosa e poco propensa ai contatti umani, in particolare con Sei Shōnagon; una donna che le sembrava insopportabilmente compiaciuta, superficiale ed egocentrica, anche quando si vantava dei suoi presunti meriti letterari.

In proposito, ecco cosa scrive Murasaki: «Se ci fermiamo a esaminare gli scritti cinesi di suo pugno, che lei [Sei Shōnagon] diffonde così pretenziosamente, ci accorgeremo di quanto siano pieni di difetti». Di gran lunga più intelligente, Murasaki tentò, in gran parte senza riuscirci, di nascondere le sue doti intellettuali alle altre dame di corte, temendo – non a torto – che queste dapprima si sarebbero incuriosite e poi ingelosite. Murasaki, che aveva allontanato Sei Shōnagon per i suoi interessi volubili e le sue opinioni superficiali, avrebbe comunque avuto l'ultima parola, in quanto sarebbe stata ricordata come l'autrice del primo romanzo al mondo, *La storia di Genji* (in originale, *Genji monogatari*), scritto verso la fine dell'XI secolo.[4]

Tutto lascia credere che questo romanzo sia stato composto nel corso di un paio di decenni, con ciascun capitolo chiuso in se stesso e destinato a pochi intimi. Il Genji del titolo è un principino minore, figlio di una delle tante concubine imperiali, destinato a una vita di signorile indolenza ma coinvolto in una serie di situazioni impreviste, tra le quali fidanzamenti sgraditi, amori senza speranza, e scandali di corte. Anche se è impossibile provarlo, sembra verosimile che molte delle peripezie di Genji rispecchino in modo velato fatti realmente accaduti.

Al riguardo, ecco cosa scrive Murasaki: «Ho una teoria su cosa dovrebbe essere l'arte del romanzo… L'autore non dovrebbe limitarsi a raccontare una storia». Per lei la scrittura era un'autentica vocazione, un irresistibile impulso a comunicare con gli altri.

4. *La storia di Genji*, a cura di Maria Teresa Orsi, Einaudi, Torino 2015. [N.d.T.]

> Se si scrive, è perché l'esperienza del narratore... persino di fatti di cui è stato solo testimone, o dei quali ha solo sentito parlare... ha suscitato in lui un'emozione così forte da non poterla far tacere a lungo nel proprio cuore. Ancora e ancora, qualcosa nella sua vita... gli sembrerà così importante da non tollerare l'idea che si dissolva nell'oblio.

Murasaki descrive la corte imperiale come un mondo idealizzato di nobiluomini che gareggiano tra loro con poesie argute e principesse infelici in attesa di un principe azzurro che si intrufoli nella loro camera da letto per un incontro clandestino. Timide e oziose, alla mercé di una società profondamente sessista, le donne di corte si divertono con indovinelli e sfide letterarie. Talvolta è difficile stabilire cosa sia peggio per una donna come Murasaki: se attrarre l'attenzione di un aristocratico per un amplesso notturno, o rendersi conto che l'interesse dell'uomo sta calando, complice una nuova distrazione femminile in un altro palazzo, mentre lei rimarrà sola con il suo bambino. A ogni modo, le pagine dell'autrice rievocano un mondo dove le donne, nella visione dei maschi, sono cittadine di seconda classe, tanto stupide quanto decorative: nulla più che «creature del peccato», per citare una definizione del principe Genji. Questo giudizio sprezzante si distanzia anni luce dalle antiche leggende nipponiche, gremite com'erano di innumerevoli regine e guerriere ed evocanti una società indigena dove il potere era equamente diviso tra sesso maschile e femminile. Ne *La storia di Genji* è possibile intravedere il danno inflitto alla parità di genere dalla plurisecolare immigrazione sino-coreana. Questo danno, di origine cinese, si chiama maschilismo.

I libri dedicati a *La storia di Genji* potrebbero riempire interi scaffali. A ben vedere, l'attenzione dell'autrice si concentra non tanto sul «principe splendente», quanto sulle donne della sua vita. Uno dei primi capitoli presenta Genji e i suoi amici mentre discutono in modo tanto superficiale quanto inconcludente dei vari tipi di donne. Più tardi, tuttavia, nel corso di molti altri capitoli, il principe dovrà misurarsi con le manifestazioni del loro autentico modo d'essere.

La gran mole delle testimonianze letterarie sulla magnificenza del periodo Heian ha distratto molti studiosi dalle probabili verità sulla vita quotidiana nel Giappone altomedievale. Sei Shōnagon e Murasaki Shikibu avrebbero potuto anche essere una coppia di ragazze bisbetiche e altezzose, ma l'unica volta in cui la gente comune compare nei loro scritti, viene liquidata come sporca, animalesca, stupida, impura e sgradita. La stessa Kyōto del X secolo, pur al culmine del suo splendore, non era il paradiso che i suoi abitanti pretendevano che fosse. L'uniformità urbanistica della capitale soffriva infatti di vistosi squilibri. Ai tempi di Murasaki, la parte occidentale della città era solo un mosaico di quartieri bruciati, orti e rovine cadenti, sgradevoli di giorno e insicuri di notte. Persino oggi è possibile rinvenire tracce della crescita squilibrata della Kyōto medievale. Quasi tutte le principali mete turistiche si trovano a est di Senbon-dōri (il nuovo nome della vecchia Strada del Passero Vermiglio). Persino al culmine del periodo Heian, quando i cortigiani consideravano la loro capitale il centro del mondo civilizzato, metà del territorio cittadino restava una zona interdetta. La parte est si prestava decisamente meglio alla crescita urbanistica; di conseguenza, Kyōto prese a svilupparsi oltre il fiume e verso le pittoresche colline del distretto di Higashiyama (montagna orientale), che ospita ancora oggi molti dei templi più famosi, e Gion, il quartiere delle geishe.

Se i cortigiani Heian potevano essere così parziali su ciò che vedevano della loro città, è perché molti di loro erano sostanzialmente esclusi dagli affari di Stato. Mentre l'interesse per la poesia registrava una forte impennata e un branco di aristocratici altezzosi discuteva ferocemente su quale kimono si dovesse indossare per la passeggiata di mezzogiorno, il cortigiano-tipo che aveva tempo e modo di mettere per iscritto le sue osservazioni su Kyōto, era anche quello che si trovava più lontano dalle stanze del potere. L'influenza del clan Soga cominciò a venir meno, soppiantata da quella dei Fujiwara, i discendenti del clan Nakatomi che ora potevano fregiarsi di un cognome imperiale. Si trattava di una spietata famiglia di cospiratori, la cui influenza a corte svilì profondamente molte istituzioni, fino a trasformarle in gusci vuoti. Le figlie dei Fujiwara furono spinte nelle braccia di qualunque imperatore potesse dare loro un figlio, così che il regnante di turno fosse poi convinto ad abdicare in favore del bambino. Del resto non vi erano precedenti in Giappone che stabilissero la successione dell'erede più anziano. Semplicemente si sceglieva l'individuo che sembrava più adatto; un metodo che conferiva ai poteri dietro le quinte un notevole grado di flessibilità nell'accoppiare il loro candidato imperiale con un certo numero di potenziali signore. Il nuovo imperatore-bambino poteva essere troppo giovane per governare in prima persona; in quel caso sarebbe stato necessario un reggente (*sesshō*): e chi avrebbe ricoperto meglio quel ruolo, se non suo nonno Fujiwara? Alla maggiore età dell'imperatore, il reggente si sarebbe trasformato nel suo portavoce ufficiale (*kanpaku*), fino a quando il sovrano non avesse generato un erede, facendo così ripartire l'intero processo.

Queste trame così meschine nascondevano un profondo senso di frustrazione, con l'1% della popolazione nipponica che si aggrappava ferocemente ai propri privilegi nelle sacre *enclaves* di Kyōto. Solo nell'VIII secolo, mentre i diaristi scrivevano di ciliegi in fiore e fiocchi di neve, la corte Heian assistette a un suicidio di massa forzato, a due rivolte armate e a una cospirazione sventata all'ultimo minuto – per tacere di un'imperatrice zitella accusata di intrattenere rapporti sessuali col suo monaco di corte.

Eppure, considerata la precarietà dell'esistenza umana in altre parti del mondo, i cronachisti giapponesi non smisero di guardare al periodo Heian come a un'età dell'oro. Non vi è dubbio che, paragonata alle condizioni materiali della gente comune, la capitale apparisse come un autentico eden terrestre. Peccato che tale paradiso fosse riservato soltanto a una ristretta élite di 5000 aristocratici nella cittadella principale. Lontano da Kyōto, le comunicazioni erano più lente, e la vita più dura. I libri erano difficili da trovare, come pure i poeti, la gente di spettacolo e le bevande alcoliche di buona qualità. Finché si restava nell'ambiente di corte, la vita era un costante susseguirsi di cerimonie, rituali, banchetti e intrighi. Se si risiedeva nella capitale, andarsene sarebbe stato vissuto come un fallimento.

Le figlie potevano sposarsi bene, anche se nella maggior parte dei casi il «matrimonio» era un concetto piuttosto elastico, con bambini che spesso nascevano al di fuori del vincolo coniugale. I figli potevano farsi strada negli ambienti giusti; i cortigiani potevano essere promossi o retrocessi dall'imperatore in carica; ma chi perdeva il favore del sovrano correva il rischio di venire espulso dalla capitale. Trasferito lungo la frontiera, o inviato a svolgere un incarico che non prevedeva ritorno, il malcapitato di turno si ritrovava tagliato fuori dalle delizie della civiltà. Nemmeno i discendenti degli imperatori erano immuni da queste epurazioni periodiche, soprattutto quando i figli di un sovrano erano già padri di una prole numerosa. Le ragazze potevano sempre essere scambiate come concubine, nella speranza che si avvicinassero il più possibile al trono. Quanto ai ragazzi, erano più sacrificabili.

Alcuni sovrani confusero ulteriormente le cose annunciando il loro «ritiro» da ogni incarico ufficiale solo per continuare a immischiarsi negli affari di Stato da dietro le quinte. Convinto di essere in punto di morte per un male incurabile, l'imperatore Heizei (r. 806-809) si dimise dal trono dopo un regno di soli tre anni, lasciando il posto al fratello minore, l'imperatore Saga (r. 809-823), che però, come lui, cadde presto ammalato. A quel punto, Heizei, tornato in salute, tentò di riconquistare il potere supremo, innescando una serie caotica di eventi che sarebbero stati registrati negli annali come una rivolta fallita. Da quel momento in poi la storia dell'arcipelago avrebbe fatto i conti con una nuova categoria di protagonisti: gli imperatori «a riposo», o «ritirati», ciascuno con la propria cerchia di seguaci, le proprie compagne di letto (che andavano e venivano), e le proprie opinioni su quale tra i loro nipoti sarebbe stato il sovrano più adatto.

Attorno all'814 l'imperatore Saga tentò di risparmiare sulle spese di corte declassando a semplici vassalli alcuni dei suoi quarantanove figli. Questi presero un nuovo cognome, Minamoto (Casa di origine), e andarono a ingrossare il numero degli *shōen* che costellavano le campagne del paese. Anche parecchi imperatori successivi utilizzarono lo stesso metodo per liberarsi dei rami minori delle loro famiglie, rinominandoli sempre con l'appellativo di Minamoto. Queste drastiche selezioni costituivano gli aspetti esteriori delle mutevoli politiche di corte, delle conseguenze di dozzine di amori dimenticati, di promesse mantenute o disattese, di favori assicurati e poi rinnegati, sia verso le mogli che verso i figli. A differenza del mondo cristiano, dove solitamente non si avevano dubbi su chi fosse il «figlio maggiore», la corte giapponese si caratterizzava per un nugolo di figli maggiori partoriti da madri diverse, in perenne competizione tra loro. Era come se la disinvolta volubilità coniugale di Enrico VIII venisse moltiplicata per dieci da un atteggiamento ancora più pragmatico nei riguardi del matrimonio e della sua legittimità, fra schiere di famiglie invadenti che facevano di tutto affinché il futuro sovrano fosse un bambino del loro clan.

Sia Heizei che Saga, tuttavia, tenevano in alta considerazione Sakanoue no Tamuramaro, il capo della loro guardia personale, che si era già coperto di gloria combattendo contro gli Emishi lungo la frontiera. In quel ruolo si era guadagnato il titolo di «generale supremo inviato contro i barbari», o *sei-i tai shōgun*. Di creazione relativamente recente (Tamuramaro era soltanto il secondo a fregiarsene), questo titolo permetteva a un generale di esercitare un ampio potere sulle zone di confine, risparmiando alla corte il fastidio di comunicare con i suoi rappresentanti periferici, distanti parecchi giorni di viaggio.

Nell'825 il successore dell'imperatore Saga adottò la stessa tecnica di selezione familiare di cui si è detto, declassando socialmente alcuni dei suoi nipoti (quelli imparentati con l'imperatore Kanmu) e conferendo loro il nome Taira (che si riferiva alla capitale da cui erano stati appena banditi). Nel corso dei decenni successivi, parecchi dei loro eredi si aggiunsero a questa inedita casata. Si trattava di una nuova leva di giovani decisamente arrabbiati, rancorosi e ambiziosi. Sperando di farsi un nome, i Minamoto e i Taira si sparpagliarono ben presto tra le provincie del paese, combattendo nelle zone di frontiera che l'imperatore Kanmu aveva nel frattempo ampliato e brigando per raggiungere i ranghi militari indispensabili alla loro riabilitazione.

Può sorprendere che gli Emishi, liquidati in molti racconti come barbari ottusi, venissero ancora visti come un'etnia pericolosa, ma la dimensione della risposta militare attuata da Tamuramaro e da molti dei suoi colleghi si spiega solo con la presenza di una temibile entità periferica opposta all'espansionismo dei sovrani giapponesi. Infatti, nel periodo compreso tra il 774, al tempo del padre dell'imperatore Kanmu, e l'812, a metà del regno dell'imperatore Saga, si assiste non solo all'andirivieni di tre diverse capitali, ma anche a un pluridecennale conflitto di confine, conosciuto come la Guerra dei 38 anni. Mentre i cortigiani Heian componevano poesie dedicate alla luna e seducevano nobildonne nella raffinata Kyōto, alle frontiere del regno la classe guerriera faceva i conti con un continuo stato di belligeranza.

C'erano fortune da guadagnare. Mentre il Giappone meridionale era un mosaico di piccole contee, le provincie settentrionali apparivano sulle mappe come enormi zone ancora vergini. Il possesso di una regione a ridosso del territorio degli Emishi avrebbe potuto generare una ricchezza nettamente superiore a quella di qualunque piccola baronìa del sud civilizzato.

Secondo gli annali di corte, la Guerra dei 38 anni fu sostanzialmente causata dalle incursioni degli Emishi. Questa tesi, tuttavia, non risponde a verità, visto che furono i coloni giapponesi a spingersi nelle terre degli Emishi, non il contrario. Alcuni Emishi fuggirono a nord, verso Hokkaidō; altri si rassegnarono ad accettare i nuovi arrivati, che li avevano convinti di essere soltanto dei pacifici agricoltori. In realtà questi contadini erano giunti in loco con la protezione di truppe armate – vi era un presidio fortificato nei dintorni – e ben presto avrebbero cominciato a distinguere gli Emishi tra «amichevoli» (i gruppi disposti a collaborare) e «selvaggi» (i gruppi risoluti a resistere).

È probabile che tensioni simili avessero accompagnato la colonizzazione dell'arcipelago fin dai primi sbarchi a Kyūshū degli immigrati dal continente, in epoca preistorica. L'unica differenza con i conflitti a cavallo tra l'VIII e il IX secolo consiste nel fatto che stavolta l'annalistica è leggermente più chiara riguardo alla situazione. Gli Emishi «amichevoli» vennero subito considerati sudditi imperiali; un assunto che poteva servire a coinvolgere sempre più i guerrieri invasori nella politica locale, con alcuni Emishi schierati dalla parte dei nuovi venuti, nella speranza che fossero disposti ad aiutarli nelle loro lotte contro le tribù rivali. Altri godettero temporaneamente dei benefici del commercio, per poi ritornare «selvaggi» qualche tempo dopo, quando un comandante locale li informò dei loro obblighi tributari, che non conoscevano o avevano male interpretato. Questi problemi lambirono raramente il sud del paese, dove si parlò semplicemente di incursioni degli Emishi «selvaggi» contro i miti coloni giapponesi.

A ogni modo gli Emishi si rivelarono un osso duro. Quel popolo conosceva perfettamente il proprio territorio ed era provvisto di buone armi. Gli uomini del nord erano ottimi arcieri e cavalieri, e alcuni dei loro capi sapevano come vanificare le rigide strategie dei generali giapponesi. Nel 788 uno dei condottieri Emishi più famosi, Aterui, ottenne una vittoria schiacciante sul fiume Koromo, dapprima tendendo un'imboscata a due dozzine di guerrieri giapponesi e poi costringendo l'intero esercito nemico a una rotta disordinata. Quel giorno più di mille soldati dell'imperatore persero la vita tra le acque del fiume.

In ultima analisi, fu proprio il conflitto con gli Emishi, assieme alle caratteristiche geografiche della frontiera, a creare l'immagine per eccellenza del guerriero nipponico. Nel corso di molti decenni, sia di guerra che di pace, i giapponesi e gli Emishi finirono per mescolarsi a vicenda, confondendosi sempre più. La tecnologia militare cinese vecchio stile si rivelò sempre meno adatta alle caratteristiche dell'arcipelago. C'era ben poco terreno pianeggiante per i carri. Non avendo pezzi di ricambio, le balestre caddero in disuso. Gli Emishi preferivano le spade a lama curva, particolarmente micidiali nei combattimenti a cavallo, e presto i giapponesi presero a imitarli. Gli scudi – più che altro piccole tavole portatili che gli arcieri usavano per proteggersi – erano quasi inutili sui terreni accidentati, soprattutto nelle foreste, dove il nemico ricorreva di frequente a tattiche imprevedibili. I componenti di un'armatura in ferro – sia le piastre che i loro sistemi di aggancio – si arrugginivano rapidamente a causa del clima umido. Così i giapponesi iniziarono ad avvalersi di una protezione più leggera e flessibile, composta da pezzi intrecciati di lacca e cuoio indurito, con spallacci che offrivano un certo grado di copertura anche quando un guerriero a cavallo tendeva la corda del suo arco. Gli elmi, nel frattempo, vennero dotati di un puntale in lacca e di un collare svasato, in modo da offrire la massima protezione nelle cariche a cavallo contro gli arcieri nemici.

Alla fine dell'VIII secolo, dato che non vi erano indizi di un'imminente invasione cinese, la coscrizione obbligatoria fu sospesa nella parte meridionale del paese. Da quel momento in poi, e per molte generazioni a venire, gli unici campi di battaglia sarebbero stati a settentrione; una circostanza che avrebbe modificato profondamente le idee nipponiche sull'arte della guerra. In caso di scontro armato, i combattimenti sarebbero ricaduti sotto la responsabilità del funzionario provinciale scelto dagli ufficiali di corte – quasi sempre un cugino dei Taira o dei Minamoto – che avrebbe utilizzato gli uomini a sua disposizione. Questo sistema spinse sempre più i capi delle provincie ad arruolare e mantenere le proprie armate. Si trattava di milizie con una netta distinzione interna: da un lato i guerrieri professionisti in servizio permanente effettivo; dall'altro i soldati-contadini e i piccoli vassalli che vivevano nei dintorni, soggetti a mobilitazione solo in caso di necessità.

I soldati furono ritirati dalla frontiera per servire come tutori dell'ordine pubblico; 10.000 Emishi «amichevoli» – figli e parenti di gruppi tribali ormai pacificati – furono dispersi per tutto il sud in qualità di ostaggi. Questi si portarono al seguito le loro armature leggere di forma squadrata, i loro pesanti archi lunghi, e le loro spade a lama curva, creando le premesse di quella che sarebbe diventata la classica immagine del guerriero nipponico.

I Taira e i Minamoto – figli sopravvissuti di rami minori dell'albero genealogico imperiale – strinsero matrimoni con gli Emishi, come i loro antenati avevano già fatto con i popoli indigeni del meridione. Le nuove generazioni dei due clan vennero al mondo con sangue emishi nelle vene; e i generi emishi (qui la parola «generi» indica il grado di parentela, N.d.T.) presero il nome dei Taira o dei Minamoto, così da nascondere le loro umili origini. I membri delle due casate si impossessarono di vasti latifondi, diventando gli autentici signori di quei selvaggi territori di confine. Sebbene i sofisticati costumi della cerchia imperiale si fermassero al ponte sull'Uji, appena fuori Kyōto, i cortigiani percepivano in qualche modo l'esistenza di quei lontani cugini che conducevano una dura esistenza lungo la frontiera. Eppure, in ultima analisi, erano uomini e donne sostanzialmente dimenticati, anche quando pochi individui baciati dalla fortuna, come Tamuramaro, riuscivano a fare ritorno nella capitale, dove i loro successi venivano ricompensati con titoli nobiliari e l'ingresso a corte.

Alla fine del IX secolo questi uomini adottarono un nuovo termine per autodefinirsi, giocando sia sul loro desiderio di essere visti come fedeli sostenitori della corte centrale, sia sulla volontà di quella stessa corte di considerarli semplici mercenari. Il termine scelto fu «coloro che servono». In giapponese, *samurai*.

UN TRONO DI SPADE: MINAMOTO CONTRO TAIRA

4

Un tempo – in realtà solo un anno prima, all'epoca del suo ingresso trionfale nella capitale – il generale Yoshinaka aveva ai suoi ordini 50.000 guerrieri. Quelli erano stati bei giorni, quando derideva i cortigiani effeminati e impartiva loro qualche lezione di galateo.

Yoshinaka saltava sulla portantina come e quando ne aveva voglia. Se gli serviva una ciotola per bere, la prendeva da un altare. Se pretendeva che un ordine venisse eseguito subito, lo urlava al cortigiano più vicino. Non aveva tempo per i meticolosi rituali e le sofisticate cerimonie di corte. Aveva del lavoro da fare.

Ma adesso era in fuga con pochi seguaci, inseguito dai suoi cugini della famiglia Minamoto. Un agguato sul ciglio della strada aveva decimato le sue forze: da qualche centinaio di cavalieri, a una cinquantina, a non più di dodici.

Tra loro vi era una donna.

I critici sono divisi sull'apparizione dell'eroina Tomoe nel *Racconto della famiglia Taira* (in giapponese *Heike monogatari*, N.d.T.), proprio mentre Yoshinaka sta fuggendo per salvarsi la vita. Forse, come piacerebbe a qualche femminista moderna, si trattava di una ragazza piuttosto atipica, non conforme ai modelli tramandatici dalle fonti storiche. Tradizionalmente ci si aspettava che le donne dei samurai combattessero solo alla fine, in difesa dell'ultimo fossato della loro fattoria, ma non è detto che nel XII secolo le cose non andassero diversamente. Forse Tomoe, con un arco più alto di lei e una spada impugnata a due mani, era una di quelle donne samurai che combattevano in prima linea. È significativo che alcune fosse comuni, scoperte nei campi di battaglia dell'epoca dei samurai, contenessero corpi femminili in misura superiore a un terzo del totale. Che la solitaria guerriera Tomoe non fosse poi un'eccezione?

Il racconto della famiglia Taira inizia con vecchi stilemi di genere, descrivendo la grande bellezza di Tomoe, la sua pelle candida, i suoi lunghi capelli... ma poi, come riscuotendosi dal torpore, l'autore si ferma di colpo su alcune caratteristiche che gli paiono più importanti: la perizia di Tomoe nel tiro con l'arco; la sua bravura nel cavalcare su terreni accidentati; i suoi incarichi di prima linea al servizio di Yoshinaka. Come si legge nel *Racconto*, «era una guerriera che valeva mille uomini, pronta a confrontarsi sia con un demone che con un dio».

Il timore reverenziale con cui il narratore si accosta alla figura di Tomoe non trova riscontro nel personaggio di Yoshinaka. Mentre le sue forze declinano, ed è al comando di un misero gruppetto di fuggitivi, il generale in fuga sa che i suoi giorni sono contati, e che non uscirà vivo dalla foresta. Così, si rivolge a Tomoe dicendole:

> Sei una donna, quindi vattene; vattene ovunque ti aggrada. Voglio morire combattendo, oppure togliermi la vita se cadrò ferito. Non permetterò che la gente dica che [Yoshinaka] aveva con sé una donna durante la sua ultima battaglia.

In precedenza Yoshinaka era stato dipinto come un pagliaccio, protagonista di figuracce ridicole durante il suo breve soggiorno a Kyōto. Che il personaggio di Tomoe servisse a rimarcare la sua ottusità, giacché costui lasciava che una *femmina* combattesse in prima linea? Quanto dovevano essere selvaggi questi Minamoto, se persino le loro donne lottavano nel fango per qualche briciola di potere!

Perché Yoshinaka voleva che Tomoe scappasse? Con ogni probabilità, il generale stava tenendo fede al suo virile senso dell'onore, prima avvisaglia di ciò che in seguito si sarebbe chiamato *bushidō*, la Via del Guerriero. Sarebbe stato disdicevole morire in presenza di una donna. Forse Tomoe era solo un trastullo temporaneo; o magari si trattava di una danzatrice *shirabyōshi*, spogliarelliste da guarnigione così in voga all'epoca dei samurai.

Eppure tutto lascia credere che Yoshinaka la amasse profondamente. Al riguardo, sembra significativo il suo incitamento affinché la ragazza fugga dal campo di battaglia. «*Sei una donna, quindi vattene; vattene dovunque ti aggrada*». Chiunque sarebbe stato in grado di riconoscere un guerriero intento a scappare, anche quando si fosse liberato delle armi e della corazza. Il suo taglio di capelli e le sue cicatrici lo avrebbero comunque tradito. «*Ma tu, Tomoe, tu potrai sparire nella foresta. Con un po' di fango e un cambio delle vesti, sembrerai una contadina qualunque, e i nemici non ti noteranno. Avrai una possibilità di sopravvivere. Non intendo essere responsabile della tua morte*».

In un'altra versione della stessa storia, Yoshinaka arriva a minacciare Tomoe di severe punizioni. Se lei non eseguirà i suoi ordini, lui scioglierà per tre volte il rapporto signore-vassallo che li lega reciprocamente. Viceversa, se obbedirà ai suoi comandi, loro due si uniranno di nuovo nella prossima vita, forse a ruoli invertiti. Ma se lei si ostinerà a non dargli ascolto, le loro anime non s'incontreranno mai più.

Mentre gli altri samurai si danno alla fuga, Tomoe rallenta l'andatura del suo cavallo, così da ritrovarsi in retroguardia. Poco dopo, lei e il suo destriero rimangono soli nella foresta, con il frastuono dello squadrone di Yoshinaka che si dissolve in lontananza.

La ragazza vuole soltanto un'ultima battaglia.

Poi un fragore di zoccoli squarcia il silenzio.

Sono trenta cavalieri all'inseguimento di Yoshinaka. Alla loro testa vi è il samurai Morishige. Tomoe lo lascia passare, quindi si mette sulla sua scia. Dopo averlo raggiunto, lo strattona dalla sella, estrae il suo pugnale e lo colpisce al collo, torcendogli selvaggiamente la testa fino a staccargliela.

Sporca degli schizzi di sangue del suo nemico, la ragazza tiene in alto la testa di Morishige, un trofeo che in tempi migliori avrebbe mostrato al suo signore, e per il quale sarebbe stata degnamente ricompensata. Ma adesso Tomoe non ha più un signore, non in questa vita. Così, scaglia la testa tra gli alberi, volge il suo cavallo, e si allontana al galoppo.

Il racconto della famiglia Taira non dice se gli uomini di Morishige l'abbiano inseguita o no, interrompendo la caccia a Yoshinaka, o, al contrario, non accorgendosi neppure che il loro capo era sparito. A ogni modo, prima di dileguarsi tra gli alberi, Tomoe si libera della sua armatura insanguinata, dell'elmo (che getta in un fosso) e della spada. Nel momento in cui esce dalla foresta, è solo una donna a cavallo... poi smonta, si ripulisce in un ruscello... e svanisce nella campagna.

Quanto a Yoshinaka, aveva ragione a pensare che non sarebbe uscito incolume dalla foresta. Il suo cavallo si impantana nel fango; lui si infila in bocca la punta della sua spada, poi balza velocemente giù, sapendo che non toccherà il suolo da uomo vivo.

Tornando a Tomoe, alcuni dicono che non fu capace di allontanarsi da quel campo di battaglia. Più tardi, comunque, sarebbe andata in moglie a un altro samurai e avrebbe partorito un figlio destinato a grandi cose. Altri sostengono che abbracciò una vita solitaria, diventando monaca buddhista e morendo attorno ai novant'anni. Altri ancora affermano che diede la caccia agli inseguitori di Yoshinaka, impossessandosi della testa mozzata del suo amante. L'ultima volta che fu vista, la stava cullando tra le braccia, mentre entrava nel mare.

Nel 1068 i Fujiwara furono sconfitti al loro stesso gioco. Il settantunesimo imperatore del Giappone, Go-Sanjō (1032-73), era il primo sovrano in 170 anni a non avere legami diretti con quella famiglia. Di conseguenza la sua ascesa fu inizialmente ostacolata dalla fazione dei Fujiwara presso la corte, ma la morte del suo predecessore, privo di un erede diretto, lo catapultò ben presto sul trono. Appena insediato, Go-Sanjō cominciò a infastidire il clan rivale scavalcando il suo *kanpaku* (portavoce), e chiedendo una serie di controlli sulle proprietà degli *shōen* e dei governatori provinciali. Sfortunatamente per i Fujiwara, la costituzione promulgata molti anni prima dal principe Shōtoku e dai suoi successori, autorizzava una simile iniziativa. A conti fatti Go-Sanjō avrebbe potuto espellere il clan nemico dalla cerchia imperiale con un semplice editto. A quel punto i Fujiwara reagirono minacciando di astenersi dai loro incarichi – i membri della famiglia erano così numerosi nella pubblica amministrazione che un loro allontanamento avrebbe ridotto il regno alla paralisi più completa.

Rinunciando a proseguire nella sua opera riformatrice, Go-

Sanjō abdicò mentre era ancora sulla trentina, e lasciò il trono a suo figlio, che aveva già raggiunto la maggiore età. Visto che la madre del nuovo imperatore proveniva dal clan Fujiwara, era ragionevole aspettarsi una gestione del regno che fosse più in sintonia con le aspettative dei gruppi di pressione dietro il trono. Ma Go-Sanjō era ancora abbastanza giovane da poter interferire negli affari di Stato, mentre il suo successore designato, l'imperatore Shirakawa (1053-1129), era abbastanza vecchio da non aver bisogno di un reggente.

La fortuna di Go-Sanjō finì con la sua morte, all'età di soli quarant'anni, circostanza che diede adito a qualche sospetto, poco dopo aver preso i voti di un ordine buddhista. Shirakawa, tuttavia, raccolse e portò avanti la politica del padre, abdicando a sua volta quattordici anni più tardi, per poi entrare in un monastero, da dove avrebbe tacitamente orientato il corso degli eventi. Questa soluzione divenne nota come «governo del chiostro» (*insei*), e sarebbe stata adottata da molti dei suoi successori.

Per Shirakawa e i suoi eredi più prossimi, il «governo del chiostro» si rivelò la scelta vincente. Grazie più alla fortuna che alla bravura politica, il Giappone godette di un periodo di pace e prosperità, mentre la morsa dei Fujiwara sugli incarichi pubblici si allentava notevolmente. Peraltro, nel rinunciare all'appoggio di quel clan, Shirakawa e i suoi successori rinunciavano anche alla loro forza militare più importante, visto che gli «imperatori del chiostro» non disponevano di un esercito privato. Di conseguenza, nel tentativo di mettere al sicuro la propria posizione con la forza, costoro fecero sempre più affidamento sulla lealtà dei loro ambiziosi cugini lungo la frontiera; gente come i Taira e i Minamoto, a lungo esclusi dalla vita di corte, e risoluti a trovare un modo per rientrarvi.

Molti anni dopo gli eventi narrati in questo capitolo, gli scrivani redassero un'antologia di racconti epici sulle fasi iniziali della grande lotta per il possesso del Giappone. Si trattava di un paese completamente diverso da quello descritto da Murasaki Shikibu, come se le lacrimevoli storie d'amore del principe Genji si fossero trasformate in una saga di guerra. Genji era un personaggio di fantasia vagamente ispirato a persone reali, frutto di un lungo sforzo creativo da parte della sua autrice, una donna di corte. Due secoli più tardi, una scrittrice-cortigiana come lei avrebbe potuto raccontare una sola cosa: l'ascesa e la caduta di un intero clan rivale, nato dallo stesso tipo di «selezione familiare» che aveva allontanato Genji dalla ribalta del potere, e immortalato da un'enorme e spesso inattendibile saga di battaglie e tradimenti, scritta da uomini che sembravano in perenne stato di eccitazione. Eppure, persino *Il racconto della famiglia Taira* non poté resistere a un'apertura di sapore malinconico. Anche se i capitoli successivi abbondano di morti gloriose ed eroismi commoventi, le prime pagine si soffermano sull'inutilità di tutto ciò, anticipando il tono sconsolato del finale:

> Ecco il suono della campana di Gion, ad annunciarci che tutte le cose passano e se ne vanno. Come i colori della camelia estiva, la prosperità è sempre seguita dal declino. Gli uomini orgogliosi non resistono a lungo; sono come un sogno in una notte di primavera. Anche i potenti incontrano la rovina, e non diventano altro che polvere prima del vento.

Attorno all'850, il Giappone aveva cessato di essere un paese dalle frontiere insicure. A quel tempo vi erano già centri mercantili nella parte sud di Hokkaidō, ma il dominio dell'imperatore si fermava poco più in là. Lo stretto di Corea, assieme a quello di Tsugaru tra Honshū e Hokkaidō, teneva al sicuro l'arcipelago da qualunque insidia su vasta scala. A differenza della Cina, da cui derivava gran parte del suo modello di governo, il Giappone medievale non aveva un problema di confini. Difatti, non vi era alcuna possibilità realistica di un'invasione proveniente dall'esterno, oppure fomentata da nobili ribelli in combutta con tribù straniere. L'arcipelago era stato pacificato, e questo aveva permesso al suo sistema di svilupparsi senza ulteriori modifiche. La dinastia cinese dei Tang stava declinando, e allorché cadde, i giapponesi non si precipitarono ad allacciare nuovi rapporti con i suoi successori. Anche se la Cina non fu completamente dimenticata, il suo influsso culturale venne comunque meno. L'unico inconveniente, per un sistema che si basava sull'espansionismo, era che adesso, mancando nuove terre da conquistare, gli abitanti dell'arcipelago avrebbero dovuto combattere tra loro per il possesso di quelle che avevano già.

Inevitabilmente i feudi *shōen* e le regioni più lontane acquisirono il carattere di contee o baronie autonome. In particolare, le famiglie dei Taira e dei Minamoto, unite dalla loro origine comune e dall'esperienza dell'esilio, iniziarono a signoreggiare su molti di questi possedimenti di frontiera, trasformando i confini del paese in un mosaico di entità fedeli al Rosso (i Taira) o al Bianco (i Minamoto). Ancora oggi l'associazione di questi due colori rimane per i giapponesi un simbolo di polarità opposte. Nei quiz televisivi, le squadre dei concorrenti si dividono tra Rossi e Bianchi e persino la bandiera nazionale mostra un cerchio rosso su sfondo bianco. Dal X al XII secolo i Taira e i Minamoto vissero una serie di enormi rovesci e insperate rinascite, facendo la storia di quello che è comunemente chiamato «Giappone feudale».

Alcuni studiosi, tuttavia, rifiutano tale definizione. Non è difficile scorgere elementi di feudalesimo nel Giappone medievale, eppure questo termine non piace a molti storici. Soprattutto nei testi a carattere divulgativo, è facile farsi tentare da una traduzione «europeizzante» del lessico nipponico, ricorrendo a vocaboli occidentali quali duchi, visconti, baroni e cavalieri. I paralleli con la Gran Bretagna sono particolarmente allettanti: un regno insulare a ridosso del continente, un monarca che governa per diritto divino, una nobiltà divisa in casate litigiose... Tuttavia, persino quando i samurai giuravano fedeltà a un imperatore semi divino, questo restava ben lontano dall'esercitare un potere assoluto. Mentre gli studenti europei sono chiamati a studiare le gesta dei loro sovrani, i testi scolastici giapponesi sorvolano spesso sugli imperatori per lasciare spazio ai governanti *effettivi*: reggenti, shōgun, e talvolta prìncipi di grado minore, che conseguivano risultati concreti mentre i loro familiari imperatori erano assorbiti dalle cerimonie di corte.

In teoria poteva capitare che un signore perdesse il suo maniero nel giro di una notte, e fosse costretto, il mattino dopo, a cederlo a un nuovo proprietario nominato dal governo. Il problema più spinoso del Giappone, come sempre, consisteva nel capire quali individui esercitassero la *vera* autorità: tutti gli ordini venivano emanati «in nome dell'imperatore», ma il potere autentico risiedeva nella capacità di ottenere quella formula, per poi usarla ai propri scopi.

Sia pure in modi diversi, era proprio questo che spingeva le casate dei samurai a combattersi a vicenda. Non tanto per accedere alla corte imperiale e ai suoi lussi, visto che molti di loro già conducevano una vita agiata nelle loro proprietà. Semmai pretendevano di poter esercitare una maggiore influenza sulla stessa corte, per far sì che tutto ciò che avevano costruito nel corso delle generazioni precedenti non gli fosse sottratto dalla caduta in disgrazia di un ministro o dall'arrivo di un nuovo membro del governo, insediato in quel ruolo dai maneggi della figlia concubina, che era riuscita a scalzare il suo predecessore. Se in passato i samurai avevano agito come «servitori» della corte, adesso era giunto il momento che fosse la corte a servire loro.

Non c'era alcuna necessità, almeno sulla carta, che i Taira e i Minamoto si combattessero a vicenda. Dopotutto entrambi si dichiaravano fedeli allo stesso imperatore. Nei primi tempi della loro ascesa, non si erano neppure differenziati nettamente tra «noi» e «loro»; e se erano entrati in conflitto, era stato quasi sempre all'interno dei rispettivi clan. Con il passare del tempo, tuttavia, sorsero crescenti contrasti sulla natura del loro servizio al sovrano. I Taira persero la loro base di potere nel Kantō, dopo che uno dei loro signori di maggior peso, Masakado, aveva dichiarato la propria indipendenza. Di per sé questo avrebbe potuto gettare il Giappone in una guerra civile nel 940, ma il problema fu risolto all'interno dello stesso clan, con la sconfitta del pretendente Taira a opera dei suoi stessi cugini Taira. Questa vicenda non solo costò alla famiglia il dominio sulla piana del Kantō, ma lasciò i suoi componenti alle prese con un problema imbarazzante: dimostrare all'imperatore che Masakado era stato l'eccezione piuttosto che la regola. Di conseguenza si offrirono volontari per le operazioni contro i pirati del mare interno e della costa occidentale, arrivando persino a fare rotta contro un ammiraglio dei Fujiwara che si era ribellato all'autorità centrale. A Kyōto, l'imperatore si compiacque della fedeltà dei Taira; i suoi suoceri Fujiwara assai meno. Per loro fortuna avrebbero trovato i propri campioni militari tra i Minamoto.

Questi ultimi conseguirono i loro successi più significativi grazie a Minamoto Yoshiie (1041-1108), che si era già fatto un nome al servizio dei Fujiwara, ancora molto potenti nei circoli della capitale. Yoshiie si mise alla testa di una campagna per liquidare i ribelli del Kantō ma, a operazioni concluse, la corte trovò una scusa per non pagare le sue truppe. Anziché lamentarsi, il condottiero dei Minamoto mise mano al proprio tesoro; un gesto che lo rese popolare non solo tra i suoi guerrieri, che ormai si fidavano più del loro comandante che del governo, ma anche tra i suoi nuovi alleati, che si affrettarono a sposarne la causa, aiutandolo a ingrandire ulteriormente le sue già vaste proprietà.

Col passare dei decenni le tensioni causate dalle famiglie dei samurai si fecero sempre più evidenti. Due anni dopo la morte di Yoshiie, suo figlio capeggiò una rivolta in alcune province che erano state sottomesse da un generale Taira. Nel 1156, suo nipote Tameyoshi condusse il clan a un passo dall'annientamento, schierandosi dalla parte sbagliata in una lotta di potere per il trono.

A questo punto bisogna soffermarsi sulle origini di simili crisi, così da restituire la complessità, palese e occulta, che avrebbe caratterizzato dozzine di intrighi analoghi durante il periodo medievale. In proposito converrà sorvolare sui successivi trenta imperatori, che peraltro vissero situazioni non meno confuse, e concentrarsi sulla cosiddetta Ribellione di Hōgen, vero e proprio caso paradigmatico del carattere contorto delle politiche di corte, con almeno sei fazioni in campo.

Il conflitto prese avvio con il settantaquattresimo imperatore, Toba (1103-56), che aveva trascorso tutta la sua adolescenza come sovrano di facciata, mentre suo nonno «a riposo» gestiva gli affari di Stato da un monastero. All'età di vent'anni anche Toba scelse di ritirarsi formalmente dalla politica, lasciando il trono a suo figlio ancora in fasce, il settantacinquesimo imperatore, Sutoku (1119-64).

Con tre predecessori imperiali ancora in circolazione, Sutoku non aveva alcuna possibilità di governare in modo autonomo. Così trascorse un frustrante ventennio come imperatore solo di nome. Il giovane non vedeva l'ora di sostituire la corte imperiale con uomini che gli fossero devoti, ma questo desiderio si scontrava con la presenza del suo genitore. Ancora sulla trentina, l'imperatore «a riposo» era diventato di nuovo padre. Privilegiando gli interessi della madre del bambino (una Fujiwara) rispetto a quelli di Sutoku (un altro Fujiwara), Toba allontanò suo figlio dal trono, per insediarvi Konoe (1139-1155), che venne incoronato settantaseiesimo imperatore del Giappone.

Quel che successe in seguito sarebbe stato al centro di innumerevoli storie nei secoli a venire. I cronachisti successivi avrebbero circondato gli eventi di un alone sovrannaturale, sostenendo che Toba era stato stregato dallo spirito malvagio di una volpe a nove code. Questa creatura maligna proveniva dalla Cina, dove, nelle affascinanti vesti di una bellissima donna del passato, aveva causato la caduta di un sovrano. Poi si era spostata in India, irretendo le persone più suggestionabili e seminando il caos. E adesso si trovava in Giappone, dove aveva assunto le sembianze sensuali di Tamamo-no-mae[5], un'avvenente servetta del monastero di Toba. Quest'ultimo, che adesso vestiva formalmente i panni del monaco, si era intrattenuto con lei conversando di filosofia e ricevendo risposte tratte da antiche scritture che nessuna ragazza avrebbe potuto conoscere.

A un certo punto Toba cadde ammalato. Le sue condizioni sembrarono peggiorare rapidamente, finché un coraggioso indovino non disse le parole che nessun altro cortigiano avrebbe mai pronunciato; ovvero che quella ragazza, con la sua strana

5. Letteralmente, «Signora Gioiello luminoso». [N.d.T.]

padronanza delle antiche scritture e capace di brillare nel buio della notte, non era affatto una santa buddhista, bensì un demone maligno che intendeva uccidere Toba e prendere il suo posto. Smascherata dall'indovino, Tamano-no-mae preferì scomparire, scatenando una selvaggia caccia alla volpe nelle campagne circostanti, fino a quando Toba non riacquistò la salute.

Questa storia è significativa non tanto per la sua attendibilità storica, che non esiste, quanto per lo scorcio che offre sulle maldicenze e sulle meschine gelosie tipiche del periodo Heian, con le compagne di letto che influenzavano le decisioni politiche dei governanti, e i cortigiani che si liberavano di povere concubine ricorrendo a vili insinuazioni. Anche se Tamano-no-mae non fu più vista da nessuno, più tardi si disse che era stato il suo spirito vendicativo a provocare molti degli scandali successivi. Sembra che persino nell'oltretomba non mancassero intrighi e colpi bassi, con imperatori e cortigiani in cerca di vendetta per i torti subiti in questa vita. Secondo alcuni, era stata la maledizione di Tamano-no-mae a far cadere il giovane favorito di Toba, Konoe. Di salute perennemente cagionevole, quest'ultimo aveva regnato per poco più di un decennio, morendo senza eredi all'età di diciassette anni.

Nel 1155 l'imperatore «a riposo» Sutoku sperava ancora di riprendersi il trono, mentre l'imperatore «a riposo» Toba insisteva affinché il suo quattordicesimo figlio, fratello di Sutoku, venisse incoronato come settantasettesimo sovrano del Giappone, Go-Shirakawa (1127-1192). Era la terza volta che Sutoku veniva retrocesso nella successione: dapprima era stato costretto ad abdicare contro la sua volontà e in seguito aveva dovuto lasciare il trono a due dei suoi fratelli. Come se non bastasse, circolava anche un pettegolezzo di bassa lega, mai del tutto smentito, secondo il quale Toba odiava Sutoku perché in realtà non era suo figlio, bensì il frutto di una relazione clandestina di suo padre con la moglie dello stesso Toba.

Per quanto tutto ciò possa apparire confuso, abbiamo solo sfiorato la complessità della storia, dal momento che questi imperatori in lotta tra loro erano soltanto gli attori palesi di un altro conflitto in corso, che riguardava la possibile identità del primo ministro. Infatti non importava chi fosse il sovrano; importava chi fosse sua *madre*, con le oscillazioni del favore imperiale che mascheravano i dissidi interni della famiglia Fujiwara, principale fornitrice delle spose e delle concubine, e quindi dei reggenti.

Visto che nessuno aveva osato contestare apertamente la sua nomina, l'incredulo Go-Shirakawa, che mai avrebbe immaginato di diventare imperatore, trascorse un lungo, difficile anno sul trono, che terminò con la morte di suo padre Toba, nell'estate del 1156. Quest'ultimo rimase in fin di vita per due mesi, mentre i cortigiani si affollavano al suo capezzale confabulando a bassa voce e i samurai vegliavano sulla sicurezza del suo palazzo.

Era stato Toba a tenere tutto assieme, vanificando con la forza qualunque resistenza. Ma adesso, con la sua scomparsa, era Sutoku il nuovo imperatore «a riposo»; un sovrano che non aveva alcuna intenzione di restare dietro le quinte.

Go-Shirakawa sapeva che la situazione si stava complicando. Tre giorni dopo la morte di Toba, i suoi funzionari ordinarono ai samurai di stare alla larga dalla capitale. Due giorni più tardi intimarono ai collaboratori di Sutoku di non reclutare truppe. Quarantotto ore più tardi, i samurai dei due imperatori – quello in carica e quello «a riposo» – si affrontarono armi in pugno per le strade di Heian, l'odierna Kyōto.

Fu un episodio decisivo. Gli intrighi dinastici erano degenerati in aperta violenza, e non alla periferia del paese, bensì nella stessa capitale. Questa, almeno, era la percezione della corte. Il lettore forse ricorderà che i cortigiani delle epoche precedenti non esitavano a pugnalare a morte i loro nemici di fronte all'imperatore. Al contrario, sembra che nel XII secolo la gente di corte sovrastimasse la propria importanza e non sapesse reagire in modo adeguato quando la violenza si presentava al suo cospetto.

Ciascuna fazione poteva contare su centinaia di samurai. L'unica posta in gioco era lo stesso Go-Shirakawa: con ogni probabilità, se fosse caduto nelle mani dei seguaci di suo fratello, sarebbe stato costretto ad abdicare.

Vi erano cortigiani Fujiwara e samurai Minamoto in entrambi gli schieramenti. Sfortunatamente per la fazione di Sutoku, il suo condottiero, Fujiwara Yorinaga, era un generale da salotto le cui idee sull'arte della guerra si basavano soltanto su episodi immortalati (e idealizzati) da antichi racconti e vecchie canzoni. Reduci da molti combattimenti asimmetrici lungo la frontiera settentrionale, i suoi consiglieri Minamoto gli suggerirono di dare fuoco alla residenza di Go-Shirakawa, così da costringerlo ad allontanarsi sulla sua portantina assieme a un piccolo gruppo di guardie del corpo. Dopodiché i guerrieri favorevoli a Sutoku avrebbero sopraffatto la scorta, si sarebbero impadroniti della portantina, e avrebbero preso il controllo dell'unica persona che poteva ordinare al nemico di deporre le armi. La guerra sarebbe finita ancora prima di iniziare, con un minimo spargimento di sangue.

Yorinaga, tuttavia, respinse il consiglio. Quel trucco gli sembrava troppo subdolo e disonesto. Il condottiero di Sutoku preferiva immaginare le cose nel modo descritto dalle vecchie ballate, con qualche centinaio di samurai che marciavano in campo aperto, urlavano il proprio nome e la propria discendenza e impegnavano i nemici in duelli faccia a faccia, fino a emergere vittoriosi o dichiararsi sconfitti.

Al generale non venne in mente che se i suoi samurai avessero avuto l'idea di un simile, spietato colpo «chirurgico», il nemico, i cui samurai provenivano da un altro ramo della stessa famiglia, avrebbe potuto avere un'idea molto simile. Difatti, gli avversari di Yorinaga avevano già catturato uno dei suoi uomini, costringendolo a rivelare tutti i piani del comandante. Fu così che Go-Shirakawa poté disporre la perquisizione e la successiva confisca della casa di Yorinaga.

All'alba dell'undicesimo giorno del settimo mese lunare del 1156, l'imperatore in carica e la sua corte celebrarono una serie di riti religiosi, mentre le forze lealiste - alcune centinaia di uomini a cavallo - circondavano da tre lati il generale nemico. Entro un'ora, i quartieri orientali della città erano in preda alle fiamme e al fumo. Per quanto sanguinosa, la battaglia non durò a lungo, anche se le sue conseguenze si sarebbero fatte sentire su due generazioni.

Lo scontro costò la vita a molti capi ribelli. Il pretendente Sutoku dovette andare in esilio monastico su un'isola lontana, dove sarebbe vissuto per altri otto anni. Laggiù avrebbe borbottato maledizioni contro i suoi nemici, per poi, come tramanda la leggenda, stringere un'alleanza maligna nell'oltretomba con lo spirito della «volpe» Tamano-no-mae. Negli anni successivi il suo fantasma vendicativo avrebbe causato una serie di terremoti, carestie e altri eventi luttuosi, diventando uno degli spauracchi[6] più celebri della storia nipponica.

Per secoli l'aristocrazia di Kyōto si era vantata dell'alto grado di civiltà della capitale. Ma le decapitazioni seguite alla rivolta costituivano il segno più evidente di un drastico cambiamento

6. Nel testo originale troviamo il termine *bogeyman*, cioè «uomo nero», «ba-bau». [N.d.T.]

nei costumi. Per gli ultimi tre secoli e mezzo i cortigiani erano andati orgogliosi del carattere pacifico della loro città: nessuno era stato giustiziato a Kyōto dai tempi del fallito colpo di Stato dell'imperatore «a riposo» Heizei, nell'810. Adesso, invece, i pochi sostenitori di Sutoku ancora in vita dovettero salire sul patibolo, e talvolta furono obbligati a giustiziarli i loro stessi parenti.

Al riguardo, il caso più infame ebbe come protagonista Yoshitomo, un uomo del clan Minamoto, al quale fu ordinato di decapitare suo padre. Dato che gli mancava il coraggio di farlo, fu uno dei suoi luogotenenti a incaricarsene, per evitare che un Minamoto morisse per mano di un Taira. Dopodiché, in segno di contrizione, si tolse la vita.

Questo non è il primo caso di suicidio che si rinviene nelle cronache dei samurai, tantomeno durante la Ribellione di Hōgen. Tuttavia, fu nel corso di questa rivolta che apparve per la prima volta un preciso modo di togliersi la vita. La cultura dei samurai aveva già iniziato ad acquisire nuovi tratti distintivi, tra i quali la tendenza a indossare armature appariscenti, caratterizzate da simboli vistosi e colori specifici, così da rendere nota l'identità dei loro proprietari. Gli elmi dei samurai, in particolare, divennero presto famosi per i loro ornamenti ostentati, che comprendevano, tra le altre cose, giganteschi gusci di lumaca, ali d'insetto, corna di diavoli o di animali, raggi di sole e orecchie di coniglio. La classe guerriera cominciò a strutturarsi in una rigida gerarchia interna, basata sul coraggio e la bravura in battaglia, nonché sulla fama acquisita grazie a quelle doti. La panoplia di un samurai comunicava un messaggio preciso, con più di una sfumatura di fanatismo: il suo proprietario sarebbe sempre andato all'attacco e non si sarebbe mai ritirato di fronte al nemico.

Talvolta, però, la vittoria era impossibile. Il samurai poteva essere circondato dagli avversari, senza alcuna via di scampo. Poteva perdere le proprie armi nel corso della battaglia. Poteva cadere nelle mani del nemico, che poi lo avrebbe usato come ostaggio o merce di scambio; oppure lo avrebbe torturato per estorcergli informazioni. Ancora, come nel caso del luogotenente di Yoshimoto, poteva ritrovarsi faccia a faccia con una situazione estrema, dove la fedeltà al proprio signore avrebbe comunque significato la propria morte. In tutti questi casi al samurai restava una sola possibilità: togliersi volontariamente la vita, ma non tagliandosi la gola o buttandosi da un balcone, come facevano le donne in cerca di una morte rapida. Al contrario, il samurai doveva suicidarsi nel modo più doloroso possibile: squarciandosi l'addome – che per i giapponesi era la sede dell'anima – come segno del suo coraggio e della sua forza interiore. Fare *seppuku* (o, più volgarmente, *hara kiri*) significava sopportare una lunga agonia. Non vi erano cure; solo una morte terribilmente lenta. Questo rituale comprendeva anche una clausola per i servitori del suicida, che erano autorizzati ad abbreviare le sue sofferenze decapitandolo.

Nel corso degli anni il *seppuku* avrebbe assunto una nuova veste. Il samurai avrebbe indossato un kimono bianco, simbolo di morte e di purezza. Avrebbe composto un'ultima poesia, dove anche le sue maledizioni sarebbero state espresse in forma elegante. La natura dell'atto sarebbe diventata deliberatamente crudele, con quattro tagli lungo i muscoli addominali. La parola *shi*, che significa appunto «quattro», sarebbe diventata sinonimo di morte, come pure di incredibile determinazione nel togliersi la vita. Il *seppuku* era nato come una forma di compromesso sul campo di battaglia; l'ultima risorsa per uomini assediati in castelli in fiamme, risoluti a non arrendersi a nemici che li avrebbero torturati e umiliati. Ma una volta radicato nella tradizione, il suicidio rituale divenne un mezzo per esprimere il proprio pentimento o la propria protesta. Tramontato con l'epoca dei samurai, sarebbe occasionalmente ricomparso nei secoli successivi.

Per quanto possa turbare la sensibilità moderna, occorre tenere presente che le credenze religiose giocavano un ruolo importante. Il buddhismo, ormai egemone, veniva spesso interpretato in senso nichilista. I giapponesi avevano abbracciato l'idea che «tutta la vita è sofferenza»[7] con un sentimento incline alla poesia e a una sobria tristezza, unito all'impressione che il mondo stesse ormai per finire. Alcuni sutra sostenevano che l'insegnamento del Buddha, dopo essere apparso e aver raggiunto il suo apice, sarebbe scomparso nell'oblio: cinquecento anni di lotta per emergere, un migliaio di anni per diffondersi, e altri cinque secoli per decadere irreversibilmente. Secondo molti il Giappone si trovava proprio in quest'ultima fase, quella degli «Ultimi giorni della Legge» (*mappō*). Qualunque atrocità, disgrazia o calamità naturale poteva essere letta come un'ulteriore riprova che la dottrina buddhista era sotto attacco, e necessitava disperatamente di essere difesa, con qualsiasi mezzo e a qualunque costo.

Una particolare setta buddhista, l'Essenza della Terra Pura (*Jōdo Shinshū*), guadagnò molto terreno nel Giappone medievale. Questo indirizzo considerava i problemi che affliggevano il paese come l'ennesima manifestazione degli «Ultimi giorni della Legge», nei quali era quasi impossibile mettere in pratica i veri insegnamenti dell'Illuminato. La gente era intrappolata

7. Qui l'Autore allude alla prima delle cosiddette «Quattro nobili verità» del Buddha, cioè la verità del dolore che permea l'esistenza di ciascuna creatura vivente. [N.d.T.]

nei cicli di morte e rinascita, mangiava carne, beveva liquori, fornicava, cercava di allontanare in qualunque modo lo spettro della fine del mondo, dimenticandosi che l'unica vera salvezza, in quelle condizioni, consisteva nel rivolgere costantemente il pensiero al Buddha. Secondo il buddhismo della Terra Pura, dunque, occorreva recitare il più spesso possibile la formula *Namu AmidaButsu* («Prendo rifugio nel Buddha Amida»), unico antidoto ai mali del mondo. Cosa ancora più importante, il buddhismo della Terra Pura offriva a tutti la possibilità di rinascere nel paradiso buddhista: non solo ai monaci o ai benestanti in grado di offrire all'Illuminato ricchi doni votivi, ma a tutti, persino ai guerrieri.

Senza dubbio il buddhismo condannava con forza l'uccisione di qualsiasi creatura vivente. Nel *Brahmajāla Sūtra* o *Sūtra della rete di Brahmā*, risalente al V secolo, si può leggere: «Un discepolo del Buddha non dovrebbe possedere spade, lance, archi, frecce, picche, asce, o qualunque altro tipo di arma. Persino se vostro padre o vostra madre venissero uccisi, non dovreste reagire con violenza».

Tuttavia fu il buddhismo zen, proveniente dal tempio cinese di Shaolin, a guadagnarsi un grande seguito tra i samurai. Sì, l'atto di uccidere generava certamente cattivo karma. Eppure, come bisognava comportarsi quando la difesa del bene non poteva prescindere dal ricorso alla violenza? Qual era il giusto atteggiamento da tenere, quando qualcuno cercava di assassinare il tuo signore? In casi come questi non si trattava tanto di scongiurare il cattivo karma, quanto di perseguire il male minore.

Lo Zen raccolse molti seguaci tra la classe guerriera nipponica, in parte perché i suoi maestri avevano l'abitudine di liquidare le questioni filosofiche con battute apparentemente sprezzanti. In realtà, vi era molto di più sotto il profilo dottrinale, ma la natura di certe parabole zen, come pure le sue pratiche meditative, sembravano prestarsi molto bene all'anti-intellettualismo. Il maestro cinese Línjì Yìxuán[8], ad esempio, era solito affermare: «Se lungo la strada incontri il Buddha, uccidilo». Detto in altro modo, il praticante zen doveva sforzarsi di rimettere in discussione qualunque certezza acquisita, rifuggendo dai luoghi comuni e dalla fede religiosa fine a se stessa. Ma i samurai equivocarono questa esortazione, interpretandola come un invito al nichilismo sul campo di battaglia.

Bisogna fare molta attenzione quando si affronta il tema dei monaci buddhisti nel Giappone medievale. Si è già visto, ad esempio, come certi imperatori «a riposo», pur rasandosi la nuca e governando «dal chiostro», non rinunciassero a molte abitudini della loro vita precedente, comprese le relazioni sessuali. Si è pure visto come i proprietari terrieri più scaltri ricorressero al trucco di «donare» le proprie terre a un monastero buddhista, così da eludere il pagamento delle imposte.

Considerando i sotterfugi presenti a tutti i livelli della vita religiosa, non desta quindi sorpresa che esistesse un'intera classe di monaci buddhisti disposti a difendere i loro interessi con le armi. E non era neppure insolito che, in caso di necessità, i templi ricorressero a milizie mercenarie.

Malgrado l'elogio della non violenza che accomunava tutti gli indirizzi buddhisti, Zen compreso, i samurai finirono per considerare quest'ultimo come un credo marziale. Alcuni monasteri di dubbia origine, fondati sostanzialmente per evadere le tasse, presero a offrire preghiere per l'anima dei guerrieri che avevano ucciso nel nome della giustizia. Sebbene non paragonabile alla vendita delle indulgenze che imperversava in Europa, questa

8. In giapponese, *Rinzai Gigen*. [N.d.T.]

pratica incoraggiò la crescita di una classe guerriera che trovava nei dettami religiosi la propria *legittimazione* a combattere.

Fu all'epoca delle guerre tra i Taira e i Minamoto che il buddhismo zen cominciò a prendere piede in Giappone, grazie soprattutto ai monaci di ritorno dalla Cina. Si trattava di un indirizzo che poneva un forte accento sull'autonomia della mente e l'indipendenza dello spirito. Portato in Cina dal semi leggendario Bodhidharma, lo Zen era un insegnamento «al di fuori delle scritture», che tendeva ad accantonare lo studio dei sutra in favore della spontaneità, dell'intuizione e dell'azione diretta. Il praticante doveva sforzarsi di raggiungere il *satori*, l'illuminazione definitiva, senza farsi distrarre da alcunché, neppure dall'apparato cultuale della sua stessa religione. La versione introdotta nell'arcipelago dal monaco Eisai (1145-1215) fece leva su aforismi illogici, intesi a liberare il discepolo dalle gabbie del pensiero convenzionale. Conosciute in giapponese come *kōan*, queste massime paradossali diventarono il segno distintivo di molte scuole zen. Lo studente era chiamato a rispondere a domande del tipo: «Qual è il suono dell'applauso di una mano sola?», oppure: «Qual era il tuo volto originario prima che tu nascessi?».

Alcune sette successive al conflitto Taira-Minamoto avrebbero sviluppato nuovi metodi, tra i quali lo *zazen*, «meditazione da seduti» (a gambe incrociate e di fronte a un muro) lasciando scorrere i propri pensieri senza inseguirli, fino a fare esperienza del sostanziale non-dualismo tra se stessi e la realtà. Questo approccio era particolarmente apprezzato dai samurai, che amavano l'idea che non vi fosse alcuna differenza tra la vita e la morte, ma solo il tenace perseguimento della propria missione.

Nelle mani dei samurai, il buddhismo – soprattutto quello zen – si trasformò ben presto in un elaborato gioco di morte, in cui i partecipanti bilanciavano il rischio di un cattivo karma con i meriti derivanti dalla fedeltà al loro signore. Col frazionarsi e l'evolversi del buddhismo in Giappone, molte sette cominciarono a offrire ai samurai la possibilità di cancellare le loro cattive azioni attraverso lasciti e penitenze, così da propiziarsi una buona rinascita. I guerrieri dell'epoca credevano che il rapporto tra signore e vassallo fosse destinato a durare per almeno tre esistenze. Morire bene in questa vita significava garantirsi una posizione sociale più elevata in quella successiva. Morire male, o con disonore, significava precludersi la rinascita come samurai e tornare al mondo come donna, contadino o animale. Nel periodo caotico del Giappone medievale, con le sue molteplici alternanze di potere e le innumerevoli guerre senza scopo, la «buona morte» diventò uno degli obiettivi principali della vita dei samurai.

Quale fu il risultato di tutto questo? Ricordando le prime righe del *Racconto della famiglia Taira*, si potrebbe rispondere che tutto è stato fatto per niente, o quantomeno niente che potesse sopravvivere allo scorrere del tempo. Go-Shirakawa, l'imperatore regnante nel cui nome così tanti avevano combattuto ed erano morti, si sarebbe seduto sul trono per soli due anni, prima di abdicare in favore del figlio adolescente, il settantottesimo imperatore, Nijō (1143-1165).

Peraltro, Go-Shirakawa sarebbe rimasto il principale attore dietro le quinte per altri trent'anni, accompagnando i regni travagliati di ben cinque successori. La sua diabolica astuzia gli avrebbe procurato due soprannomi significativi: «Grande Corvo Infernale» (Dai Tengu) e «Signore Ombra» (Anshu). Vi erano però sentimenti contrastanti tra i suoi sostenitori. Taira no Kiyomori (1118-1181), il baffuto e astuto cortigiano che mediava gli assetti di potere alle spalle del trono, ricevette un'impressionante promozione e la proprietà di un feudo sulla costa. Minamoto no Yoshitomo, che si era impegnato in prima persona in un conflitto che aveva condotto alla morte i suoi parenti – talvolta tra le sue stesse braccia – ottenne invece assai di meno. Per quanto riguardava la corte, era solo un fedele servitore meritevole di un titolo nobiliare. Yoshitomo sapeva che Kiyomori si stava facendo strada grazie alla sua ostinazione, e che, una volta tornata la pace, i cortigiani si sarebbero ricordati all'improvviso di quanto disprezzassero i samurai.

I Fujiwara, nel frattempo, erano tornati con successo ai loro vecchi maneggi, assicurandosi che il nuovo imperatore si unisse in matrimonio con una ragazza del loro clan. La candidata prescelta era stata in precedenza la sposa-bambina del cagionevole imperatore Konoe, zio del suo nuovo marito. Kiyomori fece in modo che una delle sue figlie si sposasse con il primo ministro del nuovo sovrano, nonostante Yoshitomo sostenesse che costui meritava di meglio.

Nel gennaio del 1159 Yoshitomo passò all'azione, aspettando che Kiyomori e il suo seguito si allontanassero per un pellegrinaggio. I suoi uomini presero in ostaggio sia l'imperatore Nijō che suo padre Go-Shirakawa, obbligandoli a sostituire molti ministri con funzionari favorevoli al clan Minamoto.

Il Giappone aveva già vissuto una serie di colpi di Stato, ma stavolta la situazione si sarebbe sviluppata in modo diverso rispetto agli episodi precedenti. Di solito la parte soccombente avrebbe cercato una rivincita nelle province, appoggiandosi al suo potere locale. Ma Kiyomori sapeva benissimo come sarebbe andata a finire in quel caso: lontani dalla capitale, i promotori di simili iniziative sarebbero stati dichiarati «ribelli», spingendo tutti i samurai lealisti a prendere le armi contro di loro. L'avversario di Yoshimoto non ignorava che quella storia si era già ripetuta, ed era risoluto a non farne le spese. Così, anziché precipitarsi sulla costa del mare interno, tornò di volata a Kyōto, sfidando i suoi nemici a fare la loro mossa.

Per agire, Kiyomori e i suoi samurai del clan Taira dovevano necessariamente aspettare che i relativi ordini fossero emanati «nel nome dell'imperatore» – i samurai non si erano ancora spinti al punto da interpretare a loro piacimento le direttive del sovrano, arrivando persino a immaginarle o ad anticiparle. Così, per una decina di giorni, la capitale visse in un'atmosfera sospesa, tra incontri al vertice e un andirivieni di messaggeri, mentre un considerevole numero di samurai era già pronto a scendere in campo. Quattro anni prima, le truppe schierate si erano contate a centinaia; ora, a quanto pare, ce n'erano migliaia.

Fu un sotterfugio a rompere lo stallo. Dopo essersi infiltrati nello schieramento nemico, due aristocratici riuscirono a raggiungere il giovane Nijō e a fargli indossare vesti femminili, per poi sgattaiolare via verso i quartieri in mano a Kiyomori, complice un incendio convenientemente appiccato al palazzo imperiale. Quanto a Go-Shirakawa, fu ancora più audace, visto che si allontanò a cavallo nei panni di un semplice popolano.

A quel punto il potere si spostò ancora una volta. L'imperatore Nijō rese noto un nuovo proclama, in cui citava la casa di Kiyomori come il «nuovo palazzo». Il vero scopo dell'editto, in realtà, era quello di mettere fuori legge chiunque si trovasse ancora nella vecchia residenza imperiale. Tremila cavalieri Taira, con l'appoggio di altrettanti soldati a piedi, stavano già marciando sull'ex palazzo del sovrano, aprendosi la strada con le armi. Gli obiettivi delle due fazioni contrapposte erano chiari: i Taira volevano stanare e liquidare i Minamoto, mentre questi ultimi intendevano ricacciare i Taira nella zona controllata da Kiyomori. A ogni modo, l'unica speranza di sopravvivenza per

Yoshitomo consisteva nel riprendere in mano l'iniziativa prima che l'imperatore lo dichiarasse ufficialmente nemico di Stato.

Ma era troppo tardi. Mentre infuriava una tempesta di neve, Yoshitomo, irrimediabilmente sconfitto dall'astuzia di Kiyomori, non poté fare altro che darsi alla fuga, mettendosi a capo di uno sparuto gruppo di samurai in una sanguinosa ritirata. Pochi di loro resistettero più di qualche giorno, dovendo oltretutto affrontare il tradimento dei loro stessi alleati. Quanto a Yoshitomo, venne assassinato mentre faceva il bagno in una casa che riteneva sicura.

La ventenne Tokiwa, l'ultima compagna di Yoshitomo, fuggì in un'altra direzione con i suoi tre bambini, tenendone due per mano e nascondendo il terzo – un neonato di pochi giorni – sotto le proprie vesti. Catturata di lì a poco, la ragazza venne condotta al cospetto di Kiyomori, che la informò della disfatta dei Minamoto, facendole tuttavia un'offerta che non avrebbe potuto rifiutare: i suoi tre figli sarebbero stati risparmiati, purché lei acconsentisse a inviarli in un monastero... e accettasse di diventare la sua concubina.

I Taira erano sconvolti all'idea che Kiyomori potesse anche solo considerare una simile soluzione. La sua matrigna gli disse che i figli di Yoshimoto sarebbero sicuramente cresciuti con la brama di vendicare la caduta del loro clan. Ma Kiyomori era convinto che i Minamoto, ormai in disgrazia completa, non avrebbero più rappresentato un problema. Impossessarsi della donna del loro capo era stato l'insulto finale.

Tokiwa visse per altri trent'anni, anche se il suo nuovo padrone si stancò presto di lei, cedendola in sposa a un cortigiano Fujiwara. Quanto a Kiyomori, riuscì a realizzare tutti i suoi obiettivi, e nel 1160 fu il primo samurai a essere nominato primo ministro. Non molto tempo dopo, sua cognata attrasse l'attenzione di Go-Shirakawa. Rimasta presto incinta, la donna convinse l'imperatore «a riposo» che il frutto della loro unione sarebbe stato il prossimo sovrano-bambino, e come tale, avrebbe avuto bisogno di un reggente. Il figlio di Go-Shirakawa e della cognata di Kiyomori fu incoronato imperatore Takakura nel 1168. Più tardi avrebbe sposato la figlia di Kiyomori. Quest'ultimo si ritirò da ogni incarico pubblico, accontentandosi del suo prestigio e rifiutando qualunque responsabilità istituzionale. Del resto, cosa mai avrebbe potuto andare storto a quel punto?

In realtà le cose avevano *già* iniziato ad andare storte, per la precisione durante una cupa notte di neve, quando Fujiwara Motofusa, reggente dell'imperatore Takakura, si era ritrovato con un gruppo di giovanissimi samurai a sbarrargli la strada. La scorta del reggente aveva intimato loro di farsi da parte, ma questi, che stavano festeggiando una battuta di caccia col falco, avevano risposto a male parole. In preda all'ira, gli uomini di Motofusa li avevano trascinati giù dai cavalli, dando loro una lezione. Il capo dei samurai – uno dei tanti nipoti di Kiyomori – era così tornato a casa, raccontando a suo padre, tra un piagnucolio e l'altro, cosa era accaduto.

Ligio all'etichetta di corte, il genitore del giovane samurai si era subito scusato col reggente, ma questo gesto non era bastato a Kiyomori, che aveva radunato sessanta guerrieri a lui fedeli, dando loro l'ordine di vendicare l'insulto subìto da suo nipote. Costoro erano rimasti in attesa del seguito del reggente, per poi tendergli un'imboscata lungo la strada, distruggere le sue carrozze e umiliare i suoi uomini di scorta tagliando loro i capelli. Motofusa era giunto a palazzo su una carretta trascinata da un servitore, visto che gli aggressori avevano liberato i buoi.

In seguito il nipote di Kiyomori era stato opportunamente spedito in provincia, mentre gli autori della spedizione punitiva avevano perso i loro incarichi. Ma questo incidente aveva accresciuto l'inimicizia tra Kiyomori e i Fujiwara. Le nozze dell'imperatore Takakura con la figlia quindicenne di Kiyomori furono celebrate solo pochi giorni più tardi. Anche se quell'unione avrebbe generato il futuro imperatore Antoku, venuto al mondo nel 1178, quella nascita avvenne in un'atmosfera di risentimento.

L'imperatore-bambino Antoku rappresentò non solo il culmine dei disegni politici di Kiyomori, ma anche il germe della sua caduta. Dopo essere stati privati del titolo imperiale, i Taira erano ora in procinto di dare al Giappone il prossimo sovrano. Insediando Antoku sul trono, Kiyomori si inimicò per sempre l'imperatore «a riposo» Go-Shirakawa, che comunque era un politico troppo astuto per protestare a voce alta. Questi, tuttavia, spinse suo figlio, il principe Mochihito, a proclamare Antoku un usurpatore, mentre *lui*, Mochihito, era l'erede legittimo. Di conseguenza, qualunque samurai col senso della giustizia avrebbe dovuto schierarsi dalla sua parte.

Mochihito poté contare su pochi sostenitori e trascorse da fuggitivo il resto della sua breve vita, protetto da un piccolo gruppo di seguaci e «monaci guerrieri» (tra i quali alcuni Minamoto, che avevano preso i voti per evitare la persecuzione dei Taira), e costantemente inseguito dai samurai del clan vincente. Finché un giorno, mentre attraversava il ponte sull'Uji, alle porte di Kyōto, cadde da cavallo sei volte. I suoi uomini strapparono le assi del ponte per ritardare l'inseguimento dei Taira; dopodiché requisirono il vicino Byōdō-in (il tempio in cui si trova la Sala della Fenice), così che Mochihito potesse riposarsi.

Sfortunatamente quella sosta si rivelò fatale. I samurai nemici si precipitarono nelle acque impetuose del fiume. La corrente trascinò via 200 uomini con i loro cavalli; ciononostante molti guerrieri riuscirono a raggiungere la riva opposta. Un samurai, il monaco combattente Jōmyō, si lanciò in uno spericolato assalto attraverso le impalcature del ponte. Secondo *Il racconto della famiglia Taira*, raggiunse rapidamente l'altro capo e scagliò tutte le ventiquattro frecce della sua faretra, uccidendo dodici uomini e ferendone undici – solo una freccia non andò a segno. Non pago, afferrò la sua lancia e uccise altri cinque uomini, prima che questa si spezzasse. Quindi sfoderò la sua spada e liquidò altri otto avversari, prima che la lama si spaccasse sull'elmo dell'ennesimo nemico e cadesse nel fiume. Allora Jōmyō sguainò il suo pugnale e… A questo punto, persino il testo perde il conto delle vittime, salvo tornare a occuparsi del monaco guerriero subito dopo la conclusione dello scontro, rivelandoci che la sua corazza mostrava i segni di sessantatré frecce, cinque delle quali avevano perforato il cuoio, senza peraltro fare molto danno.

Ben presto i samurai dei Taira raggiunsero il Byōdō-in. Quasi tutti i Minamoto fedeli a Mochihito scelsero di resistere a oltranza, sacrificandosi per permettere al principe di fuggire. Al riguardo, *Il racconto della famiglia Taira* descrive nei dettagli l'eroismo degli assediati e il loro suicidio finale. Nonostante ciò, almeno un samurai rimase in vita per combattere un altro giorno. Il monaco guerriero Tayū Genkaku riuscì ad aprirsi la strada verso il ponte; dopodiché si tuffò nel fiume, toccando il fondo con la sua armatura pesante prima di riemergere sulla riva più vicina a Kyōto. Mentre lanciava insulti contro i suoi nemici, Genkaku, bagnato zuppo, si diresse zoppicando alla volta della capitale.

Ma fu tutto inutile. Tremante fra le erbacce di un fossato, il fratello adottivo di Mochihito vide le truppe dei Taira che tornavano a casa, trasportando il corpo decapitato del principe su un telaio. Quella sera, la testa di Mochihito, assieme a quelle di 500 tra i suoi sostenitori, fu portata alla residenza di Kiyomori, dove le celebrazioni per la vittoria furono però guastate dal fatto che nessuno era in grado di riconoscerla.

Mochihito aveva vissuto per anni come recluso in un palazzo lontano da Kyōto, con l'unica compagnia di seguaci che ora erano morti. Di conseguenza i vincitori non sapevano quale fosse il suo aspetto. Così, trascorsero alcune ore inconcludenti, mentre i Taira setacciavano la capitale alla ricerca di qualcuno che potesse identificare i resti. Alla fine si imbatterono nella madre di uno dei figli di Mochihito. Trascinata al cospetto di Kiyomori, la sua reazione sconvolta confermò che si trattava proprio della testa del principe.

Contrariamente alle aspettative, la scomparsa del pretendente non mise fine alla ribellione. Nonostante si ostinasse a ripetere che Mochihito era morto, Kiyomori doveva ancora fare i conti con un'armata Minamoto che si stava costituendo a est. Ormai adulti, i tre figli di Tokiwa (un tempo amante di Yoshitomo) si erano uniti in matrimonio con donne dell'aristocrazia del Kantō e non vedevano l'ora di potersi vendicare. Inoltre un loro cugino chiamato Yoshinaka era stato adottato dal clan Kiso, e questo gli aveva permesso di scampare alla persecuzione dei Taira, visto che ufficialmente non apparteneva più ai Minamoto. Ciononostante non si era mai dimenticato di loro.

Kiyomori non visse abbastanza per vedere la fine delle sue manovre. Ormai sulla sessantina e costretto a letto, morì nel 1181, mentre le truppe dei Minamoto avanzavano verso la capitale, e l'imperatore Antoku, suo nipote, tentava di rifugiarsi nel territorio natale dei Taira, lungo la costa del mare interno.

I Minamoto entrarono in forze a Kyōto, dove ricevettero il benvenuto dell'intrigante imperatore «a riposo» Go-Shirakawa. Sebbene Antoku fosse ancora in fuga con le sacre insegne imperiali – lo specchio, la spada e il gioiello – gli avversari dei Taira diffusero subito la voce che aveva abdicato e che il suo fratellastro, Go-Toba (1180-1239), figlio di una Fujiwara, era il nuovo sovrano. Nelle battaglie che seguirono, i Minamoto non diedero tregua ai Taira fino al risolutivo scontro navale di Dan-no-ura, nel 1185. Malgrado l'inferiorità numerica delle loro navi, i primi riuscirono ad avere la meglio sulla flotta dei secondi.

Consapevoli che tutto era perduto, gli ultimi Taira si gettarono in mare con le loro armature pesanti, andando immediatamente a fondo. La vedova di Kiyomori, Tokiko, si rivolse al nipote di sei anni, l'imperatore-bambino Antoku, dicendogli di dirigere le sue preghiere a est, verso il santuario shintoista di Ise, e a ovest, verso la terra natale del Buddha. «Adesso la nostra capitale si trova sotto le onde», aggiunse poi. Quindi, abbracciando Antoku e tenendo stretta l'antica spada Kusanagi, si lasciò cadere in acqua.

Il conflitto tra i Taira e i Minamoto si era così concluso, con quasi tutti i Taira spazzati via dalla capitale. Da allora in poi i pochi superstiti del clan – tra i quali la madre di Antoku, che alcuni marinai avevano estratto dai flutti prendendola letteralmente per i capelli – avrebbero condotto un'esistenza stentata come pescatori o seguaci di un culto religioso. Lo specchio e il gioiello sacro vennero recuperati dal fondo marino – stando almeno alla versione ufficiale – mentre la spada Kusanagi non fu mai più trovata. In proposito persino oggi le autorità giapponesi rimangono deliberatamente sul vago: anche se una spada fa ancora parte delle insegne imperiali, quella esibita nel 1989 durante l'incoronazione dell'imperatore Heisei era probabilmente un duplicato.

I Minamoto avevano distrutto la famiglia rivale, eppure la loro vittoria – come qualunque altro evento narrato nel *Racconto della famiglia Taira* – non servì a nulla. In seguito, i membri del clan presero a rivoltarsi l'uno contro l'altro, quando il figlio maggiore di Yoshitomo, Yoritomo, diede libero sfogo al suo risentimento nei confronti del fratellastro Yoshitsune, che si era rivelato determinante in molte delle vittorie dei Minamoto contro i Taira. Grattandosi il mento, Yoritomo studiava le mappe nel suo lontano quartier generale di Kamakura, una fortezza scelta per ragioni strategiche, visto che ci si poteva arrivare da sette strade diverse, ciascuna con un valico montano facilmente difendibile. Tuttavia era Yoshitsune a combattere in prima linea, spesso contro il volere dei generali Minamoto, ma portato in palmo di mano dai suoi uomini.

Yoshitsune è un'altra figura iconica della storia giapponese; un personaggio la cui biografia si presta bene alla leggenda. Dal suo esordio sulla scena delle vicende nipponiche, mentre sua madre fuggiva durante una tormenta di neve nascondendolo sotto le vesti, fino al suo mitico tirocinio presso i demoni-corvo sulle colline fuori Kyōto, Yoshitsune si è guadagnato nell'immaginario nipponico un ruolo di primo piano che non è mai venuto meno, come dimostrano le innumerevoli opere drammaturgiche, letterarie e cinematografiche che lo vedono protagonista. Fu lui, secondo la leggenda, a sconfiggere il monaco guerriero Benkei sul ponte di Gojō, nei pressi della capitale; a sedurre la figlia di un nobiluomo solo per poter leggere la copia di un antico manuale strategico cinese che questi conservava; a guidare una spericolata carica di cavalleria giù per una scogliera a Ichinotami, nel tentativo, riuscito, di sorprendere il nemico alle spalle. E fu sempre Yoshitsune ad accendere fuochi nel lato rivolto verso terra del campo avversario, impossessandosi delle navi dei Taira e poi sconfiggendoli nello scontro decisivo a Dan-no-ura.

Yoritomo non sopportava che il fratellastro si stesse guadagnando una tale fama. Sembrava trovare difetti in ogni sua vittoria, lo criticava per vicende del tutto secondarie come certe fughe di prigionieri, e, viceversa, si rifiutava di elogiarlo per l'efficacia delle sue strategie. Yoshitsune era persino riuscito a incantare l'imperatore «a riposo» Go-Shirakawa, anche se Yoritomo considerava quell'amicizia soltanto l'ennesima prova della sua scaltrezza. Convinto che il fratellastro stesse progettando di tradirlo, ordinò il suo arresto, ponendo fine alla guerra con un tragico finale. Così il sommo generale dei Minamoto divenne un fuggitivo verso nord, inseguito dalla sua stessa famiglia.

Yoshitsune venne braccato e infine ucciso; i suoi seguaci e suo figlio andarono incontro a una sorte analoga, in modo che Yoritomo, a quel punto, potesse sentirsi al sicuro. La «simpatia per il perdente» (*hōgan biiki*) rimane ancora oggi il termine giapponese per esprimere apprezzamento nei riguardi dello sconfitto. Yoritomo ingrandì i suoi possedimenti, già di tutto rispetto, aggiungendovi le terre dei vassalli dei Minamoto e più di 500 proprietà appartenute ai Taira. La sua ricchezza, tuttavia, lo trasformò agli occhi della corte in un possibile nemico, anche perché il sovrano non poteva più contare su alleati che lo aiutassero militarmente in caso di necessità.

Con la corte in mano ai Minamoto, e la scomparsa nel 1192 dell'astuto Go-Shirakawa, il nipote di questi, cioè l'imperatore-bambino Go-Toba, si lasciò facilmente convincere della necessità di difendere il regno da qualunque minaccia interna potesse apparire all'orizzonte. Fu così che il sovrano promosse Yoritomo al rango di Shōgun. Nonostante l'arcaico titolo di «repressore di barbari» fosse ancora in uso, Yoritomo, che era assai più di un autocrate nominato dal governo, impose all'arcipelago – naturalmente nel nome dell'imperatore – il cosiddetto stato di legge marziale. Questo termine, che sarebbe stato usato dai suoi successori per altri sette secoli, implicava il carattere provvisorio della misura, che sarebbe rimasta in vigore solo il tempo necessario a ristabilire la situazione. Le autorità amministrative cominciarono a essere chiamate *bakufu* (letteralmente, «governo della tenda»), un nome che traeva origine dal paravento (*baku*) dietro il quale i capi samurai si nascondevano dagli arcieri nemici mentre discutevano il prosieguo della battaglia.

Nonostante il loro trionfo finale, i Minamoto avevano subìto perdite pesanti durante la guerra contro i Taira; una situazione che peggiorò ulteriormente, una volta cessato il conflitto, a causa delle paranoiche epurazioni dello Shōgun. Governando il Giappone da Kamakura, Yoritomo divenne il primo rappresentante, appunto, dello shōgunato di Kamakura, che avrebbe amministrato il paese (in nome dell'imperatore) per i futuri 200 anni, anche se non va dimenticato che quasi tutte le imprese militari alle quali si era dedicato erano state finanziate da suo suocero Tokimasa, capo del clan Hōjō di Kamakura. Dopo la morte di Yoritomo nel 1199, i suoi figli furono rapidamente emarginati in favore di «reggenti» (*shikken*) nominati dagli Hōjō all'interno della loro stessa famiglia. Da quel momento in poi, furono costoro a detenere il potere autentico dello shōgunato di Kamakura, mentre i Minamoto scomparivano in un vortice di omicidi e accoltellamenti – il figlio di Yoritomo, lo shōgun Sanetomo, cadde sotto i colpi del suo stesso nipote, che poi fu giustiziato per l'omicidio, decretando così la scomparsa dei Minamoto, mentre i fantasmi dei Taira se la ridevano dal fondo del mare.

Ma quale tipo di disordini si aspettava lo shōgunato di Kamakura? Sembra che i problemi più grandi provenissero quasi sempre dalla stessa famiglia imperiale, i cui membri non gradivano che i loro comandanti li usassero come marionette. Incoronato dai Minamoto nel 1183, a conflitto contro i Taira ancora in corso, l'ottantaduesimo imperatore del Giappone, Go-Toba (che all'epoca del suo insediamento aveva tre anni), fu costretto ad abdicare nel 1198, ma rimase sconvenientemente in vita per altri quarantun anni, mentre i suoi figli venivano spinti sul trono e poi destituiti, mere pedine in balìa dei giochi di potere dello shōgunato.

Nel 1221 Go-Toba fece la sua mossa. Senza aspettare che gli shōgun raccomandassero il loro candidato, insediò sul trono un suo nipote di due anni, invitando tutti i samurai più importanti della provincia di Kyōto ad assistere all'incoronazione.

Era una strategia brillante. Chiunque avesse accettato l'invito, avrebbe dimostrato chiaramente di voler sostenere Go-Toba nella sua opera di contenimento degli shōgun. Un signore di prima grandezza, che non si era fatto vedere, morì di lì a poco in circostanze sospette: manifestando la sua contrarietà alla politica di Go-Toba, anche solo per un momento, aveva firmato la propria condanna a morte. Tutti gli altri furono pronti ad ascoltare il nuovo proclama di Go-Toba, nello stesso stile dei suoi sfortunati predecessori: tutti i sudditi fedeli all'imperatore e alla corte dovevano sollevarsi contro gli usurpatori di Kamakura. I membri del clan Hōjō furono ufficialmente dichiarati fuorilegge e i samurai della regione di Kyōto cominciarono ad affollarsi sotto le insegne di Go-Toba.

O forse non esattamente ad affollarsi, visto che la maggioranza dei guerrieri giapponesi preferì scendere in campo a sostegno dei cosiddetti fuorilegge. Hōjō Masako, la vedova di Yoritomo, riuscì a raccogliere truppe ricordando ai soldati i benefici di cui avevano goduto sotto il *bakufu*. Masako sottolineò con forza che quello era un punto di svolta nella storia dell'arcipelago. I samurai avrebbero potuto scegliere se restare padroni del proprio destino o tornare ai giorni in cui erano semplici pupazzi nelle mani della corte. Doveva essere una bizzarra figura, quella che si rivolgeva ai guerrieri. Portava il cranio rasato, come d'uso per le vedove, e per questo i samurai l'avevano soprannominata *ama-shōgun*, la Monaca Shōgun.

Un'armata Kamakura marciò su Kyōto, mietendo un successo dopo l'altro contro i pochi seguaci di Go-Toba. Quest'ultimo si recò dai monaci guerrieri del vicino monte Hiei, supplicando il loro aiuto. Ma costoro, riluttanti ad affrontare le forze dello shōgunato, rifiutarono di concederglielo. Le forze imperiali organizzarono un'ultima resistenza al ponte sull'Uji, prima di cedere le armi e darsi alla fuga. Le truppe Kamakura occuparono la capitale, mentre Go-Toba e i suoi figli «a riposo» venivano esiliati su isole lontane. Quanto al suo giovanissimo nipote, diventò noto come «l'imperatore detronizzato», giacché era rimasto al potere per soli due mesi, il regno più breve della storia nipponica. Questo effimero sovrano non fu compreso nell'elenco ufficiale degli imperatori fino al XIX secolo.

La sconfitta del tentativo di restaurazione imperiale da parte di Go-Toba giocò a favore dello shōgunato, permettendogli la confisca di tremila proprietà utili a comprarsi il favore dei samurai e assicurando al paese una relativa stabilità per due generazioni, fino agli ultimi decenni del XIII secolo, quando la conquista mongola della Cina sembrò preludere a un'invasione dell'arcipelago.

LE CENERI DELLA VITTORIA: GLI STATI COMBATTENTI

5

Redatto dalla nobildonna Nijō, il *Diario di una concubina imperiale* (*Towazugatari*)[9] inizia con il ricordo del primo giorno dell'anno 1271, quando l'imperatore «a riposo» Go-Fukakusa si appartò con il padre della ragazza per una conversazione a bassa voce. Appena tredicenne, Nijō non capì perché i due parlassero sussurrando, né afferrò il significato delle parole di Go-Fukakusa, quando disse che ora desiderava «ciò a cui il mio cuore aspira da così tanto tempo».

Analogamente, la giovanissima nobildonna non sembrò comprendere il senso dei misteriosi regali che le giunsero poco dopo: un foglio di carta di riso e una veste di squisita fattura, accompagnati da una poesia in cui l'autore ammetteva lascivamente di voler «posare le mie maniche sulle tue».

Nijō aveva due pretendenti sconosciuti, e se pensava che uno di loro fosse il trentenne Go-Fukakusa, che aveva lasciato

9. *Towazugatari - Diario di una concubina imperiale*, edizione italiana a cura di Lydia Origlia, SE, Milano 2002. In giapponese *Towazugatari* significa «Confessione spontanea». [N.d.T.]

il trono quindici anni prima, faceva di tutto per non darlo a vedere. Le sue memorie, scritte decenni più tardi, insistono sul fatto che era innocente, incurante delle risatine e dei colpetti di gomito della sua famiglia, e un po' perplessa nei confronti dei concitati preparativi di suo padre, che si apprestava a ricevere una visita imperiale.

«Ricorda», le aveva detto, «una dama di corte è sempre gentile e obbediente».

Il che era sembrato assolutamente ovvio alla giovanissima Nijō.

Le sue stanze odoravano fortemente d'incenso, e quella sera lei scivolò nel sonno.

Svegliandosi si accorse che Go-Fukakusa era sdraiato al suo fianco. Nijō si levò dal letto per scappare, ma lui la trattenne e le disse una cosa inquietante, ovvero che aveva atteso quel momento da quando era nato. Quella notte Go-Fukakusa disse anche dell'altro, ma la ragazza non fece caso alle sue parole. Come in seguito avrebbe scritto nel suo diario, era «troppo sconvolta» per afferrarne il senso. L'unica cosa che poté fare fu di scoppiare a piangere.

Irritato da quell'atteggiamento, Go-Fukakusa si alzò dal giaciglio e se ne andò, borbottando che lei non ricambiava il suo amore ed era senza cuore. La loro amicizia, aggiunse in tono severo, si era rivelata completamente inutile. Tuttavia, Nijō doveva comportarsi come se non fosse successo nulla, per non dare alla gente l'occasione di spettegolare.

Non passò molto tempo prima che l'uomo le inviasse una poesia d'amore, un po' lamentosa e un po' aggressiva, in cui le confessava di poter ancora avvertire la scia del suo profumo. Visto che Nijō non rispondeva, ed era ormai mezzogiorno, Go-Fukakusa ordinò a un messaggero di recapitarle una seconda ode, dai toni più concilianti, in cui affermava che sarebbe morto di dolore se lei si fosse ostinata a ignorarlo.

Nijō replicò con una sorprendente, inaspettata disinvoltura, componendo una poesia nella quale accusava l'uomo di essere l'unico responsabile del suo disagio. Fatto questo, se ne andò a dormire, ancora turbata da ciò che era successo la sera prima.

Quella notte Go-Fukakusa tornò alla residenza del padre della ragazza.

Nijō lo sentì aprire la porta della sua camera, avvicinarsi a lei, e informarsi in tono esitante sulla sua salute.

La ragazza non osò muoversi. Rimase a letto, paralizzata dalla paura, mentre l'uomo le si sdraiava accanto, premendosi contro di lei e rivelandole la profondità dei suoi sentimenti.

Quando Nijō non rispose, Go-Fukakusa la violentò.

Come scrisse spassionatamente molti anni dopo, «quella notte fu spietatamente risoluto. La mia veste sottile venne strappata con violenza, e fece di me quel che voleva».

Il diario di Nijō è un documento affascinante. Non dobbiamo ricorrere al nostro metro di giudizio per valutare le vicende di una ragazza di 750 anni fa, ma le sue memorie, così misurate (compreso il ricordo dell'incontro con l'ex imperatore), ci offrono comunque uno scorcio significativo della vita di corte durante l'epoca Kamakura. L'autrice si sforza di far emergere sentimenti di straordinaria attualità, dalla colpevolizzazione della vittima alla violenza psicologica nei suoi confronti, alla comparsa di quella che oggi chiameremmo sindrome di Stoccolma. Dalle pagine del suo diario affiora un'ipotesi terrificante, ovvero che Go-Fukakusa potesse essere stato l'amante segreto della defunta madre della stessa ragazza, e aspettasse da ormai tredici anni l'occasione per fare sesso con sua figlia.

«Non fu per mia volontà che gli intimi lacci si sciolsero»:

così scrisse Nijō in una poesia inviata più tardi a Go-Fukakusa, dando libero sfogo alla rabbia che le premeva dentro e facendo indignare i suoi parenti, convinti che una simile reazione fosse ingiusta ed egoista.

La nobildonna rimase prigioniera degli eventi. Incinta del bambino dell'ex imperatore, si innamorò di un amico d'infanzia. Più tardi concepì segretamente un altro figlio con quell'uomo. circostanza che avrebbe scandalizzato la corte. I suoi rapporti con Go-Fukakusa divennero altalenanti. Ogni tanto quest'ultimo si interessava alla vita della ragazza, non mancando di dolersi per la morte di suo padre, ma il più delle volte appariva preso da altre ossessioni. Il loro bambino morì in tenera età, spingendoli ad allontanarsi ulteriormente. Talvolta Go-Fukakusa tornò persino a violentarla o a usarla come tramite per corrispondere con qualunque sfortunata cortigiana avesse in animo di stuprare.

Il diario di Nijō non menziona mai gli invasori mongoli nella lontana Kyūshū. Ancora soltanto diciassettenne all'epoca del primo attacco dalla Cina, era più preoccupata di nascondere a Go-Fukakusa la sua seconda gravidanza, dapprima mentendo sulla data del concepimento, poi dando in adozione la bambina e infine convincendo l'ex imperatore che si trattava di sua figlia, ma che era morta. Mentre i samurai si lanciavano in attacchi suicidi contro le navi nemiche sballottate dalla tempesta, Nijō scriveva della fodera delle sue vesti e della bellezza degli alberi su una collina nei dintorni. La ragazza ebbe anche occasione di vedere Go-Fukakusa mentre ricopiava il *Sutra del Loto* usando il proprio sangue come inchiostro. Peraltro, non si trattava di un elaborato rituale per respingere gli invasori, ma solo di una penitenza escogitata per favorire la successione al trono.

Nijō menziona persino un incontro con suo nonno, il ministro della guerra, che con ogni probabilità si stava impegnando allo spasimo nella difesa del paese. Ma in quell'occasione, lei si limitò a chiedergli nuovi capi di vestiario.

Dunque, siamo arrivati ai tentativi di invasione dell'arcipelago da parte di due flotte sino-mongole-coreane e alla loro disfatta grazie alla coraggiosa resistenza dei samurai, impegnati per una volta tanto a respingere un nemico straniero anziché a scannarsi tra loro. La difesa del paese, tuttavia, comportò il sacrificio di molte risorse che non potevano essere compensate dalla conquista di nuove terre.

Uno dei pochi gruppi che trasse benefici dall'aggressione mongola fu una nuova setta buddhista capeggiata da Nichiren (1222-1282), l'irascibile figlio di un pescatore. Costui non credeva più nel buddhismo della Terra Pura, anche se concordava con quella scuola sul fatto che l'umanità stesse vivendo gli Ultimi giorni della Legge, mentre la giusta dottrina e la corretta devozione declinavano in modo irreversibile. Nichiren prese a prestito dalla scuola Tendai l'idea che il *Sutra del Loto* contenesse la vera essenza dell'insegnamento del Buddha. Forte di questa convinzione, fece di quel sutra la pietra miliare della sua setta, incoraggiando i discepoli, con un richiamo ai metodi della Terra Pura, a ripetere costantemente il mantra *Namu myōhō renge kyō*, ovvero «Prendo rifugio nella Suprema Legge del Loto».

La base di potere di Nichiren si trovava nella regione di Kamakura, e molti dei suoi primi fedeli provenivano dalla classe dei samurai. Forse costoro erano stati irretiti dalla sua natura combattiva, tanto più che Nichiren si considerava la reincarnazione di un semidio della guerra e non si faceva scrupolo di denunciare le altre sette buddhiste come portatrici di una falsa religione. «Durante i primi tempi degli Ultimi giorni della Legge» scrisse in proposito, «il mondo si riempirà di preti in malafede, e questo provocherà l'ira degli dèi celesti. Il cielo sarà solcato da comete, e la terra tremerà come se fosse scossa da ondate gigantesche».

Nichiren fu arrestato in diverse occasioni ed esiliato due volte. Stava addirittura per essere giustiziato, e si salvò soltanto perché i suoi carnefici si fecero prendere dal panico alla vista di una meteora che solcava il cielo dell'alba, poco dopo che lui aveva pregato per la sua salvezza in un santuario del dio della guerra Hachiman.

Il Giappone – sosteneva il nuovo profeta – sarebbe andato incontro al disastro, se non si fosse convertito in massa alla verità del *suo* buddhismo. Quanto allo shōgun, avrebbe fatto meglio a sbarazzarsi di tutti gli altri indirizzi religiosi. In caso contrario, l'arcipelago sarebbe caduto in mani straniere.

> Io, Nichiren, sono il pilastro e la luce del Giappone. Sbarazzarsi di me significa rovesciare il pilastro del Giappone! In quel caso, vi troverete immediatamente ad affrontare la «calamità della rivolta interna», che vi spingerà a combattervi a vicenda, come pure la «calamità dell'invasione straniera». Non solo il popolo del nostro paese verrà messo a morte dagli occupanti venuti da fuori, ma questi ridurranno in schiavitù anche molti di noi.

Grazie a esternazioni di questo tipo, molti si convinsero che Nichiren avesse predetto l'arrivo dell'armata mongola, anche se in realtà aveva inteso riferirsi, meno profeticamente, a due dei sette disastri archetipici menzionati nell'antico *Sutra del Maestro della Medicina*, un sinistro documento che parlava anche di pestilenze, tempeste e siccità.

A dire il vero, nei suoi discorsi Nichiren aveva vaticinato la *vittoria* dei Mongoli, non la loro disfatta. Negli anni che seguirono, le sue profezie divennero sempre più confuse e ingarbugliate, al punto che persino i suoi nemici cominciarono a credere che avesse realmente anticipato la distruzione della flotta mongola. Questa voce si diffuse rapidamente, e molti templi buddhisti la fecero propria senza smentirla, sposando anche la tesi secondo cui l'invasione era fallita non solo per l'ostinata resistenza dei samurai sulle spiagge di Kyūshū, ma anche per le preghiere dei buddhisti giapponesi. Non era stato un vento qualunque a distruggere le armate mongole, bensì un *Kamikaze*, cioè un Vento divino; e quel fenomeno sovrannaturale aveva dimostrato in modo inequivocabile che l'arcipelago era la «dimora scelta dagli dèi». Questa espressione divenne molto popolare durante il periodo Kamakura (1185-1333), nel corso del quale ci si sforzò anche di mettere a punto una genealogia imperiale che, nelle intenzioni dei compilatori, avrebbe dovuto risolvere qualunque problema di successione ancora aperto.

Anche se l'invasione mongola pose le premesse di una fatale instabilità, con rivolte che avrebbero richiesto l'intervento della forza militare, il periodo Kamakura vide comunque una nuova fioritura delle arti. Non che i cortigiani di Kyōto la pensassero così – un'anziana ma sempre franca Nijō, che ora peregrinava per il paese come antidoto alle sue tristezze, giudicava Kamakura una città ridicolmente arretrata, costruita senza alcun rispetto dei princìpi del *feng shui* e popolata da bifolchi che non sapevano comportarsi correttamente neppure quando visitavano un santuario. Come ebbe a scrivere nel suo diario, «questo spettacolo non è per nulla attraente».

Con ogni probabilità, il suo disprezzo ci dice qualcosa non tanto sull'arretratezza di Kamakura, che era pur sempre nata come campo militare, quanto sul sempiterno senso di superiorità delle élite di Kyōto. Mentre Nijō commentava acidamente le maniere terribili e la mancanza di classe dei cittadini di Kamakura, quegli stessi ex soldati stavano diventando i patroni di espressioni artistiche pressoché inedite.

Fu durante quel periodo, ad esempio, che i carpentieri, i fabbri e i muratori, un tempo obbedienti esecutori degli ordini dei guerrieri, cominciarono a dedicarsi alla scultura. Era un campo che offriva loro grandi possibilità lavorative, non solo per gli innumerevoli templi che la guerra aveva distrutto, ma anche perché molti fra i vittoriosi Minamoto pensavano di poter risanare il proprio karma finanziando la costruzione di edifici religiosi. Gran parte della statuaria «antica» dei templi buddhisti risale in realtà a quest'epoca, compreso il Grande Buddha di Kamakura. Alto 13,35 metri, ed eretto sul terreno di un tempio appartenente alla Terra Pura, questo colosso in bronzo attrae ancora oggi migliaia di visitatori. A suo tempo, anche Rudyard Kipling gli dedicò un'ode all'inizio del secondo capitolo di *Kim*:

> E colui che è da orgoglio esente,
> e non disprezza preti né credenze,
> l'anima può sentire dell'intero Oriente
> attorno a sé a Kamakura.[10]

Non sembra che la nobildonna Nijō fosse rimasta granché colpita dal Grande Buddha di Kamakura, dato che non ne accenna minimamente nel suo diario. L'unica statua su cui si sofferma è quella di Go-Fukakusa, custodita in un tempio buddhista dopo la sua morte. Qui l'autrice si era sciolta in lacrime durante una cerimonia in onore del defunto.

10. Traduzione di Sara Cortesia tratta da *Kim*, di Rudyard Kipling, Newton Compton editori, Roma 2007. [N.d.T.]

Notando quanto fosse triste, un prete di alto rango le aveva chiesto chi fosse, ma lei si era rifiutata di rivelare il suo passato di concubina imperiale.

«Mio padre è appena morto», aveva risposto mentendo, o forse no.

Solo un paio di pagine dopo, il diario di Nijō si interrompe bruscamente con una considerazione di grande modestia: «Non posso pretendere di aver lasciato ai posteri qualcosa che valga la pena leggere». Dopodiché, l'autrice tace per sempre, anche se il suo diario contiene la seguente nota a margine, redatta da uno scrivano parecchi secoli più tardi: «Qui è stato tagliato da una spada, e non si capisce».[11]

Nel corso del periodo Kamakura, la fabbricazione delle spade raggiunse il suo vertice creativo, portando il binomio estetica-funzionalità ad altezze insuperabili. La minaccia mongola indusse gli armaioli a confrontarsi con un preciso problema tecnico, costituito dal fatto che fino ad allora i samurai erano scesi in campo privilegiando le frecce anziché le spade. L'armatura mongola era più spessa e resistente, e questo spinse i giapponesi a forgiare lame più sottili, con una sezione trasversale a forma di triangolo che ne aumentava la capacità di penetrazione.

Non fu semplicemente un caso di progresso tecnologico. I fabbri del periodo Kamakura furono avvantaggiati nel loro lavoro anche da un'aristocrazia che, pur apprezzando in sommo grado le armi, non pretendeva più che venissero prodotte in grandi quantità. Per tutto il secolo precedente (e, come si sarebbe scoperto, anche per il secolo successivo), le condizioni

11. Questa annotazione compare quattro volte. Sulla base della calligrafia, gli studiosi sospettano che sia stata redatta da una donna. [N.d.T.]

del campo di battaglia avevano imposto l'uso di spade forgiate in modo rapido ed efficiente, così da poter sostituire in breve tempo quelle spezzate o perdute. Ma ora gli armaioli potevano permettersi di prendersela comoda, sperimentando nuove idee e facendosi finanziare dai loro patroni, che non erano più guerrieri inquieti, bensì uomini relativamente benestanti che amavano circondarsi di oggetti sofisticati.

Il periodo Kamakura vide il perfezionamento delle vecchie spade a lama curva. Ora il filo era più robusto; i diversi tipi di acciaio venivano battuti e ribattuti centinaia di volte. Dalle officine dei fabbri uscivano armi nel contempo affilatissime ed estremamente flessibili. La potenzialità della lama era testata su qualcosa che avesse la consistenza e il grado di resistenza di un corpo umano; talvolta ricorrendo a cadaveri o a uomini ancora vivi, perlopiù criminali condannati alla pena capitale. Non era insolito che una spada fosse in grado di aprire il corpo di un uomo dalla spalla all'ombelico con un solo fendente. E le lame migliori potevano farlo con più corpi contemporaneamente.

A dispetto delle loro caratteristiche letali, il destino di molte spade Kamakura non fu di scendere in battaglia, bensì di farsi apprezzare come cimeli di famiglia. Questo fenomeno contribuì a una forte valorizzazione estetica del loro aspetto, con foderi ricercati, else decorate (*tsuba*), e impugnature in materiale esotico.

I bei tempi, tuttavia, non durarono a lungo. Il clan Hōjō cercò di compensare gli ingenti costi sostenuti per la difesa del paese dall'invasione mongola con una serie di maldestre iniziative finanziarie. Anche se i loro nemici Taira erano spariti da tempo, i membri del clan dovevano ancora vedersela con l'inimicizia della corte di Kyōto, che non li aveva mai perdonati per l'appoggio offerto allo shōgunato contro i tentativi di restaurazione del potere centrale. La corte imperiale si armò di pazienza, aspettando un intero secolo prima di passare al contrattacco, quando, esattamente nel 1331, il novantaseiesimo imperatore Go-Daigo (1288-1339) fece la sua mossa.

Go-Daigo, che non aveva mai nascosto la sua antipatia verso lo shōgunato di Kamakura, iniziò quindi a complottare contro quel centro di potere, nel tentativo di restaurare l'autorità dell'imperatore, cioè di *se stesso*. Il sovrano, tuttavia, fu tradito da uno dei suoi ministri Fujiwara - nessuno notò l'ironia di un Fujiwara che si rivoltava contro il trono - e dovette rifugiarsi in una fortezza di campagna, portando con sé i tre tesori sacri.

Mentre Go-Daigo si dava alla fuga, i samurai marciavano su Kyōto. Il loro condottiero era Ashikaga Takauji (1305-1358), un signore della guerra così deluso dal comportamento dell'imperatore da essere pronto a sostenere un candidato completamente nuovo. Dopo aver requisito a Go-Daigo i tre tesori - lo specchio, la spada e il gioiello - Ashikaga insediò un nuovo sovrano. Ben presto fu chiaro, tuttavia, che Go-Daigo lo aveva ingannato, perché i tre tesori che gli aveva ceduto non erano quelli autentici. Di conseguenza il nuovo imperatore era stato collocato sul trono senza i simboli genuini del suo potere. Come detto, la vera spada Kusanagi era andata perduta a Dan-no-ura più di un secolo prima, ma era il principio che contava.

Sempre nel 1331 Go-Daigo si sottrasse all'esilio, annunciando che il suo successore era privo di qualunque autorità legale e che il sovrano era ancora lui. Non pago, escogitò una nuova era dal nome significativo: Kenmu, ovvero la pronuncia giapponese di «Jianwu», un titolo imperiale vecchio di 1300 anni proveniente dalla Cina orientale degli Han, dove la casa regnante aveva strappato il controllo della propria dinastia dalle mani di un usurpatore. Sulle prime Go-Daigo incassò qualche successo spettacolare, soprattutto quando la sua nemesi di un tempo,

Ashikaga Takauji, si rivoltò contro gli Hōjō e passò dalla sua parte. Le insegne del sovrano attrassero anche uno degli eroi più celebri della storia giapponese, il samurai Kusunoki Masashige (1294-1336).

Senza dubbio Go-Daigo vedeva se stesso come la vera autorità, e gli shōgun come insopportabili impiccioni. Eppure il suo schema non sembrava costituire un'alternativa convincente. Di nuovo in carica, l'imperatore redivivo emanò una serie di decreti tesi a ristabilire l'antico protocollo, nella speranza di «restaurare» il potere imperiale riportandolo all'epoca in cui i sovrani governavano davvero; un'epoca conosciuta soltanto nelle leggende. Per fare questo, avrebbe avuto ancora bisogno del sostegno dei samurai; ciononostante, la loro volubilità non gli andava a genio. Go-Daigo lottizzò qualche proprietà fondiaria confiscata agli Hōjō, ma nessuna abbastanza vicina da assicurargli l'aiuto necessario in caso di emergenza. Con la sua mossa più avventata, cercò di introdurre una tassa aggiuntiva a carico della classe guerriera, che sarebbe servita a coprire le spese di corte.

A riprova di quanto fossero irrealistiche le aspettative di Go-Daigo, la casata Ashikaga cambiò casacca una seconda volta, tornando a schierarsi contro di lui. Mentre l'armata di Ashikaga Takauji incombeva su Kyōto, il generale lealista Kusunoki avvisò l'imperatore che era giunto il momento di una ritirata tattica sui monti dei dintorni. Emotivamente legato alla capitale, Go-Daigo respinse il suggerimento. Un'altra versione dello stesso episodio sostiene che Kusunoki si sforzò di convincere il sovrano che l'appoggio degli Ashikaga non era perduto per sempre, e che una trattativa diplomatica avrebbe allontanato la minaccia che gravava su Kyōto più efficacemente di qualunque battaglia campale. A ogni modo, Go-Daigo si mostrò irremovibile, e ordinò al suo generale di contrastare il nemico con le armi.

Fu un disastro. Le forze di Kusunoki si ridussero a soli cinquanta cavalieri. Completamente circondato, il condottiero si lanciò in una carica suicida contro il cuore dello schieramento avversario, urlando: «Vorrei avere sette vite da donare all'imperatore!».

La dedizione assoluta e la lealtà inossidabile di Kusunoki, persino in faccia alla morte, avrebbero fatto di lui uno dei personaggi più carismatici della storia giapponese. Più di cinque secoli dopo la sua morte, sarebbe diventato il nume ispiratore dei piloti kamikaze nelle loro missioni senza ritorno. Oggi la sua statua sorveglia l'entrata del palazzo imperiale di Tōkyō, raffigurandolo mentre si scaglia a cavallo contro il nemico.

Sopravvissuto all'offensiva degli Ashikaga, Go-Daigo continuò a sostenere di essere il vero imperatore e il suo rivale fece lo stesso. Non era la prima volta che l'arcipelago si ritrovava con due sovrani in lotta per lo stesso regno, ma nelle altre occasioni la questione su chi fosse il pretendente e chi il vero imperatore era stata rapidamente risolta con la violenza. Stavolta, invece, la storia prese una piega diversa, dando inizio a più di cinquant'anni di lotte per il trono, con due schieramenti ferocemente contrapposti: da un lato i pretendenti del nord con l'appoggio degli Ashikaga; dall'altro quelli del sud, con i figli e i nipoti di Go-Daigo ancora in possesso dei tesori sacri. Il dissidio sembrò placarsi soltanto negli ultimi anni del XIV secolo, quando le parti in causa giunsero finalmente a un accordo, in base al quale i futuri imperatori si sarebbero alternati tra le due famiglie. Questa intesa, tuttavia, durò a malapena una generazione, prima che il pretendente del nord si rifiutasse di rinunciare al proprio turno. Da allora in poi, e fino ad oggi, tutti gli imperatori sarebbero usciti dalla corte settentrionale.

Nel frattempo, la famiglia degli Ashikaga si affrettò a riempire il vuoto di potere che si era aperto con il crollo degli Hōjō. Ashikaga Takauji, il nuovo padrone di Kyōto, divenne anche il nuovo shōgun, fondando una dinastia ereditaria che sarebbe durata due secoli. Gli Ashikaga si ritrovarono ad affrontare gli stessi problemi politici e finanziari che avevano afflitto in precedenza i Minamoto, gli Hōjō, e la corte imperiale. Nonostante fossero riusciti a risolvere provvisoriamente la spinosa questione del doppio imperatore, il loro shōgunato si avviò a poco a poco verso un declino che sembrava inesorabile.

Il terzo e più celebre shōgun Ashikaga, Yoshimitsu (1358-1408), si guadagnò una grande popolarità riaprendo i commerci con la Cina. Fu durante quel periodo che i cinesi iniziarono a lamentarsi dell'accresciuta attività dei pirati dell'arcipelago, individuando la presenza di un'intera classe di marinai e pescatori al limite delle acque nipponiche; una vera e propria società marinara estremamente mobile, che tendeva a ingrossarsi ogni volta che i giapponesi fuggivano da carestie o guerre intestine. Come i vichinghi dell'Europa medievale, questi pirati non appartenevano ad alcun gruppo etnico particolare; semplicemente, si aggregavano in bande per sfruttare qualunque occasione propizia. Tra loro vi erano giapponesi, coreani, cinesi, e isolani delle Ryūkyū. Nella Cina della dinastia Ming, tuttavia, erano considerati portatori di un male squisitamente nipponico: da qui il ripristino del vecchio appellativo – estremamente insultante per la sensibilità giapponese – di *wokou*, ovvero pirati nani o fuorilegge di Wa; in pratica, le stesse parole che abbiamo visto incise sulla Stele di Gwanggaeto («briganti di Wae»).

Quello dei *wokou* resta una questione estremamente discussa; gli studi sulle loro incursioni danno regolarmente adito a polemiche su «chi predava chi». Il rinnovato sviluppo dei commerci tra il Giappone e la Cina condusse inevitabilmente a una crescita del *contrabbando*, che favorì la comparsa di una nuova classe di delinquenti marittimi. Senza dubbio, talvolta furono i fuorilegge nipponici a costituire il nucleo principale dei pirati, ma alla fine dello shōgunato Ashikaga più del 70% dei predoni «giapponesi» lungo le coste della Cina era composto da... cinesi. Dal momento che le autorità di quel paese offrivano ricompense più alte per la cattura di un pirata «giapponese», piuttosto che per quella di un criminale nativo, molti avventurieri improvvisati decisero di spacciare per pirata chiunque avessero fermato e poi decapitato. Alcune indagini successive portarono alla luce verità sconcertanti, come quella di una presunta incursione nipponica dei pirati nell'entroterra, condotta in realtà da uno squadrone cinese di cavalleria pesante.

A ogni modo, i cinesi insistettero con i giapponesi affinché rafforzassero i controlli sulle loro attività marittime. Per Yoshimitsu fu come prendere due piccioni con una fava. Lo shōgun costrinse i funzionari costieri a reprimere con maggior forza la pirateria, in modo che le perdite derivanti dal diminuito contrabbando venissero compensate, almeno in parte, dall'aumento del commercio legale con il continente. Questa strategia fu mascherata da «tributo» all'imperatore della Cina, che, colmo di gratitudine, ricambiò il favore nel 1404, offrendo a Yoshimitsu il titolo di «Re del Giappone».

Com'erano cambiati i tempi! All'epoca dell'invasione mongola, il reggente dell'arcipelago aveva giustiziato gli ambasciatori di Kublai Khan e trascinato il paese in guerra, piuttosto che accettare un titolo simile, con tutte le sue sgradite implicazioni. Yoshimitsu, invece, assecondò volentieri i cinesi, soprattutto perché la sua arrendevolezza nei loro confronti poteva aprire i mercati continentali all'esportazione di massa delle spade nipponiche. Ciononostante, lasciando che i governanti della Cina lo chiamassero «re» quando il Giappone aveva ancora un imperatore, lo shōgun si coprì di ridicolo per parecchie generazioni.

Yoshimitsu è famoso anche per aver fatto costruire una residenza con un sontuoso giardino, ovvero il cosiddetto Palazzo dei fiori (*Hana-no Gosho*), che si affacciava sul distretto Muromachi, a nord di Kyōto. Prendendo a prestito il nome di quel quartiere, i libri di storia si riferiscono spesso all'era dello shōgunato Ashikaga (1336-1573) come al periodo Muromachi. Yoshimitsu incombe sui moderni itinerari turistici anche per la fedele ricostruzione novecentesca del Tempio del Padiglione d'oro (*Kinkaku-ji*), che un tempo aveva eletto a sua dimora. Ma questo edificio, pur splendido, non rappresenta il contributo più rilevante di questo shōgun alla cultura nipponica. Con ogni probabilità, il fantasma della nobildonna Nijō sarebbe rabbrividito di raccapriccio alla vista di uno spettacolo così pacchiano: un'intera casa ricoperta d'oro! Semmai, Yoshimitsu si è guadagnato un posto importante nei libri di storia rilanciando e rinnovando un'antica forma di spettacolo popolare, il *Nō* (letteralmente, «Abilità»), facendo sì che abbandonasse il suo carattere di recita di piazza e si trasformasse in una regolare attività teatrale, affidata a famiglie di attori itineranti.

Nel 1374 Yoshimitsu rimase talmente colpito dalla rappresentazione di un dramma *Nō* che si offrì di patrocinare la carriera del suo protagonista, l'attore e musicista Kan'ami Kyotsugu. La generosità dello shōgun non solo rese popolarissima la compagnia di Kan'ami presso i circoli aristocratici, ma contribuì a trasformare in cultura «alta» ciò che la nobiltà dell'epoca considerava un intrattenimento popolare. Cosa ancora più importante, il patrocinio di Yoshimitsu durò abbastanza a lungo da permettere al figlio dell'attore, Zeami Motokiyo, di crescere con un'educazione di alto livello, a stretto contatto con gli ambienti culturali di Kyōto. Questa, almeno, è la versione ufficiale. Al riguardo, i cultori del *Nō* sanno benissimo che il giovane Yoshimitsu si era infatuato del dodicenne Zeami, allacciando con lui un rapporto che andava ben al di là del teatro. I cortigiani ne furono inorriditi, non tanto per la relazione omosessuale tra i due (che in quel periodo non faceva scandalo), quanto per la loro differenza di *classe*: come nell'Inghilterra elisabettiana, anche in Giappone gli attori erano considerati poco più che pezzenti itineranti; ed ecco che lo shōgun se ne portava uno a casa, e a letto.

Anche se Zeami è ricordato come il grande drammaturgo del *Nō*, fu probabilmente l'estro di Yoshimitsu a far progredire quell'arte, conferendole la sua forma definitiva. Questa osservazione non riguarda soltanto gli aspetti scenografici e recitativi del *Nō*, ma anche il suo repertorio. Il pubblico – compreso lo stesso shōgun – sembrava appassionarsi soprattutto alle storie tratte dal *Racconto della famiglia Taira*. La rievocazione delle antiche glorie dei samurai serviva anche a mitigare la frustrazione derivante dal dover gestire un'economia in piena crisi. A ogni modo, è lecito parlare di una forma definitiva del *Nō*, in quanto le sue caratteristiche sarebbero cambiate ben poco dai tempi di Zeami. Molti tra i drammi più celebri di quel teatro potrebbero essere nati quasi per caso, a seconda dei suggerimenti, diretti o indiretti, che Yoshimitsu dava volta per volta alla compagnia degli attori.

Sotto Kan'ami e Zeami, il *Nō* perse alcuni dei suoi originali aspetti religiosi, strutturandosi sempre più come una precisa forma di intrattenimento. Il suo tipico palcoscenico consiste ancora oggi in una piattaforma aperta su tre lati. Sullo sfondo, l'immagine stilizzata di un pino solitario. La messinscena si avvale di un piccolo gruppo di musicisti che suonano strumenti tradizionali e di due interpreti principali che danno vita all'eroe e al suo antagonista. Gli attori, sempre di sesso maschile, indossano maschere per tutta la durata della recita, e si esibiscono con uno stile recitativo improntato alla più assoluta essenzialità, con movenze simboliche che rinviano a specifiche emozioni. Vi sono pochi oggetti di scena; la scenografia non esiste; il sipario, neppure. La morte non è un ospite sgradito in una rappresentazione *Nō*. Capita spesso che il protagonista muoia o sia ucciso a un certo punto del dramma, per poi riapparire come fantasma in cerca di vendetta o come latore di un messaggio di sventura.

Il *Nō* rimane un ottimo strumento per conoscere i sentimenti e le preoccupazioni del Giappone del XV secolo. Il suo linguaggio è così arcano e la sua messinscena così particolare, che i moderni spettatori nipponici avvertono spesso una sensazione di disagio nel vederli all'opera, non riuscendo a capirli fino in fondo. Nei secoli successivi, il *Nō* sarebbe stato deriso per la sua incapacità, o non volontà, di evolversi in forme nuove, ma in realtà gran parte del suo fascino risiede proprio in questo. Assistere a una rappresentazione *Nō* è come salire su una macchina del tempo e tornare all'epoca dello shōgunato Ashikaga, facendo esperienza dei modelli di spettacolo allora in voga. Criticare il *Nō* per essere troppo «XV secolo» sarebbe come stigmatizzare Shakespeare per essere troppo elisabettiano.

Si deve tradizionalmente a Yoshimasa (1436-1490), l'ottavo shōgun Ashikaga, l'introduzione di altri elementi tipici della cultura giapponese, anche se sarebbe più corretto dire che la sua epoca si limitò a enfatizzare alcune tendenze già in atto, consolidandole e codificandole. Fu durante quel periodo che il buddhismo zen raggiunse il suo massimo splendore, fuoriuscendo dai monasteri e dai campi di battaglia per evolversi in un pensiero meditativo che si sarebbe espresso in forme inedite.

Tra queste, un posto di rilievo spetta alla cerimonia del tè; un rito complesso e austero in cui la preparazione della bevanda si trasforma in un lento processo contemplativo, dove tutto, persino il più piccolo dettaglio, ha il suo ruolo e la sua importanza: non solo il tè in quanto tale, ma anche i gesti del celebrante che lo versa nella tazza, l'arredamento della stanza deputata alla cerimonia e i suoni della natura all'esterno. Ogni singolo istante, movenza, tocco, assaggio e rumore diventano un'epifania dello Zen, un'ineffabile poesia vivente.

Nel corso dei secoli la cerimonia del tè si è trasformata nel simbolo per eccellenza dell'imperscrutabilità giapponese, persino della «nipponicità» *tout court*: una squisita pratica meditativa che trascende il momento e assume il carattere di un viaggio interiore. A differenza del teatro *Nō*, il cui significato storico e culturale non presenta zone buie, la cerimonia del tè, come la bevanda pungente che produce, esige una certa abitudine per essere capita e apprezzata. Un cinico potrebbe obiettare che, esattamente come gli antichi cortigiani Heian, i partecipanti a tale cerimonia si ostinano a non voler stare al passo con i tempi, visto che si entusiasmano in modo ridicolo per la preparazione di una bevanda anacronistica attraverso metodi e strumenti antiquati. In Cina i tè sfusi e le varietà *oolong* semiossidate avevano soppiantato da tempo il primitivo *maccha* dell'arcipelago nipponico, ma i giapponesi scelsero di ignorare questo fatto, esattamente come scelsero di continuare ad accomodarsi sul pavimento anziché su una sedia. Qualcuno potrebbe persino suggerire che la cerimonia del tè doveva riflettere gli interessi molto particolari di qualche pezzo grosso del XV secolo; interessi che nessuno osava mettere in discussione, come certi tiranni scriteriati quando si convincono che il vertice della gastronomia sia costituito dagli hot dog. Tre secoli prima il punto di vista sulla cultura espresso da Yoshinaka, generale dei Minamoto, aveva fatto sghignazzare sotto i baffi i cortigiani di Kyōto. Ma adesso, con le rovine ancora fumanti dopo gli scontri in città, non era rimasto più nessuno che avesse voglia di ridere degli Ashikaga.

D'altro canto un apologeta di quel clan potrebbe osservare che il suo mondo era molto lontano da quello dei rozzi guerrieri delle epoche precedenti. I samurai si erano fatti strada dalle frontiere, e adesso godevano di tutti i benefici della capitale, mentre i loro figli venivano educati in modo raffinato. A differenza di molti cortigiani che li avevano derisi, ora potevano permetterselo.

I rituali tipici del periodo Muromachi rappresentano ancora un paradosso per gli studiosi dell'arcipelago. Se questi osano rimarcare la loro apparente futilità, rischiano di passare per barbari che non comprendono le sottigliezze della cultura nipponica. Nei secoli successivi molti giapponesi avrebbero considerato i dubbi degli stranieri riguardo alle tradizioni del paese come una prova della propria superiorità culturale. Dal loro punto di vista la «nipponicità» non è qualcosa che si può comprare o comunque acquisire dall'esterno. Occorre essere nati nell'arcipelago e aver assimilato la sua cultura fin dall'infanzia, introiettandola nella mente e nel cuore: solo a queste condizioni si possono capire le infinite sfumature del Giappone. Ammettere, ad esempio, di essere rimasti piuttosto freddi durante una cerimonia del tè, significa riconoscere in sé un'assenza totale di *hinkaku*, cioè di quella grazia e dignità impalpabili che appartengono solo ai nativi. Potrebbe sembrare ridicolo dover attendere un'ora e mezza per sorbire una tazza di tè amaro, ma l'*hinkaku* continua a permeare molti aspetti della modernità nipponica, e si trova citato in un'amplissima gamma di atti normativi, dall'esclusione degli stranieri dai vertici delle organizzazioni sportive fino al rilascio dei passaporti agli immigrati.

A prescindere da quel che si pensa in proposito (l'autore di questo libro continua a preferire l'arcaico *maccha* all'ottimo *Tie Guan Yin* di produzione cinese), rimane il fatto che la cerimonia del tè contribuì a una profonda trasformazione dello stile giapponese. La sua popolarità presso la nuova classe aristocratica favorì anche lo sviluppo di altre espressioni artistiche, dalla disposizione meditata dei fiori al riordino estetico degli esterni delle residenze. Nacquero così quei giardini di pietra e sabbia che presto sarebbero diventati famosi come «giardini zen». Molti furono allestiti dai monaci di quella scuola buddhista su richiesta dei governanti Ashikaga. Anche se oggi sono ricordati come il riflesso della profondità intellettuale dei ceti altolocati, non si può escludere che i loro fruitori non avessero idea di cosa stessero ammirando, pur fingendo il contrario per non passare da stupidi.

Sotto molti punti di vista Yoshimasa fu una specie di «dandy» vecchio stile, concentrato ostinatamente su obiettivi di tipo culturale anche mentre il suo shōgunato precipitava nella guerra civile. I libri giapponesi di storia parlano dei suoi sforzi volti a promuovere la «cultura Higashiyama» (così chiamata dal distretto delle «Colline orientali» di Kyōto, dove risiedeva), soffermandosi sul favore che accordava all'*ikebana* e al *sumi-e* (la pittura a inchiostro nero), ma sorvolando sul fatto che tale cultura era un'isola di civiltà in una capitale sempre più degradata.

La responsabilità di questa situazione non può essere addebitata del tutto allo shōgun. Dal 1459 al 1461 Yoshimasa fu perseguitato dalla sfortuna, con una serie di disastri naturali che compromisero seriamente la capacità agricola del paese. Solo a Kyōto, il duro inverno tra il 1460 e il 1461 causò 82.000 morti per il freddo e la fame. Visto che durante il dominio degli Ashikaga le tasse erano salite al 70% della ricchezza prodotta, Yoshimasa dovette affrontare, non sorprendentemente, qualcosa come diciotto rivolte contadine. Tutto questo era però prevedibile, considerando i problemi che lo shōgun aveva ereditato dai suoi predecessori. Il rimedio più creativo che escogitò la dice lunga sul personaggio. Nel tentativo di placare le proteste dei contadini, Yoshimasa emanò un decreto con cui cancellava i loro debiti; dopodiché decise di reiterarlo una volta ogni due anni: un chiaro indizio della sua incapacità di risolvere i problemi strutturali che affliggevano le campagne, dalla carenza di cibo allo stato pietoso delle infrastrutture. In proposito, non si può neppure escludere che in realtà volesse semplicemente alleggerire la pressione fiscale a carico del contado scaricandola su altri gruppi sociali, più piccoli ma altrettanto arrabbiati, come quello dei prestatori di denaro. Oltretutto, trovò anche il modo di ricavarne dei vantaggi personali. I contadini, infatti, furono autorizzati a estinguere i propri debiti pagando il 10% dell'importo complessivo direttamente a lui anziché ai creditori; un sistema che gli consentiva di intascarsi un decimo dei guadagni di ciascun debitore. Per forza di cose, tuttavia, Yoshimasa dovette appoggiarsi sempre più ai feudatari locali, i cosiddetti *daimyō* (Grandi nomi), che nel frattempo avevano cambiato veste, trasformandosi da signori aristocratici in avventurieri senza scrupoli, disposti a qualunque cosa pur di conservare il potere.

Nel frattempo i consiglieri dello shōgun, ciascuno dei quali era a capo di un clan di samurai, presero a dividersi sul nome del futuro governatore. In tempi meno tumultuosi avrebbero risolto il problema davanti a una tazza di tè, ma dopo anni di carestie e disordini generalizzati, gli animi erano troppo infiammati per osservare ancora le buone maniere. E la situazione precipitò.

La Guerra Ōnin, che infuriò dal 1467 al 1477, portò gli scontri tra le fazioni dei samurai all'interno della stessa capitale. Stavolta non si trattò soltanto di incendi appiccati qui e là o di qualche combattimento per le strade, ma di vere e proprie battaglie in piena regola, che misero a ferro e fuoco quello che un tempo era stato il bastione della pace e della tranquillità. La furia degli scontri non risparmiò nemmeno le *enclaves* degli Ashikaga: quasi tutti gli edifici attorno al Tempio del Padiglione d'oro, un tempo così caro al bisnonno di Yoshimasa, furono rasi al suolo dagli incendi, assieme a più di un terzo della città. Si assistette così alla fine dello shōgunato Ashikaga, con i successori di Yoshimasa ridotti al rango di marionette nelle mani di altri clan. Per qualche decennio fu anche la fine di Kyōto, ridotta a un cumulo di macerie fumanti e in preda a bande di saccheggiatori.

La Guerra Ōnin segnò anche l'inizio di un lunghissimo conflitto civile, determinando nel paese in un'instabilità generalizzata che sarebbe proseguita fino al 1615. Gli storici giapponesi definiscono quell'arco temporale *Sengoku Jidai* (il Periodo degli Stati combattenti, N.d.T.) ricorrendo a un termine che allude ai «Regni belligeranti» dell'antica Cina. Questa espressione emerge già dai commenti degli aristocratici dell'epoca e sembra riflettere la loro convinzione che, come la Cina di un tempo, il Giappone si ritrovasse imprigionato in un ciclo di scontri senza fine, in attesa di un grande condottiero che avesse la forza sufficiente per riunificarlo. L'imperatore era ormai privo di ogni potere effettivo; di conseguenza soltanto un nuovo sistema istituzionale avrebbe potuto far risorgere l'arcipelago.

La Guerra Ōnin fu un'esperienza devastante anche per un altro motivo. Dopo secoli di lotte per tornare nella capitale, i samurai, una volta lì, l'avevano distrutta. Non meraviglia che questa amara considerazione provenisse soprattutto dai monaci e dai letterati della regione di Kyōto, che avevano sofferto più acutamente di altri la rovina della loro città. Peraltro, non si trattava soltanto della caduta di un singolo centro urbano, ma del collasso di un'intera nazione. La presa del clan Ashikaga sulle province periferiche divenne sempre più effimera, con i potentati locali sempre meno disposti a rispettare la legge, al punto che i più saggi tra i capi Ashikaga impararono a non emanare ordini senza avere la certezza che i loro sottoposti li avrebbero eseguiti. Fu durante e subito dopo la Guerra Ōnin che si diffuse per la prima volta il termine *gekokujō* – «il basso che domina l'alto» – a sottolineare che ormai gli aristocratici avevano perso di vista i veri problemi e che spettava ai loro subordinati prendere l'iniziativa. Questa situazione favorì nuovi sovvertimenti di potere nelle province più lontane, permettendo ai clan minori di amministrare le loro proprietà come Stati semi indipendenti. Gli ultimi Ashikaga non avrebbero più controllato neppure i dintorni di Kyōto: sarebbero stati i loro «consiglieri» a farlo.

Si arrivò al punto che gli epigoni dello shōgunato Ashikaga smisero di risiedere nella capitale, scegliendo prudentemente di governarla da un'altra città. Come molti imperatori, anche loro erano spesso costretti ad abdicare prima che fossero abbastanza vecchi da gestire il potere in modo autonomo. Shōgun solo di nome, erano la facciata dietro la quale si nascondevano i veri padroni, cioè i più risoluti tra i loro consiglieri.

L'instabilità cronica di quei secoli, con le sue repentine alternanze di potere, avrebbe cambiato per sempre la natura dello *shōgi*, la versione nipponica degli scacchi. Fino al tardo Medioevo, quel passatempo era stato una semplice variante domestica del grande gioco di strategia. Durante il Periodo degli Stati combattenti, invece, come era già successo a molti prodotti importati dall'estero, si trasformò in qualcosa di squisitamente nipponico. Mentre negli scacchi europei i pezzi «mangiati» escono dalla scacchiera, nello *shōgi* si mettono al servizio del giocatore che li ha catturati. Non a caso, tutti i pezzi degli scacchi giapponesi sono dello stesso colore. Occorre osservare il loro orientamento sulla scacchiera, per capire a chi appartengono. Quando uno dei due giocatori sembra sul punto di perdere la partita, un pezzo sottratto all'avversario può fare improvvisamente capolino e rovesciare la situazione. Pare significativo che le nuove regole di questo gioco fossero state introdotte dal centocinquesimo imperatore dell'arcipelago, Go-Nara (1495-1557), autentico campione di tradimenti e colpi bassi durante il periodo degli Stati combattenti.

Vi erano zone del Giappone in cui nessuno si curava del proprio signore. Una corrente particolare del buddhismo della Terra Pura aveva unito spiritualmente molte regioni, facendo sì che i samurai locali si associassero per autodifesa ai preti shintoisti e ai monasteri buddhisti. Sotto tutti i punti di vista, quei territori apparivano come Stati indipendenti, totalmente staccati dal controllo dell'imperatore e degli shōgun e affidati al governo di sacerdoti e contadini. Derivando il nome che li caratterizzava dalla loro fede «risoluta» (*ikkō*), erano conosciuti come *ikkō ikki*, cioè «leghe di una sola mente», o «federazioni con un solo scopo».

Come sempre, sono i vincitori a narrare la storia. Fino al XX secolo, quella nipponica fu sostanzialmente un racconto di samurai narrato da samurai. Anche quando provenivano dalle classi più umili, molti guerrieri non si facevano scrupolo di abbracciare le regole e i protocolli dell'aristocrazia. Ma gli *ikkō ikki* erano qualcosa di completamente diverso; un insieme di comunità religiose che propugnavano un'alternativa radicale. Scaturiti dalla plebe contadina e opposti in pari misura sia all'arroganza dei sovrani che alla brama predatoria dei samurai, costituivano un esperimento pericoloso, che andava stroncato prima che prendesse piede. Non c'era posto nell'arcipelago per gentaglia fanaticamente devota a un maestro buddhista, che le prometteva – o almeno così sembrava – un'esistenza paradisiaca nell'aldilà.

Kaga, per esempio, sulla costa occidentale del Giappone, fu conosciuta per quasi un secolo come la «Provincia dei contadini», dopo che un gruppo di monaci e agricoltori aveva dapprima sostenuto un signore locale durante la Guerra Ōnin, per poi cacciarlo a conflitto concluso. La zona di Kaga divenne così un paradiso per ribelli ed emarginati e fu teatro di numerose dispute tra fazioni rivali per il controllo delle rovine di Kyōto, la città da cui provenivano i suoi sacerdoti-governanti. I contadini, tuttavia, si schierarono dalla parte sbagliata e furono spazzati via durante il periodo degli Stati combattenti.

La nemesi degli *ikkō ikki* fu Oda Nobunaga (1534-1582), il primo dei tre condottieri che avrebbero riunificato il Giappone. Nobunaga, che aveva perso due fratelli nelle battaglie contro i «risoluti», non ebbe alcuna pietà di loro. Per divertirsi, i suoi samurai cacciavano gli *ikkō ikki* nei boschi. Dove un tempo inseguivano i cinghiali selvatici, adesso stanavano i contadini ribelli, massacrando uomini, donne e bambini. Alleato a una fazione contrapposta agli ultimi pretendenti Ashikaga, il condottiero riuscì anche a espugnare la fortezza degli *ikkō ikki* che sorgeva nell'odierna Ōsaka; un successo che comunque gli arrise solo dopo qualche anno di assedio. Successivamente, con metà del paese sotto il suo dominio, Nobunaga si fece costruire un meraviglioso castello che dominava il lago Biwa, ad Azuchi, nei dintorni di Kyōto. Da lassù prese a ideare piani per impossessarsi dei territori che ancora gli mancavano. Le sue ambizioni, tuttavia, furono vanificate da uno dei suoi generali, che gli tese un agguato durante una cerimonia del tè a Kyōto, costringendolo a un rabbioso *seppuku* tra le fiamme dell'edificio in cui si trovava.

L'aneddoto più celebre riguardante i tre condottieri - Nobunaga, Hideyoshi, e Ieyasu - non fu narrato fino al XIX secolo, quando apparve nel *Kasshi Yawa* (Racconti notturni dell'era Kasshi). Non sappiamo per quanti anni la storia fosse stata raccontata e riraccontata prima di cristallizzarsi nella sua forma definitiva, ma oggi è talmente radicata nella cultura nipponica da essere conosciuta come una semplice filastrocca di tre versi, senza alcuna indicazione di chi la stia recitando.

> Se il cuculo non canta, uccidilo.
> Se il cuculo non canta, convincilo.
> Se il cuculo non canta, aspetta.

Un decennio scarso separa le date di nascita dei tre generali che di lì a pochi anni avrebbero posto fine alle guerre civili. È quindi possibile, per quanto improbabile, che un giorno tutti e tre si fossero ritrovati in un giardino, o in un frutteto, dove vi era anche un *hototogisu*, un cuculo minore.

Secondo l'aneddoto, visto che l'uccello non cantava, fu Oda Nobunaga - il tiranno per eccellenza della storia giapponese - a rompere il silenzio per primo. Uomo dal carattere violento che aveva visto la sua prima battaglia all'età di tredici anni, Nobunaga si era alleato con l'ultimo shōgun Ashikaga solo per rovesciarlo quando gli era tornato comodo. In seguito aveva dichiarato guerra ai monaci guerrieri del monte Hiei, che sembravano minacciare la sua base di potere a Kyōto. Quando era caduto per mano di un generale traditore, aveva già esteso la sua supremazia su metà dell'arcipelago. Di conseguenza, non stupisce che fosse lui a sostenere che il cuculo doveva pagare con la morte il suo rifiuto di cantare.

Dopo Nobunaga fu la volta di Toyotomi Hideyoshi (1537-1598). Tipico esempio dei nuovi ceti emergenti, Hideyoshi si era fatto rapidamente strada tra i ranghi di Nobunaga come specialista in tecniche di assedio. Da giovane si era guadagnato il soprannome di «Scimmia» a causa della sua faccia animalesca. Più tardi nessuno avrebbe più osato chiamarlo così, visto che nel frattempo aveva vendicato la morte di Nobunaga, riprendendo le sue campagne espansionistiche per portarle fino al limite estremo del Giappone e anche oltre. Una volta riunificato con la forza l'intero arcipelago, Hideyoshi aveva dato inizio a un'opera capillare di demilitarizzazione con la sua Caccia alla spada, ovvero la metodica confisca di tutte le armi ancora in possesso dei contadini. Nel 1590 aveva ordinato un censimento, visto che il Giappone era ormai nelle sue mani, e necessitava di un governo che pensasse più ai problemi della pace che alle esigenze della guerra. Sotto Hideyoshi il valore delle proprietà terriere cominciò a essere calcolato in riso, utilizzando parametri presuntivi: in condizioni ordinarie una risaia di una certa estensione avrebbe dovuto produrre una data quantità di chicchi. Durante il regno di questo condottiero molte fortezze furono demolite, nuove monete entrarono in circolazione, e le miniere d'oro e d'argento, come pure i commerci con l'estero, finirono sotto il suo diretto controllo. Dato che molti samurai non avevano più alcun nemico da combattere, Hideyoshi ne trasferì ben 158.000 fuori dai confini dell'arcipelago, affermando che adesso la nuova frontiera del Giappone si trovava in Corea, e quindi occorreva impossessarsi dell'intera penisola, per poi lanciarsi alla conquista della Cina.

Si trattava di un'impresa senza alcuna possibilità di successo, eppure, nel 1592, i samurai vi si gettarono con entusiasmo. Gli storici non hanno ancora deciso se Hideyoshi fosse impazzito e avesse pensato davvero di poter governare il mondo, oppure se la sua iniziativa fosse frutto di un lucido calcolo politico, teso a dirottare le pericolose energie della classe guerriera verso un conflitto esterno che l'avrebbe tenuta occupata per anni. A differenza degli shōgun di Kamakura, che non erano stati in grado di ricompensare i loro samurai con nuove terre, ora il condottiero giapponese poteva offrire ai suoi uomini una fetta sostanziosa del continente asiatico, a patto che si impegnassero a conquistarla. Così, un'intera generazione di samurai trascorse sei anni pianificando strategie, manovrando, combattendo, ritirandosi e contrattaccando, mentre Hideyoshi se ne stava tranquillo nel suo sontuoso palazzo di Momoyama, a Kyōto. (Gli storici definiscono talvolta l'ultimo periodo degli Stati combattenti – dal 1573 al 1600 – come Epoca Azuchi-Momoyama, dal nome delle residenze di Nobunaga e Hideyoshi). A ogni modo, in considerazione delle sue umili origini, il nuovo padrone del paese non fu mai proclamato shōgun.

Stando così le cose, non è difficile capire perché Hideyoshi, nell'aneddoto citato, suggerisse di risolvere il problema del cuculo silenzioso attraverso un'opera di persuasione, dandogli un motivo valido per cantare.

Infine, ecco Tokugawa Ieyasu (1543-1616), l'uomo che avrebbe raccolto i frutti delle campagne dei suoi predecessori. Ancora adolescente, Ieyasu era sceso in campo nelle battaglie che avevano frantumato il Giappone, subendone molte conseguenze. Suo padre era stato ucciso quando lui aveva sei anni. Era diventato un convinto sostenitore di Nobunaga, rischiando la vita per il suo signore in più di un'occasione. Era uscito indenne da uno scandalo che lo aveva toccato da vicino, quando sua moglie e suo figlio maggiore erano stati giustiziati per volere di Nobunaga, perché in odore di tradimento. Dopo la morte di quest'ultimo, Ieyasu non aveva preso posizione, aspettando di vedere chi sarebbe uscito vincitore dall'ultima guerra di Hideyoshi, salvo poi schierarsi dalla sua parte appena aveva compreso che il vincitore sarebbe stato lui.

Nella filastrocca dedicata all'uccello silenzioso è Ieyasu che aspetta pazientemente il canto del cuculo, così come aveva atteso con altrettanta pazienza la fine dell'ultimo, sanguinoso periodo degli Stati combattenti. Con la morte di Hideyoshi (1598) e l'annullamento della guerra in Corea, l'ex sostenitore di Nobunaga e dello stesso Hideyoshi divenne uno dei cinque uomini che formavano il consiglio di reggenza, con il compito di difendere gli interessi del figlio neonato del defunto condottiero. Ieyasu, tuttavia, era anche il proprietario terriero più in vista dell'intero arcipelago, e godeva dell'appoggio dei principali potentati sparsi per il paese. Così, quando il membro più anziano del consiglio di reggenza morì nel 1599, decise di mobilitare le sue forze per impadronirsi del castello dove risiedeva lo shōgun-bambino.

Il Giappone si divise rapidamente tra i suoi sostenitori e i suoi avversari. La parte meridionale del paese, che gli era avversa, aveva però dilapidato le sue risorse nelle guerre coreane volute da Hideyoshi. Fu così che si giunse alla battaglia del crocevia di Sekigahara, combattuta su un terreno fangoso in un giorno di pioggia dell'anno 1600.[12] Ieyasu diede inizio agli scontri in netta inferiorità numerica – quasi uno contro due – ma Sekigahara

12. Per l'esattezza, il 21 ottobre. (N.d.T).

si sarebbe rivelato un crocevia in più di un senso; un autentico bivio lungo la strada della storia giapponese che avrebbe stabilito gli assetti del paese per le generazioni a venire. Prendendo una fatale decisione quando la battaglia era appena iniziata, un capo samurai tradì e passò nello schieramento di Ieyasu, infliggendo un duro colpo alle difese dei suoi nemici. In poco tempo altri quattro generali fecero lo stesso, simili a pedine di *shōgi* che si rivoltavano contro il loro antico proprietario. Grazie a queste defezioni l'armata di Ieyasu poté compensare la sua inferiorità numerica e uscire vincitrice.

Sarebbero trascorsi altri tre anni prima della cessazione definitiva delle ostilità, ma Sekigahara rappresentò comunque il grande punto di svolta, ed è ricordata ancora oggi come la battaglia che divise la nazione. La fedeltà espressa quel giorno avrebbe determinato l'ordine sociale del Giappone per almeno qualche secolo. Coloro che avevano appoggiato incondizionatamente Ieyasu sarebbero diventati gli attori principali dei nuovi assetti. Coloro che si erano uniti a lui solo all'ultimo momento, dopo aver tradito i compagni sul campo di battaglia, avrebbero ricevuto ricompense ben minori. Coloro che avevano accettato la sua autorità solo dopo la fine degli scontri, sarebbero stati emarginati per il resto della loro vita. Infine, coloro che si erano opposti con le armi alle sue ambizioni, sarebbero stati schiacciati senza pietà, andando incontro alla morte sul patibolo e alla confisca delle terre.

Nel 1603 Ieyasu si proclamò shōgun. Poté farlo, perché aveva preso il cognome Tokugawa quando era ancora sulla ventina, rimarcando in tal modo la sua discendenza dall'illustre clan dei Minamoto; una stirpe che lo rendeva degno di diventare supremo reggitore di tutto il Giappone. Due anni più tardi, si «ritirò» in favore di suo figlio Hidetada, che era già adulto. In realtà, come tanti shōgun del passato, continuò a governare da dietro le quinte, sicuro che l'età matura di Hidetada – ex comandante militare che era stato al suo servizio – avrebbe evitato qualunque disputa o tentativo di usurpazione. Dopo essersi impossessato dello shōgunato, Ieyasu fu così in grado di tramandarlo ai suoi discendenti, che lo avrebbero tenuto fino al 1867.

La storia del cuculo silenzioso non è l'unica variazione sul tema dei tre condottieri. I proverbi giapponesi offrono altre versioni della stessa vicenda. La gente diceva che Nobunaga era stato il minatore che aveva estratto le pietre; Hideyoshi il muratore che le aveva ordinate; e Ieyasu il costruttore che aveva edificato la casa. O – forse in modo più suggestivo – che Nobunaga aveva impastato la torta, Hideyoshi l'aveva cotta e Ieyasu se l'era mangiata.

DISTORSIONE TEMPORALE: 200 ANNI DI ISOLAMENTO

6

Lasciano la città prima dell'alba, tremando per il freddo della notte e avvolgendosi strettamente nei loro mantelli.

Ohatsu osserva la brina che contorna il ciglio della strada, e dice cupamente a Tokubei che la gente potrebbe paragonare loro due a quei fili d'erba ghiacciati. Ma lui, anziché darle ascolto, si volta indietro, verso la città mercantile di Ōsaka ancora avvolta nelle tenebre, tendendo l'orecchio al suono della campana. È il sesto rintocco; tra non molto sorgerà il sole.

I due attraversano il ponte di Umeda. Tokubei lo paragona a quello tramandato dalle leggende, che si forma una volta all'anno per consentire a due stelle di vedersi ancora nel cielo notturno.

La giovane Ohatsu arrossisce al pensiero.

«Sarò tua moglie per sempre», lo rassicura.

Alcune taverne sono già aperte. Da una finestra illuminata arrivano urla, risate, e il ritornello di un motivo popolare; una canzoncina su qualcuno di conosciuto – un attore o un mercante – i cui affari di cuore hanno conquistato le chiacchiere maligne della città.

«Pensavo che cose del genere potessero accadere solo agli

altri», dice Tokubei. «Domani, invece, intoneranno canzoni su noi due».

Gli occhi di Ohatsu si riempiono di lacrime. Le sue mani armeggiano con il rosario buddhista; l'indice e il pollice scorrono su ciascuno dei suoi 108 grani. «Non ti lascerò mai andare via», singhiozza. Poi, mano nella mano, i due si inerpicano sulla collina boscosa di Sonezaki.

I corvi sugli alberi li osservano impassibili. Tokubei li fissa a sua volta, ma loro non si muovono.

«Quello è un buon posto?» chiede innocentemente Ohatsu, indicando al di là del bosco una radura bagnata dalla rugiada del primo mattino.

Tokubei rabbrividisce e va avanti, entrando nel folto della foresta. Alla luce della luna, raggiunge un'altra radura. Qui, sembra prendere la sua decisione.

Ohatsu respira affannosamente, guardando oltre gli alberi. Laggiù è comparso qualcosa, una sfera soffusa di luce, un fuoco fatuo. Forse è la luce di un'altra anima, di uno spettro che si aggira per il bosco.

«A quanto pare, non siamo soli», sussurra lei, ma la luce è già scomparsa. Nella radura c'è un albero strano; un pino e una palma che in qualche modo si sono intrecciati, fino a rendersi quasi indistinguibili.

«Questo è il posto giusto», dice Tokubei.

Si abbracciano nella radura. L'uomo si libera del mantello. La ragazza lo imita e rimane con il suo kimono più prezioso. Anche se ha perso la verginità, non ha perso il pudore. Ohatsu teme che qualcuno possa sorprenderli con le vesti in disordine, ma Tokubei sa come rimediare. Basterà legare la ragazza all'albero con la fascia blu del suo kimono, in modo che la sua postura non riveli nulla di sconveniente.

«Pensi proprio a tutto», sorride lei, mentre si lascia legare. Forse il nodo è troppo stretto, ma non ci fa caso. Del resto, prevede di respirare ancora per poco.

«I miei genitori sono morti quand'ero giovane», riflette Tokubei. «Li rivedrò molto presto, però mi dispiace per mio zio, che dovrà far fronte alle conseguenze del nostro gesto».

«Sei un uomo fortunato», ribatte Ohatsu. «Non vedo i miei genitori da mesi, ma so che sono ancora vivi. Sapranno di noi due entro breve tempo. Si dispiaceranno terribilmente per la mia sorte, ma purtroppo non c'è altra scelta».

Adesso Tokubei sta piangendo. La ragazza teme che l'uomo possa perdere il suo coraggio. «Tesoro, ascoltami», gli dice. «Non possiamo fermarci ora. Vai avanti e uccidimi».

«Prendo rifugio nel Buddha Amida», singhiozza lui. «Prendo rifugio nel Buddha Amida...».

Tokubei estrae il suo pugnale, ma si limita a colpire l'albero, una volta, e poi di nuovo. Non può sopportare di guardare la ragazza. La terza pugnalata arriva però a segno, squarciando la gola di Ohatsu. Il sangue della giovane esce a fiotti, soffocandola mentre si contorce tra i legacci. L'uomo non osa guardarla negli occhi, temendo di vedervi il rimpianto.

Ma quando Ohatsu smette di contorcersi e il sangue esce più lentamente, Tokubei capisce che è tutto finito.

«Esaliamo l'ultimo respiro assieme», dice a quel corpo ancora caldo.

Rivolge il pugnale contro se stesso e lo conficca nella propria gola con una tale forza da spezzare quasi la lama. La sua testa crolla, i suoi occhi si appannano. Poi, nella radura non si muove più nulla.

In lontananza si odono i cupi rintocchi di una campana. Ormai sta sorgendo il sole.

«Nessuno ha visto quel che è successo», dice una voce disincarnata ai corvi della foresta. «Non c'è nessuno che possa raccontarlo, tranne il vento che spira tra gli alberi del bosco di Sonezaki. Ci penserà lui a diffondere questa storia in ogni angolo del mondo».

Dal pubblico si levano singhiozzi e sospiri, mentre le ragazze si asciugano le lacrime dalle guance. Una tazza di tè tintinna rumorosamente quando qualcuno l'appoggia con troppa forza.

«Da ogni luogo si alzano preghiere per questi amanti», continua il narratore. «Senza dubbio i due giovani si uniranno di nuovo nella prossima vita. Tokubei e Ohatsu sono diventati il simbolo del vero amore».

Per qualche istante cala il silenzio.

I corpi degli amanti sono ancora riversi sul palcoscenico, come congelati negli ultimi spasmi della loro agonia.

Non si muove nulla, non si sente nulla.

L'autore dell'opera, Chikamatsu Monzaemon, sbircia da dietro le quinte. A cinquant'anni sembra che abbia finalmente raggiunto il successo.[13]

La macchina da guerra dei samurai, che aveva marciato a pieno regime per un secolo, subì una brusca battuta di arresto. Le questioni che avevano dominato la scena per decenni, a partire dalla scelta dello shōgun, persero di significato fin quasi a scomparire. Nonostante l'estromissione dal potere del figlio di Hideyoshi, che aveva condotto a nuovi scontri intestini e all'assedio di Ōsaka nel 1615, l'esito della battaglia di Sekigahara

13. Il dramma in questione s'intitola *Gli amanti suicidi di Sonezaki (Sonezaki shinju)*. Traduzione italiana in *Il teatro giapponese*, a cura di M. Muccioli. Feltrinelli, Milano 1962. [N.d.T.]

risolse i problemi più importanti per i due secoli successivi. I signori che a Sekigahara si erano schierati dalla parte vincente acquisirono il titolo di *fudai daimyō* (fedeli vassalli dei Tokugawa) ed entrarono a far parte della cerchia più ristretta di Ieyasu. Gli aristocratici che avevano sposato la causa dei Tokugawa con riluttanza, o solo all'ultimo momento, divennero *tozama daimyō* (vassalli dell'ultima ora). Considerati con diffidenza, si videro assegnare proprietà periferiche o piccole baronie non lontano dal quartier generale dello shōgun. La pace ritrovata favorì la crescita demografica del paese. La popolazione giapponese raddoppiò di numero – dai 15 milioni del XVII secolo ai 31 del 1721 – per poi stabilizzarsi definitivamente, avendo ormai raggiunto il limite delle risorse disponibili.

Curiosamente, uno dei primi atti di Ieyasu come shōgun fu la creazione di un ufficio per lo studio e la diffusione del *Go*. Questo gioco ingannevolmente semplice, in cui alcune pedine bianche e nere si sforzano di circondarsi e neutralizzarsi a vicenda su una scacchiera a forma di griglia, era arrivato dalla Cina secoli addietro e sembra fosse il passatempo preferito di Ieyasu. La sua decisione di creare un Ufficio del *Go*, e un Campionato annuale di *Go* con quattro Case in competizione tra loro, può essere vista in retrospettiva come il primo indizio di quella che sarebbe stata la politica dei Tokugawa, ovvero l'utilizzo delle strategie militari in un contesto di pace, nel tentativo, spesso confuso, di riplasmarle e indirizzarle verso obiettivi che con la guerra non c'entravano nulla.

Quanto ai *daimyō*, Ieyasu mise alla prova la loro fedeltà nel più severo dei modi, rimescolando e ridistribuendo molte delle loro competenze. Lo shōgun spostò di continuo i suoi sottoposti come fossero pedine su una scacchiera, arrivando a costringere alcuni dei suoi generali di più vecchia data a lasciare definitivamente le loro terre ancestrali per trasferirsi dove giudicava fosse necessario. Molti legami locali, stabiliti da generazioni, vennero recisi. Territori cristiani si ritrovarono all'improvviso con reggitori pagani. Uomini che un tempo avevano governato intere provincie, furono mandati di punto in bianco ad amministrare misere cittadine all'incrocio di strade importanti, e viceversa.

Quando Ieyasu ebbe finito, i vari rami della sua famiglia controllavano il 15% delle terre giapponesi e i suoi alleati più stretti il 10%. Peraltro, i Tokugawa non avrebbero mai rinunciato alla loro presa sul potere. Ieyasu istituì rapidamente uno shōgunato ereditario, che sarebbe durato per due secoli con quattordici successori.

Nel 1615, poco prima del suo «ritiro» in favore del figlio adulto, il padrone dell'arcipelago presentò ai samurai un nuovo codice di condotta per un'aristocrazia militare in tempo di pace. Era il *Buke Shohatto*, ovvero il Regolamento per le casate militari. Le sue norme sarebbero state riviste e potenziate più volte dai successori dello shōgun, e avrebbero fornito una nuova base all'esistenza dei samurai. Pur riconoscendo che il tempo di pace era un periodo di relativa abbondanza, il *Buke Shohatto* imponeva alla classe guerriera di vivere frugalmente, di indossare vesti adeguate al suo stato e di non inseguire divertimenti grossolani. I samurai non dovevano sottrarsi ad alcun obbligo di servizio, né disinteressarsi del loro addestramento con l'arco, la spada e il cavallo.

Ieyasu non trascurò neppure di controllare più da vicino le realtà periferiche dell'arcipelago. I vassalli non potevano stringere accordi matrimoniali in favore dei figli senza l'approvazione dello shōgun. I ribelli e i fuggitivi – cioè, chiunque Ieyasu avesse dichiarato tale – andavano espulsi o arrestati. Gli abitanti di un feudo erano obbligati a risiedere nel suo territorio; i *daimyō* avrebbero potuto operare di concerto solo con l'autorizzazione dello shōgun. Lungi dal poter agire autonomamente, persino nel caso di una rivolta contadina in un feudo vicino, il vassallo avrebbe dovuto attendere ordini da Edo, prima di uscire dai suoi confini con una forza armata.

In quanto «supremi generali repressori di barbari», Ieyasu e i suoi successori erano anche responsabili della difesa del paese da qualunque attacco esterno. Per far fronte a questo compito, lo shōgunato Tokugawa emanò nel corso del tempo una serie di decreti volti a isolare sempre più il Giappone dal resto del mondo; in particolare dai missionari cristiani e dai mercanti europei che si stavano facendo strada nell'Asia orientale.

Durante il periodo degli Stati combattenti, alcuni generali avevano tratto vantaggio dai loro contatti con l'Occidente. Ad esempio, i signori della guerra di Kyūshū si erano dati volentieri all'esportazione di sete e metalli preziosi in cambio di armi da fuoco.

Una delle novità più rivoluzionarie di quell'epoca era stata l'introduzione dell'archibugio, i cui primi modelli avevano raggiunto l'arcipelago nel 1542, approdando nell'isola meridionale di Tanegashima. Proprio per questo, i giapponesi, che grazie alla Cina già conoscevano la polvere da sparo, avevano ribattezzato le nuove armi *tanegashima*, facendone subito ampio uso.

Solo per citare un caso, Oda Nobunaga se ne era abbondantemente servito, con ottimi risultati, durante la vittoriosa battaglia di Nagashino (1575). I *tanegashima* circolavano già da una generazione, ma Nobunaga ne aveva schierati ben tremila, proteggendo le sue truppe dietro palizzate di legno e facendo in modo che mentre un reparto sparava, quello al suo fianco potesse ricaricare. Non importava più quanti anni un samurai avesse trascorso nell'addestramento al tiro con l'arco o quanto la sua armatura fosse decorata. Le palizzate avevano contenuto l'impeto della cavalleria nemica, trasformandola in un facile bersaglio per gli archibugieri. Le nuove armi europee erano costose e complicate, ma comunque molto più economiche, sul lungo periodo, rispetto ai vent'anni passati a esercitarsi con l'arco e la spada. Un contadino poteva diventare archibugiere nel giro di pochi giorni, il che spiega, per inciso, l'improvvisa comparsa degli *ikkō ikki* e i loro effimeri successi. Una caratteristica tipica di una corazza samurai dell'epoca era la presenza di vistose ammaccature sulla piastra anteriore, a riprova che il suo costruttore, desideroso di verificarne la resistenza, l'aveva sottoposta a qualche colpo di fucile a bruciapelo prima di consegnarla al proprietario.

A ogni modo, i contatti con gli stranieri non provocarono soltanto la comparsa degli archibugi, ma anche l'emergere di una nuova religione. Non passò molto tempo prima che i missionari cristiani iniziassero a sbarcare nell'arcipelago, appuntando la loro attenzione sui ceti aristocratici che gestivano il potere, soprattutto a Kyūshū, l'isola più vicina ai loro porti di partenza.

Per gli osservatori stranieri non fu affatto facile capire come il Giappone si stava adattando ai paradigmi europei. Molti occidentali si riferivano all'arcipelago come alla terra dei sessantasei regni, scambiando i *daimyō* per monarchi; un errore comunque comprensibile, considerando la scarsa conoscenza che gli occidentali avevano dello shōgunato. Circolava poi un altro luogo comune, secondo il quale il Giappone era perennemente schiavo dei disastri naturali. Nel 1565, Luís Fróis[14] scrisse di trombe d'aria devastanti e terremoti così frequenti che i giapponesi ne-

14. Gesuita e missionario portoghese. [N.d.T.]

anche ci facevano più caso. Un anonimo marinaio inglese riferì di un «vento chiamato *tuffon*», il quale

> ... annuncia la tempesta che si abbatte d'abitudine sulle rotte tra la Cina il Giappone. Nasce in un punto, ma poi si sviluppa circolarmente, toccando tutti gli altri. Il vento soffia sempre più forte, costringendo i poveri marinai a sforzi inauditi. In tutte le Indie orientali, non vi è tempesta che possa reggere il confronto...

Quanto agli abitanti dell'arcipelago, ecco una testimonianza del gesuita portoghese João Rodrigues: «I giapponesi sono così astuti nei loro cuori, che nessuno può capirli. Per questo si dice che ne hanno tre: uno falso sulle labbra, così che tutto il mondo lo veda; uno nel petto, così che solo i loro amici lo conoscano; e uno nelle profondità dell'anima, così che nessuno possa guardarvi dentro». Sembra che questo giudizio fosse piuttosto comune tra i missionari cristiani, decisamente in imbarazzo con gli usi e i costumi nipponici. Come ebbe a osservare il gesuita abruzzese Alessandro Valignano, «gli abitanti delle isole imparano fin da piccoli a non rivelare i loro cuori. Fare il contrario, per loro, significa essere stupidi. Difatti, chiunque manifesti chiaramente la sua anima, viene considerato pazzo, guadagnandosi l'appellativo sprezzante di "uomo con un solo cuore"».

Valignano pensava che tale comportamento fosse l'effetto di secoli di guerre civili, come pure della cultura dei samurai:

> I giapponesi esercitano l'autorità nel modo più peculiare al mondo. Ciascun uomo ha il potere assoluto sulla propria famiglia e i propri servitori, e li può punire o persino uccidere – giusto o sbagliato che sia – come gli pare e piace, senza doverne

> rendere conto a nessuno. Anche quando si trova sotto l'autorità di un altro signore, gli è comunque concesso di uccidere i suoi bambini e i suoi servi, perché sono faccende che non riguardano il suo padrone. Un uomo non solo può sterminare la propria prole, ma anche diseredarla come e quando gli aggrada.

Ben presto, tuttavia, i missionari come Valignano impararono a inserirsi nei centri nevralgici del potere nipponico. Tornato a Roma, il gesuita abruzzese spiegò ai suoi superiori che non aveva senso avvicinarsi alle classi più umili della società giapponese. Semmai occorreva concentrarsi sui ceti privilegiati: con ogni probabilità convertire un *daimyō* avrebbe significato convertire tutta la sua corte.

Questo fu esattamente ciò che accadde nel Giappone meridionale attorno al 1570, quando i missionari convinsero molti governanti di rilievo a proclamarsi cristiani e a estendere automaticamente la nuova fede a tutti i loro sottoposti. In alcuni casi si trattò soltanto di una moda passeggera, con i samurai che usavano crocefissi per abbellire le loro armature. In altri casi, tuttavia, la conversione al cristianesimo non fu superficiale, a tal punto che lo shōgunato cominciò a preoccuparsi dei suoi possibili effetti. Come la predicazione buddhista aveva offerto agli *ikkō ikki* la pericolosa prospettiva di un nuovo stile di vita, quella cristiana cominciò a impensierire i samurai con le sue storie di *un* dio onnipotente, più grande e temibile di qualunque altra divinità. Inevitabilmente, il Vaticano assunse sempre più i contorni di una potenziale minaccia all'autorità dell'imperatore e dello shōgun.

La presa del cristianesimo sui giapponesi iniziò ad allentarsi alla fine del XVI secolo, con vistose oscillazioni della sua popolarità. Fu un comandante spagnolo a infliggergli nel 1596 il danno più grande. Inferocito per il saccheggio del suo veliero carico di seta al largo di Shikoku, costui aveva minacciato i suoi soccorritori di una rappresaglia da parte dei cristiani. I missionari erano solo i primi, aveva sbraitato. Appena costoro avessero convertito un numero sufficiente di giapponesi, si sarebbero create le premesse per un'invasione militare e l'arcipelago, complice la quinta colonna dei nuovi fedeli, sarebbe caduto in mano alla Cristianità. A inquietare ulteriormente le autorità nipponiche contribuivano poi le confuse notizie sulle guerre di religione tra cattolici e protestanti che stavano insanguinando l'Europa, provocando feroci divisioni al suo interno.

In realtà era proprio quello che l'establishment locale voleva sentire. Poco prima della sua morte, Hideyoshi aveva emanato una serie di severissimi decreti contro il nuovo culto; ma a dispetto di molte epurazioni e persecuzioni, i cristiani avevano resistito nelle regioni meridionali del paese, confidando che la fortuna sarebbe girata dalla loro parte alla fine delle guerre civili.

Ma ciò non avvenne. I samurai convertiti avevano combattuto dalla parte giusta a Sekigahara; non fosse altro per questo, la nuova religione si sarebbe meritata un certo grado di tolleranza. Purtroppo tra i nemici di Ieyasu vi erano molti cristiani. Così lo shōgun stabilì che soltanto coloro che avessero ripudiato convintamente e pubblicamente il culto di Gesù avrebbero conservato il loro potere.

L'avvento del clan Tokugawa non solo confermò la politica di Hideyoshi, ma diede anche una vigorosa spinta alla sua radicalizzazione, espellendo i missionari stranieri e perseguitando i credenti nativi. L'isola di Kyūshū, cuore della presenza cristiana nell'arcipelago, venne rapidamente «bonificata». I *daimyō* convertiti furono deposti e rimpiazzati da vassalli di fede buddhista o shintoista. I pochi europei dovettero trasferirsi in piccole aree strettamente sorvegliate. Ben presto, persino i cinesi furono isolati in due porti e gli occidentali in uno.

Nel 1634 le autorità confinarono i commercianti europei a Dejima, un'isola nella baia di Nagasaki. Si trattava soprattutto di olandesi, a malapena tollerati perché avevano fatto notare allo shōgun una circostanza di rilievo: in quanto protestanti, non erano soggetti ai capricci del Papa come i cattolici. Quanto agli altri europei, dovettero fare buon viso a cattivo gioco. Gli inglesi, ad esempio, sospesero di loro iniziativa tutti i traffici con il Giappone: la loro lana avrebbe trovato altri mercati.

Il peggio arrivò quando lo shōgun dispose la cacciata dal paese di chiunque avesse due o più nonni di origine straniera, troncando di fatto qualunque rapporto tra la società nipponica e la cultura europea. Molte famiglie furono divise: le figlie di padre olandese dovettero trasferirsi presso amici o parenti a Giacarta; quelle di padre cinese vennero deportate sul continente. Ogni influenza occidentale sull'arcipelago fu bandita d'autorità.

Malgrado l'adozione di queste misure, la repressione anticristiana non solo non si placò, ma si fece addirittura più feroce. L'imposizione fiscale sempre più pesante a carico delle vecchie comunità cristiane di Kyūshū, unita ai terribili raccolti dei peggiori anni della Piccola Era Glaciale, portò all'esasperazione i contadini locali. Nella penisola di Shimabara, dove molti vecchi veterani della guerra di Corea si erano stabiliti come agricoltori, il signore del luogo infiammò gli animi pretendendo nuovi tributi per la costruzione del suo castello. Fu la scintilla che fece scoppiare la rivolta. Le autorità Shōgun ne sarebbero venute a capo solo dopo mesi di dura repressione.

I fatti di Shimabara costituirono la prova decisiva per il nuovo sistema dei Tokugawa. Le notizie della rivolta contadina raggiunsero Edo nel 1637. La propaganda dei ribelli sulla fine del mondo e l'instaurazione di un nuovo ordine sociale suonava alle orecchie dei governanti come la versione cristiana della dottrina *ikkō ikki*. Lungo tutta la strada da Kyūshū a Edo, i signori della guerra si tennero pronti ad agire. Fedeli alle nuove regole dei Tokugawa, non avrebbero potuto uscire dai loro confini senza il permesso dello shōgun. Inevitabilmente, sarebbero stati i vassalli più vicini al suo quartier generale a ricevere gli ordini per primi e a muoversi di conseguenza.

Il risultato fu una corsa verso Kyūshū, poiché i *daimyō* più lontani dalla rivolta ma più vicini a Edo ricevettero gli ordini prima di quelli più lontani da Edo ma più vicini alla rivolta. Impazienti di tornare a combattere, i samurai si raccolsero lungo le strade che portavano a Shimabara. Una volta giunti sul posto, misero sotto assedio il castello semi diroccato di Hara, litigando su chi avrebbe condotto l'assalto finale, che avvenne soltanto nella primavera del 1638, con un esito che non fece onore agli attaccanti. Assetati di sangue, i samurai irruppero nel castello, si avventarono sugli occupanti (molti dei quali erano già indeboliti dall'inedia) e li massacrarono senza pietà, perpetrando una strage che andò avanti per un giorno intero.

La repressione della rivolta di Shimabara rappresentò la fine del cristianesimo in Giappone. Da quel momento in poi, il potere shōgunale avrebbe dato la caccia ai pochi credenti sopravvissuti, come pure a qualche sacerdote straniero che si ostinava a celebrare i sacramenti in clandestinità. Sta di fatto che i samurai erano riusciti a neutralizzare la minaccia più grande alla loro ideologia e alla loro cultura. Per essere certi di aver estirpato il male cristiano alla radice, i governanti introdussero una verifica periodica della fede (o della mancanza di fede) dei loro sudditi attraverso il sistema delle immagini da calpestare (*fumi-e*). La prova della propria avversione nei confronti del dio straniero consisteva nello schiacciare sotto i piedi una piccola icona raffigurante il Cristo o la Vergine Maria. I protestanti olandesi di Nagasaki si sottoposero a questo rito senza alcun problema, considerandolo un piccolo prezzo da pagare per proteggere i loro commerci. Molti convertiti giapponesi, tuttavia, preferirono morire piuttosto che rinnegare la propria fede.

Dato che non si poteva escludere a priori la sopravvivenza di gruppi cattolici clandestini, il *fumi-e* divenne ben presto una consuetudine. I templi buddhisti lo adottarono per sincerarsi periodicamente della fede dei loro seguaci. Persino alla fine del XIX secolo, il poeta Masaoka Shiki avrebbe alluso al *fumi-e* che si teneva ogni anno presso un tempio dei dintorni di Matsuyama, la sua città natale:

> Nel tempio
> All'ombra delle peonie in fiore
> Calpestiamo la faccia del Cristo.

La messa al bando del cristianesimo fu soltanto una delle misure predisposte per isolare il Giappone dal resto del mondo. Si stabilì che i contatti con gli stranieri dovessero avvenire solo all'interno di poche città portuali. Per quanto riguarda il resto del paese, i nativi non avrebbero potuto intrattenere alcuna relazione con loro, pena la morte. L'isolamento degli occidentali dal Giappone doveva accompagnarsi all'isolamento dei giapponesi dall'Occidente.

Ieyasu ricevette la visita di alcuni ambasciatori cinesi, desiderosi di ottenere un suo intervento contro i «pirati nipponici» che infestavano le acque della Cina meridionale. Costoro, tuttavia, erano la feccia dell'arcipelago; criminali che a suo tempo lo shōgun aveva espulso dal paese. Di conseguenza, Ieyasu non aveva alcun interesse a perseguirli, anche perché questo avrebbe significato inchinarsi ai voleri della Cina e riconoscere la sua supremazia.

Se c'era una cosa che lo shōgun non cercava, era l'approvazione dell'imperatore cinese. Fin dai tempi dello shōgunato Ashikaga, non c'era mai stato bisogno di fare appello alle autorità del celeste impero. Quando la Corea cadde nelle mani degli invasori Manciù (1636), i suoi abitanti ricevettero istruzioni affinché intimassero ai giapponesi di spedire tributi ai loro nuovi padroni. Tuttavia, immaginando dove si sarebbero svolte le battaglie nel caso che il Giappone e i Manciù fossero scesi in guerra, i coreani ritardarono l'invio dell'ordinanza, finché i Manciù non la lasciarono pietosamente cadere. Questi ultimi invasero la Cina nel 1644, e per alcuni decenni furono talmente impegnati in quell'impresa da scordarsi completamente dell'arcipelago nipponico. Del resto, la politica manciù non era mai stata interessata al dominio sui mari. Quanto al regime Tokugawa, si mostrò ancor meno interessato ad assecondare i governanti della Cina, non fornendo alcun aiuto ai lealisti Ming nella loro lotta contro i Manciù e addirittura non preoccupandosi di ristabilire relazioni diplomatiche ufficiali fino al 1871. L'unica eccezione a questo stato di cose è rappresentata dalle isole Ryūkyū. I Tokugawa concessero la signoria di quell'arcipelago al clan Satsuma, che lo aveva conquistato nel 1609. Nel 1650, i Satsuma decisero che il modo migliore per tenere le Ryūkyū fuori dai guai fosse quello di pagare tributi non solo al nuovo imperatore manciù e al ramo di Kagoshima dello stesso clan (che teneva in ostaggio un principe delle isole), ma anche all'ultimo dei pretendenti Ming, asserragliato a Taiwan. Questa farsa continuò fino al 1680 circa, quando i lealisti Ming vennero spazzati via. Ciononostante, le Ryūkyū non smisero di versare tributi ai Manciù, garantendo così che le rotte commerciali segrete dei Satsuma verso la Cina rimanessero aperte.

I mercanti cinesi attraccavano ancora a Nagasaki, dove, pur confinati in un solo quartiere, potevano continuare a vendere e comprare. Vi era anche una fiorente colonia di esuli – rifugiati e reduci della sfortunata spedizione in Corea, ad esempio – i cui membri lavoravano spesso come artigiani al servizio dei *daimyō*. I temi e i testi della cultura cinese continuavano a interessare i lettori nipponici, ma la stessa Cina stava diventando un ricordo sempre più sbiadito.

I giapponesi non potevano andarsene. Gli stranieri non potevano entrare. Era l'alba del cosiddetto periodo *sakoku*, il «paese incatenato». Il clan Tokugawa dedicò tutte le sue migliori energie al controllo dell'arcipelago, reprimendo ogni forma di dissenso. Gli archibugi furono chiusi a chiave nei castelli. Qualunque influenza occidentale scomparve dal paese; la conoscenza del mondo esterno fu lasciata nelle mani degli esperti in *rangaku* (studi olandesi), gli unici autorizzati a entrare in contatto con uomini, testi e tecnologie di origine straniera nell'isola di Dejima.

Il periodo *sakoku* coincise grosso modo con la Piccola Era Glaciale. Gli inverni si fecero notevolmente più rigidi; le carestie tornarono a flagellare il paese. Con ogni probabilità, la peggiore tra queste, conosciuta come carestia dell'era Tenpō (1833-1839), ebbe un ruolo significativo nel minare l'autorità dello shōgun; ciononostante, non è corretto parlare del *sakoku* come di un'epoca di mera decadenza politica e civile. Il Giappone, in realtà, godette di due secoli di relativo benessere, pur imprigionato in una distorsione temporale che lo teneva fermo al XVII secolo, mentre il resto del mondo conosceva la rivoluzione industriale.

Dopo la fine delle guerre intestine, i samurai si trasformarono in una «classe» ereditaria, che comprendeva circa il 6% della popolazione. Deposte le spade, i guerrieri di un tempo trovarono impiego negli uffici amministrativi delle città. Indossavano ancora vesti marziali e i più fortunati tra loro vivevano in castelli, anche se i feudatari avevano ridotto i loro manieri a un unico quartier generale, smantellando tutte le altre fortezze.

Il riso – o meglio, la potenzialità risicola di ciascun feudo – costituiva l'unità base degli scambi e dei pagamenti. La determinazione di un *koku* di riso poteva variare nel tempo, ma corrispondeva essenzialmente a due o tre carrette di prodotto; quanto bastava a nutrire un uomo per un anno. Ogni signore sapeva, almeno in linea teorica, qual era la capacità produttiva del suo feudo. Di fatto, però, erano i contadini a raccogliere il cereale.

Anche i samurai venivano pagati con il riso; e se volevano convertirlo in denaro, erano costretti a rivolgersi a un mediatore. I tributi diretti e indiretti che un vassallo doveva versare allo shōgun, e quindi la sua posizione rispetto agli altri signori, erano determinati dalla quantità di *koku* che le sue terre potevano produrre in un anno. Cinquecento *koku* indicavano un proprietario facoltoso, con un certo numero di servitori e una posizione di rilievo nella comunità. Diecimila *koku* designavano un aristocratico di basso rango, obbligato a fornire 100 fanti in caso di guerra. Con centomila *koku* si era un comandante di battaglione, alla guida di 750 uomini tra lancieri, archibugieri e cavalieri. Tuttavia, dato che regnava la pace, le occasioni per utilizzare la forza armata erano sempre più rare. Così i samurai del XVII secolo si ritrovarono ben presto con le mani in mano. Molto occasionalmente poteva scoppiare un tumulto tale da richiedere l'intervento di guerrieri professionisti, ma – anche se nessuno osava dirlo ad alta voce – la figura del samurai appariva sempre più ridicola. Di conseguenza i vecchi combattenti di un tempo dovettero trasformarsi in impiegati, vigilanti notturni e guardie del corpo, abbigliandosi ancora come se si trovassero sui campi di battaglia e requisendo cibo alle comunità dei dintorni con la patetica scusa di non aver perso il diritto di vita e di morte sui loro abitanti.

Le riforme di Ieyasu introdussero anche una clausola, apparentemente innocua, che imponeva ai samurai di presentarsi a Edo «al servizio dello shōgunato». Per molti signori questo significò sottoporsi al cosiddetto *sankin kōtai* (residenza alternata), in base al quale ciascun *daimyō* doveva trascorrere un anno a Edo, per poi tornare l'anno successivo nelle sue terre. Questo andirivieni da e per il quartier generale dello shōgun costrinse i vassalli a dotarsi di una residenza e di rappresentanti nella stessa Edo, nonché a dare praticamente in ostaggio alcuni dei loro familiari, talvolta anche per più di un anno. Come se tutto questo non bastasse, ogni *daimyō* doveva organizzare una sontuosa processione annuale tra Edo e i suoi possedimenti domestici, avvalendosi abitualmente – se era un aristocratico di rango elevato – di 1500 persone tra lettighieri, facchini, messi e valletti. Un simile corteo offriva la possibilità di concludere molti affari durante il percorso lungo le strade e i corsi d'acqua, tanto più che ciascun signore locale era obbligato a mantenerle in ordine a beneficio dei viaggiatori.

Il Giappone del periodo *sakoku* non era necessariamente arretrato. Certo, non si trattava di una società industrializzata, ma godeva comunque di una sostanziale autosufficienza. Le zone boscose erano ben gestite, la pesca produceva ottimi risultati e gli agricoltori utilizzavano al meglio gli aratri a doppia lama, come pure i nuovi attrezzi per piantare le patate. Le città erano fiorenti; l'alfabetizzazione alta; la cultura popolare in pieno fermento. I centri urbani nipponici apparivano assai più puliti delle loro controparti straniere, con sistemi di gestione e riciclaggio dei rifiuti decisamente all'avanguardia. Anche il settore commerciale si avvaleva di metodi ancora sconosciuti all'Occidente, quali il posizionamento strategico dei prodotti, il preconfezionamento delle merci e un sistema infrastrutturale efficiente, al servizio non solo del *sankin kōtai*, ma anche dell'attività mercantile.

Il *sankin kōtai* ebbe un effetto duraturo sulla cultura nipponica. Letterati provenienti da ogni feudo si affollarono a Edo trasformando la città – non la capitale, Kyōto – in un centro di scambi intellettuali. Un certo libro, una certa opera teatrale, una nuova moda o un nuovo cibo, raggiungevano il resto dell'arcipelago solo se prima erano passati per Edo. Il movimento di massa delle corti dei vassalli attraverso la campagna, talvolta da un capo all'altro del paese, contribuì alla diffusione su scala nazionale di locande, stalle e bordelli, assieme a un embrione di ciò che oggi chiameremmo industria del turismo. Non occorre un grande sforzo per immaginare il tipo di discorso che avrebbe potuto accogliere un viaggiatore in cerca di ristoro lungo le strade dell'arcipelago:

> Benvenuto nella città di Marugame, che si affaccia sullo splendido mare interno, il posto perfetto dove abbeverare il tuo cavallo e goderti una notte di buon sonno prima di riprendere il cammino. Visto che sei qui, che ne dici di acquistare uno di quei ventagli fatti a mano che sono il vanto della nostra città? Hai visto il tempio di Kanonji? Si trova non lontano, e ti offre la possibilità di comprare fantastici amuleti tascabili, confezionati su misura. Costano poco, giusto una piccola donazione ai

monaci. Hai assaggiato il nostro piatto tipico? Il brodo degli spaghetti ha un sapore *leggermente* diverso…

In Giappone le differenze regionali sono caratterizzate da infinite sottigliezze, che possono andare dall'uso di particolari elementi decorativi fino alla valorizzazione di specifici prodotti locali. Nel XVII secolo Nagasaki era famosa per le sue torte, preparate con la preziosa canna da zucchero importata dai mari del sud. Shimonoseki era nota come la città in cui si poteva assaggiare il pericoloso pesce palla (*fugu*), il cui veleno mortale veniva reso inoffensivo dai cuochi, a patto che sapessero come cucinare il pesce che lo conteneva. La stessa Edo era celebrata per le sue palline di riso avvolte da un gustoso bocconcino e condite con l'aceto; un perfetto esempio di cibo di strada dell'epoca. Sembra che la natura della cucina nipponica di quel periodo dipendesse in ampia misura dall'alto tasso demografico dell'area di Edo, che permetteva non solo un rapido accesso ai mercati del pesce, ma anche un continuo avvicendamento dei consumatori, così che tali prelibatezze non avessero il tempo di deteriorarsi. Fu proprio allora che nacque l'*Edo-mae-zushi* (piatto di Edo a base di riso e aceto), o più semplicemente *sushi*.

Gli stili di Edo cominciarono a influenzare il resto del paese. La stessa lingua giapponese divenne più uniforme e omogenea, mentre i samurai dei territori periferici affluivano in città per apprendere velocemente come parlare e scrivere senza passare per bifolchi. Ancora oggi, gli accenti locali si differenziano per l'uso di determinati vocaboli e la presenza di particolari inflessioni, mentre il nucleo fondamentale del giapponese parlato rimane netto e distinto.

Persino le acconciature maschili presero a ispirarsi a quelle dei samurai. Durante il periodo degli Stati combattenti, i guerrieri si rasavano la parte anteriore del capo per indossare più comodamente l'elmo. È possibile che questa scelta fosse motivata anche da vanità, con i giovani samurai che cercavano di mostrare la stessa calvizie dei colleghi più anziani. Ma qualunque sia stato l'intento originale, la fronte rasata cominciò a essere vista come indice di un carattere combattivo, creando un nuovo, stravagante stile che presto fu imitato da tutti. Questo *chonmage* (taglia-e-annoda) divenne il segno distintivo della classe guerriera e di chiunque volesse esibire un aspetto ricercato, anche se gli attori del teatro *kabuki*, spesso impegnati in ruoli femminili, dovettero nascondere la loro fronte rasata dietro una vistosa fascia purpurea. La moda del *chonmage* durò fino agli ultimi decenni del XIX secolo, quando fu abolita da un decreto imperiale all'interno delle varie misure di modernizzazione del paese.

Un viaggio a Edo non era una campagna militare. Per quanto il tragitto fosse lungo e costoso, sarebbe stato scandaloso per un samurai saccheggiare le fattorie lungo la strada per procurarsi il cibo, pena la perdita della sua rispettabilità, e stupido viaggiare con la fornitura di cibo per un anno. Un mercante di Ōsaka, tappa obbligata di buona parte delle processioni *sankin kōtai*, escogitò un sistema ingegnoso per ricavarne qualche vantaggio. I signori avrebbero potuto versare le loro tasse sotto forma di riso direttamente nei magazzini militari della città, ricevendo in cambio dei buoni che si sarebbero potuti riscattare nei depositi di Sendai o Edo. Spesso quel riso doveva essere spostato dov'era più necessario; una circostanza che spinse i mercanti a investire in nuove vie di comunicazione, soprattutto di tipo marittimo, con notevoli benefici per molti spacci al dettaglio, in particolare per quelli che vendevano bevande alcoliche. Quando i tempi si fecero duri per la classe guerriera, i mercanti iniziarono a concedere prestiti ai samurai in difficoltà, esigendo in cambio una quota del loro raccolto dell'anno successivo o pretendendo un'ipoteca sulle loro proprietà. A dispetto delle sue compiaciute caratteristiche medievali, il Giappone si stava trasformando rapidamente in una moderna economia mercantile.

Senza dubbio questa era una buona notizia per alcuni settori della società nipponica. L'ordine medievaleggiante degli shōgun aveva collocato i samurai al vertice della piramide sociale, mentre gli agricoltori – cioè la stragrande maggioranza dei giapponesi, compresi i contadini che coltivavano il riso per pagare i guerrieri – si trovavano sul gradino immediatamente inferiore. Gli artigiani, o chiunque fosse in grado di creare qualcosa di utile con le proprie mani, venivano al terzo posto, e i mercanti solo al quarto, a un passo dagli «intoccabili», ovvero i conciatori, i macellai, i becchini e tutti coloro che svolgevano attività vietate dalla religione buddhista. Si potrebbe osservare che un devoto buddhista avrebbe dovuto attenersi al precetto di non uccidere, ma erano secoli che i guerrieri nipponici non riflettevano su tale contraddizione.

I samurai consideravano i mercanti squallidi parassiti che approfittavano della pace per concludere i loro sporchi affari, sfruttando senza scrupoli il lavoro della brava gente. Ciononostante, i commercianti stavano diventando sempre più potenti, se non altro perché potevano raccogliere i frutti di un capitalismo sfrenato senza dover sottostare agli obblighi dell'aristocrazia guerriera. Accettavano il riso solo come garanzia di un prestito. Non avevano un codice di comportamento che li obbligasse a disertare i teatri. Mentre i samurai si aggrappavano alle glorie del passato, i mercanti prosperavano. Mentre i samurai si preparavano a guerre che non sarebbero mai scoppiate, loro trainavano l'economia del paese, creando una nuova cultura del consumo e del divertimento.

Malgrado il suo carattere profondamente conservatore, lo shōgunato Tokugawa permise la nascita di inattese libertà. Il ritorno alla pace propiziò la comparsa di nuovi comportamenti eccentrici. Gli uomini si vestivano secondo la moda del giorno; i samurai portavano spade appariscenti che non sarebbero mai stati capaci di maneggiare; le acconciature avevano rinunciato all'austerità dei tempi di guerra per farsi sempre più stravaganti. Nelle taverne scoppiavano risse tra samurai ubriachi; a corte ci si scandalizzava per qualche scherzo un po' troppo spinto. Era un'epoca di spacconi e fuorilegge, stigmatizzati dai ceti conservatori come *kabukimono*, «gli eccentrici».

Tra questi spiccava l'attrice e ballerina Izumo no Okuni, un personaggio avvolto da un alone mitico sul quale è difficile fare chiarezza. Secondo la leggenda era figlia di un fabbro e si esibiva occasionalmente in un santuario alla fine del XVI secolo. Rispecchiando l'irriverenza dei tempi, proponeva non solo versioni parodistiche delle antiche danze religiose, ma anche rivisitazioni innovative delle vecchie commedie *kyōgen*, decisamente più leggere dei drammi *Nō*. Okuni si vestiva in modo eterodosso anche fuori dal palcoscenico, indossando cappello e pantaloni portoghesi, portando al fianco una spada d'oro, e agghindandosi con tutti gli ornamenti esotici che riusciva a raccogliere, tra i quali un rosario di cristallo e un crocefisso dorato.

Forse Okuni era davvero l'ancella di un santuario che si divertiva a irridere rituali che conosceva solo in parte; o forse era soltanto una prostituta che sapeva come attrarre l'attenzione del pubblico. A ogni modo si guadagnò ben presto una fama nazionale mettendo in scena spettacoli incentrati sul suo ultimo amante, un samurai – probabilmente immaginario – chiamato Nagoya Sanzaburō, che divenne a sua volta celebre. Con un colpo di scena che non mancava mai di stupire gli spettatori, il fantasma di Sanzaburō balzava improvvisamente sul palco e iniziava a danzare con Okuni, trasformando il finale del dramma in un esorcismo contro gli spiriti maligni e in una celebrazione dell'amore oltre la morte.

Una volta qualcuno si prese gioco della personalità eccentrica dell'attrice osservando che i suoi spettacoli non erano solo *kabuki* – cioè, in giapponese, «fuori dall'ordinario» – ma anche *ka-bu-ki*, alludendo alle tre parole per canto, danza e prostituta.

Il teatro *kabuki* si diffuse con la rapidità di un incendio. Libero dalle costrizioni del *Nō*, continuò a svilupparsi anche dopo la morte della sua presunta fondatrice (1613), ponendo le basi di una vera e propria tradizione. Anziché indossare le maschere del *Nō*, gli attori ricorrevano a un trucco appariscente e a costumi sgargianti che ne accentuavano la stranezza. L'orchestra sul palco eseguiva motivi popolari con nuovi strumenti quali lo *shamisen*, un liuto a tre corde importato dalle isole Ryūkyū.

Tutto questo non piacque allo shōgunato Tokugawa. Il *kabuki* stava diventando il perno di una nuova cultura del consumo e dell'intrattenimento, con il teatro al centro di una galassia di taverne, bordelli e case da tè. Particolarmente scandalizzate dal fatto che le attrici usassero le rappresentazioni teatrali per promuoversi come prostitute, nel 1629 le autorità decisero di bandire le donne dal palcoscenico. Da quel momento in poi, i ruoli femminili sarebbero stati interpretati da ragazzi, finché non si scoprì che anche loro erano disponibili a prestazioni sessuali.

A partire dalla fine del XVII secolo, il *kabuki* venne tollerato a una sola condizione, ovvero che tutti i suoi attori fossero maschi adulti. Il *ki* che significava «prostituta», fu eliminato solo nel XIX secolo, quando fu sostituito da un omofono, che però voleva dire «abilità». Dai suoi esordi su terreni incolti – sembra che i primi spettacoli si fossero tenuti d'estate nel letto prosciugato del fiume Kamo, a Kyōto – il *kabuki* finì per conquistarsi uno spazio fisico ben definito, con una passerella che partiva dal fondo del teatro, per poi curvare a destra e unirsi al palcoscenico. A causa del gran numero di apparizioni sovrannaturali che costellavano ogni dramma, i teatri furono provvisti di botole per consentire agli «spettri» di saltare fuori all'improvviso.

Il repertorio era un'intrigante miscela di drammi storici e racconti moderni, con una forte attenzione al conflitto tra *ninjō* (compassione) e *giri* (dovere). Era noto che il clan Tokugawa non avrebbe mai tollerato alcuna rappresentazione critica del suo regime. Per volere dello shōgun, l'attualità politica o sociale doveva restare fuori dal palcoscenico. Di conseguenza si assistette a una proliferazione di drammi che rievocavano le antiche gesta dei samurai, preferibilmente sullo sfondo della guerra tra i Taira e i Minamoto. Ambientate nel passato per non irritare i samurai del presente, talvolta queste opere alludevano in modo obliquo alla realtà del loro tempo, ma sempre con estrema cautela, così da evitare qualunque guaio.

Altrettanto importanti nel repertorio *kabuki* erano le storie dedicate alla gente comune: mercanti e agricoltori, ragazze da taverna e donne perdute; figure spesso ispirate a personaggi o avvenimenti reali.

Le storie di fantasmi godevano di grande popolarità durante i mesi estivi, offrendo agli spettatori qualche brivido freddo che moderava la calura: amanti gelosi che tornavano dall'aldilà e spiriti che cercavano vendetta nel nome di preti buddhisti offesi. Il più grande successo dell'epoca fu *Gli amanti suicidi di Sonezaki*, ispirato alla morte, realmente avvenuta nel 1703, di una cortigiana e di un semplice impiegato presso una fabbrica di salsa di soia. Già un mese dopo quei tragici fatti, la loro storia aveva ispirato uno spettacolo di burattini – il teatro *bunraku*, a base di marionette, anticipava spesso soggetti che poi venivano ripresi da forme di intrattenimento più sofisticate. Nel 1717 la vicenda dei due amanti suicidi fu rilanciata dal *kabuki*, dando inizio a un intero sottogenere di amori tragicamente autodistruttivi, il cosiddetto *shinjū*. Il messaggio implicito, vagamente ispirato alla dottrina della Terra Pura, era che togliersi entrambi la vita in questo mondo, costituiva il sistema migliore per incontrarsi di nuovo nell'esistenza successiva.

Nonostante l'enfasi posta dal *kabuki* su questo tema, il suicidio per amore veniva considerato nel mondo reale un crimine disonorevole. Si potrebbe pensare che l'essere costretti a uccidersi a causa di una situazione insopportabile fosse già una punizione sufficiente, ma la legge dei Tokugawa esigeva che i corpi degli amanti suicidi fossero appesi per tre giorni al ponte di Nihonbashi, nel centro di Edo. Se i cadaveri non erano recuperabili, o comunque disponibili, sarebbero stati i parenti ancora in vita delle vittime a venire esposti – nudi – nello stesso luogo, venendo trattati a tutti gli effetti come criminali.

Se intendeva dissuadere gli aspiranti suicidi dal mettere nei guai le loro famiglie, questa misura fallì completamente. Il Giappone fu infatti percorso da un'ondata di suicidi imitativi, ispirati in gran parte dalle innumerevoli (e inattendibili) versioni teatrali della tragedia di Sonezaki. Nel 1723 lo shōgunato proibì le storie di suicidio per amore, considerandole una mania pericolosa. Tuttavia, sarebbe trascorsa soltanto una generazione prima che queste vicende tornassero ad affacciarsi sui palcoscenici.

Le stelle del *kabuki* erano gli idoli dei loro tempi. Acclamate dagli spettatori, venivano corteggiate perché prestassero la loro approvazione pubblica a qualunque prodotto commerciale, dalle medicine ai cosmetici femminili. Non di rado, la stampa scandalistica si occupava della loro tumultuosa vita sessuale. In un trionfo di ciò che oggi chiameremmo «mansplaining»[15], gli attori che interpretavano donne (*onnagata*) divennero le autorità indiscusse in tema di questioni femminili, dal trucco alle acconciature, all'uso dei ventagli.

I dipinti giapponesi più antichi ritraevano spesso aristocratiche con lunghi o lunghissimi capelli sciolti sulle spalle. Nel periodo Edo, tuttavia, le cortigiane e gli attori *kabuki* privilegiavano uno chignon verticale detto *shimada*, che presto venne imitato dalle donne di qualunque estrazione sociale, anche a costo di ricorrere a posticci. Le acconciature erano uno dei temi preferiti dalle stampe del periodo, in particolare quelle delle geishe, che si distinguevano per il gran numero di fermagli tra i capelli. Dove un'aristocratica poteva avere una o due forcine, una cortigiana di alto rango avrebbe esibito una profusione di rocchetti gialli, così da attrarre il più possibile l'attenzione e far capire che lei, con l'aiuto delle ancelle, aveva riservato la massima cura al miglioramento del suo aspetto. Cosa ancora più importante, si sarebbe assicurata di mettere in evidenza la nuca, una parte del corpo che i giapponesi consideravano altamente erotica.

I libri e le stampe del periodo costituiscono il modo migliore per avvicinarsi alla vivacissima cultura urbana di Edo. Mentre in precedenza gli artisti avevano goduto del patrocinio di ordini aristocratici, militari o religiosi, l'era Tokugawa assistette alla nascita e all'ascesa di un'editoria di massa, destinata soprattutto ai ceti artigiani e mercantili.

I prodotti editoriali di fascia bassa erano divertenti e a buon mercato. Le illustrazioni non costavano più di una ciotola di

15. Neologismo che indica la pretesa degli uomini di spiegare alle donne cose che queste conoscono benissimo. [N.d.T.]

spaghetti di riso. Incollate su fogli di carta, duravano quanto il loro fragile supporto, spesso non più di qualche mese. Alcune di queste immagini sono arrivate fino ai giorni nostri, anche se lo scorrere del tempo ha danneggiato la loro integrità. Certi colori di origine vegetale o animale, come i rossi e i gialli, sono sbiaditi quasi del tutto, a differenza di quelli a base minerale, come il blu di Prussia, che peraltro venivano importati.

Le stampe erotiche conosciute come *shunga* (immagini di primavera), costituiscono un esempio particolarmente significativo della produzione editoriale Tokugawa. Ironicamente il fatto che venissero tenute nascoste dai loro proprietari ha contribuito in modo determinante alla loro sopravvivenza. Secondo la credenza popolare i samurai portavano con loro uno *shunga* come amuleto contro la morte. Più in generale si riteneva che il possesso di una stampa erotica allontanasse dalla propria casa il pericolo di incendi.

L'iconografia erotica del Giappone consentiva di sbirciare con l'immaginazione fra le alcove degli attori e delle cortigiane del momento, e spesso si trattava di uno sguardo diretto, senza veli. Alcune stampe pretendevano di assolvere a una funzione scientifica, in quanto riproducevano tutte le possibili forme e dimensioni degli organi sessuali. Talvolta, queste crude rappresentazioni semi pornografiche erano accompagnate da sottili riferimenti a fatti o personaggi storici, oppure venivano commentate da versi allusivi. Nel tentativo di aumentare l'eccitazione dell'osservatore, i genitali apparivano regolarmente sovradimensionati.

Il mercato editoriale dell'epoca Tokugawa vide anche un'impennata nella produzione di romanzi, guide di viaggio, classici confuciani, trattati filosofici, e manuali di istruzioni. Dopo un breve idillio con i caratteri mobili, gli stampatori tornarono al vecchio metodo della riproduzione su un unico blocco di legno. A differenza del mondo occidentale, dove i caratteri mobili sminuivano l'importanza delle illustrazioni separandole dal testo, l'incisione su lastre lignee, tipica del Giappone, sortiva esattamente l'effetto contrario.

La natura della stampa su supporto ligneo permetteva anche una confezione particolare per certi titoli, con i libri in bianco e nero, su carta grossolana, destinati alla massa; e quelli a colori, su carta pregiata, riservati alle élites. Non mancavano neppure le edizioni a noleggio, spacciate porta a porta da appositi agenti di commercio. Nell'epoca Tokugawa si stampava letteralmente di tutto, dai romanzetti di infimo livello ai capolavori della poesia, dai racconti di guerra dei samurai ai classici del pensiero religioso.

I blocchi di legno occupavano molto spazio, ma gli editori più lungimiranti si sforzavano di conservarli il più a lungo possibile. Infatti, se un certo libro si rivelava un successo, bisognava essere pronti a ristamparlo in fretta. Se era trascorso un certo tempo dalla sua uscita, si poteva rieditarlo con una nuova storia a corredo delle immagini. Se una stella del *kabuki* era caduta nel dimenticatoio, si poteva sostituire il suo ritratto con quello del nuovo idolo delle signore.

Oggi l'Occidente conosce soprattutto Hokusai e Hiroshige, ma questa circostanza rischia di oscurare l'incredibile talento che caratterizzava gli incisori delle tipografie, abilissimi nel prendere il disegno originale, incollarlo su una lastra lignea e ritagliarlo fino a ricavarne l'immagine desiderata, in ogni gamma di colore. Ciascuna tinta richiedeva una lastra di legno specifica, che poi andava unita con estrema precisione a tutte le altre. Non si trattava soltanto di duplicare il prototipo dell'artista, ma anche la sua firma e l'eventuale testo di accompagnamento;

un'operazione tutt'altro che facile, visto che quei tratti risultavano spesso da una velocissima pennellata d'inchiostro, tale da creare una grafia vorticosa ed estremamente elaborata. Persino questi elementi andavano riprodotti con la massima precisione, ricorrendo a un paziente lavoro di cesello.

Nello stesso periodo, anche la poesia nipponica, che era fiorita inizialmente come un «duello» di parole tra aristocratici, acquisì una nuova forma espressiva, allontanandosi dall'antica magniloquenza a favore di una scarna sobrietà. Dove i grandi letterati di un tempo si sarebbero sfidati a comporre poemi di lunghezza chilometrica, unendo tra loro strofe (*renga*) di centinaia di versi, i poeti Tokugawa cominciarono ad agire in senso diametralmente opposto, scarnificando al massimo i loro lavori. Ben presto artisti come Matsuo Bashō (1644-94) scelsero di rinunciare a tutto tranne che al distico di apertura. Più in particolare, Bashō perfezionò una forma di ingannevole semplicità, basata su diciassette sillabe che contenevano una parola allusiva a una precisa stagione dell'anno. Il risultato era una giustapposizione ineffabile di immanenza e trascendenza; versi dal significato più intuitivo che assertivo, dove l'ascoltatore doveva sforzarsi di cogliere il senso di ciò che l'autore *non* diceva. Cosa poteva esserci di più zen di un componimento che creava uno spazio vuoto al suo interno, invitando alla contemplazione? Nella cultura nipponica fece così il suo ingresso l'*haiku*; una forma letteraria che si prestava molto bene all'epigramma e alla calligrafia, sfidando il poeta a suscitare un senso di meraviglia attraverso pochissime parole.

La maestria di Bashō emerge anche dal suo senso dell'umorismo. Mentre autori meno dotati avrebbero espresso la loro ispirazione ricorrendo a immagini pittoresche da libro illustrato, lui non esitava a ridere di se stesso in modo franco e diretto.

Vieni! Usciamo a goderci la neve
finché non scivolerò e cadrò.

È un momento straordinario, che porta il lettore a fantasticare sulla bellezza della natura, per poi ricondurlo con i piedi per terra grazie a un tonfo.

Per i giapponesi comuni il mondo esterno era un enigma. I Tokugawa, tuttavia, facevano il possibile per non perdere di vista le realtà straniere, affidandosi agli esperti di «studi olandesi» per restare aggiornati sui nuovi sviluppi. Ai confini dell'arcipelago il *sakoku* era più permeabile. Nelle lontane regioni del nord non era del tutto chiaro dove finisse il Giappone e dove iniziassero gli altri paesi. Il dominio del clan Matsumae si estendeva soltanto sulla punta meridionale di Hokkaidō, ma la sua rete commerciale si allungava fino alle remote comunità degli Ainu, che a loro volta scambiavano merci con l'isola di Sachalin e la costa della Siberia.

A Tsushima, sullo stretto di Corea, il clan Sō manteneva stretti rapporti con il continente asiatico, assicurando un collegamento tra l'arcipelago nipponico e la stessa Corea, che in quel periodo era altrettanto «chiusa» agli stranieri. E giù nelle isole Ryūkyū, i locali versavano astutamente tributi sia all'imperatore del Giappone che a quello della Cina, così da potersi muovere tra i due regni con relativa facilità.

Nel frattempo, nel porto di Nagasaki, si scoprì che molti visitatori «cinesi» erano in realtà thailandesi, mentre qualche commerciante «olandese» proveniva dall'Inghilterra, dalla Francia o dalla Germania. Per un certo periodo, quando gli olandesi si ritrovarono tagliati fuori dalle rotte per l'Oriente a causa delle guerre napoleoniche, furono le navi americane ad attraccare a Nagasaki, commerciando sotto la bandiera dei Paesi Bassi.

Era una situazione che non poteva durare a lungo. Persino gli olandesi avevano cercato di avvertire lo shōgun che gli assetti mondiali stavano cambiando rapidamente. La Russia, che una volta era stata una potenza «europea», aveva iniziato a espandersi a est, fino a lambire la Siberia e l'Alaska. La brama inglese di tè aveva condotto alle Guerre dell'oppio in Cina, e alla presenza della Royal Navy sulla soglia d'ingresso del Giappone. Nel frattempo la Guerra messicano-americana, che si era conclusa nel 1848, aveva portato all'acquisizione della California da parte degli Stati Uniti. Questi ultimi, che ora si estendevano «da un mare luccicante all'altro»[16], avevano iniziato ad appuntare lo sguardo sul Pacifico, in cerca di un nuovo orizzonte.

Non passava anno senza qualche sgradito incontro lungo le coste dell'arcipelago, che si trattasse di commercianti clandestini o naufraghi di un'imbarcazione straniera. L'ascesa delle navi a vapore si rivelò particolarmente pericolosa per il Giappone, sia perché lo avvicinava al resto del mondo grazie all'accorciamento dei tempi di viaggio, sia perché i mercantili stranieri necessitavano di porti nel Pacifico settentrionale dove rifornirsi di carbone.

Verso la metà del XIX secolo, stando almeno allo storico locale Nitobe Inazō, in Giappone divenne popolarissima una canzone dal testo inquietante:

> Attraverso una cupa notte di nuvole e pioggia
> La Nave Nera avanza –
> Oggetto alieno dall'aspetto malvagio –
> Nel grigio delle acque.

16. Citazione tratta da *America the Beautiful*, celeberrimo inno patriottico statunitense. [N.d.T.]

Nella sua stiva lavorano uomini
Dai volti neri e spaventosi;
Sopra, accanto ai cannoni,
centinaia di torvi marinai vestiti di rosso.

Con le guance mezze nascoste da barbe arruffate
Il loro sguardo è fisso sulle onde,
In cerca della nostra terra del sole, agli ordini
Di un capitano che sembra un gufo cadaverico.

Arrivano rumorosi, col rombo dei tamburi
Con canzoni cantate a squarciagola.
Ora, con carne ed erbe in serbo,
Le loro prue si dirigono verso la costa occidentale.

E adesso, procedendo lentamente,
Queste Navi Nere, sballottate dalle onde, vanno avanti e indietro.

La «Canzone della Nave Nera» è molto conosciuta tra gli studiosi del periodo, che la citano spesso come una specie di sinistra profezia di quel che sarebbe accaduto nel 1853. Se esaminato con attenzione, però, il suo testo sembra riferirsi più che altro ai numerosi avvistamenti di navi straniere lungo le coste nipponiche. Quegli scafi si distinguevano facilmente sia per la loro stazza, sia per la vernice nera antivegetativa. Di conseguenza, non meraviglia che a metà del XIX secolo destassero una certa inquietudine tra gli abitanti dell'arcipelago. Da dove erano salpati? Qual era la loro meta finale? E cosa volevano i loro equipaggi? L'avvistamento di vascelli stranieri nelle acque nipponiche si fece sempre più frequente, nonostante le ripetute assicurazioni dello shōgun e delle guardie costiere che nessuna imbarcazione proveniente dal mondo esterno sarebbe mai attraccata in un porto che non fosse quello di Nagasaki.

In realtà, questa era soltanto la versione ufficiale. Dietro le quinte, lo shōgunato non nascondeva la sua crescente apprensione per il transito ravvicinato di mercantili stranieri. Non a caso, nei porti giapponesi si registrò un aumento significativo nel numero dei carpentieri navali, come pure un rafforzamento delle difese costiere e delle batterie di cannoni. Malgrado le autorità continuassero a ripetere al popolo e all'imperatore che tutto andava bene, all'orizzonte si stavano affacciando grossi guai.

IL FETORE DEL BURRO: RESTAURAZIONE E MODERNIZZAZIONE

7

Tutto iniziò con una vibrazione sorda, mai udita prima. Mentre le onde del mare si stavano placando e gli uccelli dormivano tranquilli, i pescatori sul litorale di Sagami furono raggiunti da un suono sconosciuto che proveniva dall'oscurità. Nella sua stranezza, sembrava quello di una tigre che ringhiasse dal fondo del mare, eppure non pareva farsi più vicino. Anzi, a poco a poco prese ad allontanarsi, per poi dissolversi del tutto.

Fu solo alla luce del giorno che la fonte del rumore divenne manifesta, avvicinandosi alla spiaggia quanto bastava per rendere visibili le nuvole nerastre del suo fumo, dapprima come foschia, e poi come una cappa di particelle fuligginose. Mentre l'aria marina odorava sempre più di catrame, apparvero le navi. Alcuni fra gli abitanti della baia di Edo avevano sentito parlare delle baleniere che venivano da paesi lontani. Qualcuno sosteneva che un amico di un suo amico le aveva persino viste, ma in proposito nessuno ci teneva a essere troppo preciso. Conoscere le navi provenienti dall'esterno significava conoscere gli stranieri, e quello era ancora un reato capitale. La gente che assisteva allo spettacolo dalle colline, parlava nervosamente di un «incendio sul mare», salvo poi comprendere, con crescente disagio, che in realtà stava assistendo all'arrivo di quanto di meglio potesse offrire la potenza navale straniera: quattro fregate della marina militare statunitense.

La maggior parte dei giapponesi non aveva mai visto imbarcazioni simili. Le loro vele erano arrotolate, eppure le navi procedevano egualmente, con i motori a carbone che alimentavano le pale di due gigantesche ruote, una su ciascun lato. Le dimensioni dell'ammiraglia americana, la *Susquehanna*, erano venticinque volte superiori a quelle del più possente vascello nipponico, al punto da guadagnarsi presso i locali l'appellativo di «castello galleggiante». Quelle navi erano «grandi come montagne» e «veloci come uccelli».

Se avessero prestato più attenzione, i giapponesi avrebbero notato un dettaglio significativo. Ma erano troppo presi dalle dimensioni della flottiglia per accorgersi che due navi procedevano a rimorchio. Evidentemente non tutti quegli scafi erano gioielli della tecnologia. Il comandante, commodoro Matthew Perry, aveva sperato in un arrivo più spettacolare, ma molti dei suoi vascelli di prima classe si trovavano altrove in riparazione.

Ciononostante Perry proseguì a tutto vapore, ignorando il rabbioso fuoco di sbarramento che partiva dalle minuscole imbarcazioni dei guardiacoste, e non facendo caso a un gruppo di locali che inalberava un cartello con l'intimazione (in francese) di volgere la prua verso il mare aperto, visto che l'approdo in rada era proibito.

Ma Perry gettò egualmente le ancore. Era l'8 luglio 1853.

Ben presto gli americani capirono che i giapponesi non avrebbero fatto nulla per fermarli. Le batterie costiere tacevano. I samurai si limitavano a osservarli dalla riva. A quel punto, Perry inoltrò a terra una richiesta di colloquio.

Da mesi lo shōgun sapeva che il commodoro sarebbe arrivato. Gli olandesi di Nagasaki gli avevano trasmesso una comunicazione da parte del loro viceré in India. Quel messaggio lo avvertiva che presto sarebbe giunto un messo con una lettera del presidente degli Stati Uniti, destinata all'imperatore del Giappone. Il presidente americano si impegnava a restituire alcuni naufraghi giapponesi, ma in cambio chiedeva l'apertura dei porti dell'arcipelago.

Perry conosceva bene il carattere nipponico e il suo schierarsi in vista del quartier generale dello shōgun fu una esibizione di forza attentamente calcolata. Prima di ripartire, con la promessa di tornare l'anno seguente per conoscere le decisioni dell'imperatore, fece addirittura sparare una salva dai suoi settantatré cannoni, per celebrare, sia pure in ritardo, la festa dell'indipendenza americana.

Anche grazie alle informazioni fornite dagli specialisti in «studi olandesi», la cerchia interna dello shōgun sapeva bene che il commodoro non stava bluffando. I vertici del potere nipponico erano già a conoscenza dei danni che gli inglesi avevano inflitto alla Cina durante le Guerre dell'oppio, e dei successivi «trattati ineguali» che l'avevano costretta non solo all'apertura del commercio su base non paritaria, ma anche al pagamento di pesantissimi indennizzi, tali da mettere in ginocchio la sua economia. A conti fatti, forse la soluzione più ragionevole sarebbe stata quella di aprire i porti, evitando un conflitto armato.

Una decisione simile, tuttavia, non rientrava nei poteri dello shōgun. Dopotutto, si trattava del «supremo generale imperiale repressore di barbari», con l'incarico di tenere gli stranieri *fuori* dal paese, e non di accordare loro il permesso di sbarco. Così, si rivolse all'imperatore in cerca di consiglio, ma questi gli rispose con una serie di memoriali fumosi, che gli addossavano ogni responsabilità sulla condotta da seguire.

I giapponesi furono pronti a leggere in tutto questo ogni sorta di presagio. Si diceva che una volta, durante il Medioevo, il fondatore della stessa Edo[17] avesse profetizzato:

> Navigando per diecimila miglia, navi dal lontano oriente
> Verranno fino alla mia soglia.

Ora non si trattava più di un fantomatico «oriente», bensì di un intero continente, come del resto ben sapevano i ceti altolocati del Giappone. Lo stesso shōgun aveva visto su un mappamondo la posizione dell'arcipelago rispetto a tutti gli altri paesi.

Ma Tokugawa Nariaki, principe di Mito, era sordo a simili considerazioni. Come ebbe a scrivere, «non dobbiamo permettere che la nostra generazione sia la prima ad assistere alla disgrazia di un esercito di barbari intenti a calpestare la terra dove riposano i nostri padri». Lungi dall'essere sciocco, Nariaki aveva buoni motivi per non desiderare stranieri nell'arcipelago, non ultima la sua profonda diffidenza nei confronti del cristianesimo; una «setta maligna» che avrebbe potuto risorgere grazie alla presenza degli americani. Inoltre, se questi ultimi fossero riusciti dove i russi e gli olandesi avevano fallito, altre potenze straniere si sarebbero affacciate per rivendicare le stesse concessioni.

Il principe di Mito non era un conservatore irriducibile; anzi, riconosceva quello che gli esperti più accreditati di «studi olandesi» sostenevano da tempo, cioè che bisognava permettere ai giapponesi di imparare da altre nazioni. Tuttavia, sapeva anche

17. Ōta Dōkan (1432-1486), samurai, poeta e monaco buddhista. Trasformò il modesto villaggio di Edo in una cittadella fortificata al servizio del clan Uesugi. [N.d.T.]

che duecento anni di isolamento avrebbero esposto il suo popolo a uno shock culturale di vaste proporzioni, senza contare tutte le conseguenze politiche sul piano interno. Ad esempio, come avrebbe reagito la classe dei samurai, delegata a garantire la pace e lo status quo? Alla prova dei fatti, i cittadini di Edo e gli agricoltori della costa avevano già visto quanto il ruolo dello shōgun fosse privo di efficacia. La natura dei «barbari» era profondamente cambiata dai tempi degli Emishi.

Quando Perry fu di ritorno nel febbraio del 1854 – prima del previsto e con il doppio delle navi – i giapponesi andarono nel panico. Temendo che gli americani avrebbero aperto il fuoco in mancanza di una risposta accettabile da parte dell'imperatore, si rassegnarono a firmare il trattato di Kanagawa, che apriva due porti agli Stati Uniti, garantiva un trattamento di riguardo ai naufraghi delle loro navi, e riconosceva la presenza di un loro console sulla terraferma. Uno dei due porti in questione fu quello di Shimoda, vicino a Edo ma sul lato della penisola di Izu che guardava il mare aperto, in modo tale che gli americani restassero fuori dalla baia cittadina. L'altro fu quello di Hakodate, sulla punta meridionale dell'isola di Hokkaidō, così lontano da Edo da sfiorare le acque territoriali russe. Anche in questo caso, come a Nagasaki, più a sud, si trattava di confinare gli stranieri in zone ben circoscritte.

Il trattato di Kanagawa garantiva all'America lo status di «nazione più favorita». Questo significava che gli Stati Uniti potevano pretendere che il Giappone riconoscesse tale norma anche nei riguardi di altri paesi. Difatti, si arrivò presto alla firma di convenzioni simili con i francesi, i russi e gli olandesi. Nel frattempo, giunse a Shimoda il primo console americano, Townsend Harris (1804-1878), ex imprenditore e vice console a Ningbo, in Cina, reduce dalla recente negoziazione di un trattato di amicizia e commercio con il Siam. Risoluto ad agitare lo spauracchio della diplomazia delle cannoniere qualora fosse stato necessario, Harris era determinato a strappare ulteriori concessioni ai giapponesi. Per mettere subito le cose in chiaro, decise che avrebbe trasmesso i suoi comunicati soltanto allo shōgun in persona; un gioco di attesa che si protrasse per diciotto mesi, e dal quale uscì vincitore. Negoziando con le autorità shōgunali, il console americano riuscì a concludere un altro trattato di amicizia e commercio, che prevedeva regolari scambi diplomatici, agevolazioni tariffarie sull'export-import, e l'apertura nel giro di due anni di altri scali marittimi: Kanagawa (Yokohama) e Nagasaki, seguiti nel 1863 da Niigata e Hyōgo.

Harris fece anche in modo che lo shōgun riconoscesse la libertà di culto religioso dei residenti americani, compreso il diritto di edificare chiese cristiane su suolo nipponico, come pure la loro extraterritorialità giuridica. In altre parole, solo un tribunale statunitense avrebbe potuto giudicare un cittadino statunitense.

Grazie al lavoro del console, nel 1863 gli stranieri in Giappone non erano più oggetti misteriosi confinati nella lontana Nagasaki, bensì una presenza ordinaria in sei porti dell'arcipelago, con tanto di crocifissi scandalosamente in vista – nonostante la loro ostentazione fosse ancora, in linea teorica, un reato punibile con la morte – e la sicurezza di non poter essere perseguiti dalle autorità locali neppure se avessero commesso crimini. Nel frattempo, dal momento che lo status di «nazione più favorita», fu esteso a tutti, i privilegi concessi agli Stati Uniti furono estesi ai residenti britannici, francesi, russi e olandesi.

In proposito, ecco cosa scrisse il diplomatico inglese Ernest Satow: «Sbarcati in gran numero a Kanagawa e Yokohama, gli stranieri hanno offeso i sentimenti degli altezzosi samurai con il loro comportamento indipendente, così diverso dalla sottomissione servile cui l'etichetta giapponese costringe i mercanti locali».

Gli abitanti dell'arcipelago reagirono alla presenza occidentale in vari modi. Quasi tutti concordavano sul fatto che si trattasse di uno sviluppo pericoloso; ciò che differiva, tuttavia, era la natura delle loro argomentazioni. L'educatore Fukuzawa Yukichi (1835-1901), un ex esperto di Confucio e degli «studi olandesi», tornò da un viaggio esplorativo in Europa e negli Stati Uniti con la convinzione che fosse nell'interesse del Giappone modernizzarsi e occidentalizzarsi il più rapidamente possibile, piuttosto che rimanere ancorato a un passato confuciano ormai anacronistico. Pur paragonando i cambiamenti sociali in corso a un'epidemia di morbillo che l'arcipelago avrebbe dovuto affrontare per uscirne più forte, Fukuzawa identificava senza equivoci la «civilizzazione» (*bunmei*) con la occidentalizzazione, riconoscendo tra le righe l'esistenza di un grado condiviso di cultura che il suo paese doveva ancora raggiungere.

Alcuni studenti *bakufu* furono mandati all'estero per imparare cosa fosse l'Occidente. Molti di loro sarebbero tornati in patria, talvolta dopo anni, con numerose idee su cosa riformare della società nipponica, e come. Contemporaneamente, i feudatari più scaltri, all'insaputa dello shōgun, iniziarono a inviare in Europa e negli Stati Uniti i loro giovani rappresentanti, così che potessero impratichirsi con i costumi e le tecnologie occidentali.

Eppure i problemi non mancavano. Lo shōgun aveva fallito nei suoi doveri. Vi erano samurai bellicosi convinti che loro avrebbero fatto un lavoro migliore. Questo sentimento regnava non solo tra i *tozama*, ma anche tra alcuni rami del clan Tokugawa, come quello di Mito, sebbene il suo signore non osasse dirlo apertamente. Altri, invece, passarono alle vie di fatto. Nell'agosto del 1859, soltanto sei settimane dopo l'insediamento dei primi diplomatici, due marinai russi furono giustiziati sulla pubblica piazza. A novembre qualcuno uccise un assistente cinese del vice console di Francia.

Se i residenti occidentali pensavano che questi episodi fossero dovuti semplicemente a qualche incomprensione – le offese alla rigida etichetta nipponica già rilevate da Ernest Satow – dovettero presto ricredersi. Nel dicembre del 1860, l'*Illustrated London News* si vantò dell'accoglienza ricevuta dall'inviato britannico Rutherford Alcock (1809-97) presso il castello dello shōgun, rimarcando l'atteggiamento orgoglioso dell'ambasciatore di Sua Maestà, e sottolineando quanto questo fosse diverso dai giorni in cui gli olandesi erano costretti a strisciare «sulle loro ginocchia, con la testa che toccava il suolo». Poche settimane più tardi l'interprete di Alcock fu pugnalato alle spalle mentre entrava nell'ambasciata. Gli stranieri, e i locali che lavoravano per loro, cominciarono a essere presi di mira dai cosiddetti *shishi* (uomini di nobili intenzioni). I responsabili di simili gesti non venivano quasi mai arrestati, e molti di loro sembravano provenire da Satsuma e Chōshū, i due feudi periferici che nutrivano il maggior risentimento nei confronti dello shōgun. Visto che questo non faceva nulla per espellere i barbari, ci avrebbero pensato loro, a costo di liquidarli uno alla volta.

«La pura verità», scrisse in proposito Alcock, «è che sentiamo sempre parlare di un pericolo incombente sulle nostre teste; ma ogni giorno che passa senza che accada nulla, ci rende più duri e insensibili alle minacce». Ciononostante, gli stranieri ricevevano fischi per le strade e insulti nelle piazze dei mercati. Due commercianti olandesi furono uccisi a Yokohama; il maggiordomo dell'ambasciatore francese venne gravemente ferito in un agguato all'ingresso della sua ambasciata. Non molto tempo dopo, un tempio che stava ricevendo la visita dello stesso ambasciatore di Francia prese fuoco in circostanze sospette.

Come osservò al riguardo il diplomatico europeo, «veniamo qui per chiedere la vostra ospitalità, e voi ci accogliete col fuoco».

Nel gennaio del 1861, l'interprete olandese di Townsend Harris fu aggredito e ferito a morte da sette teppisti, mentre tornava a casa da una festa notturna. Gli assistenti di Alcock segnalarono un inquietante aumento nell'acquisto di armi da fuoco presso i negozi locali. Il loro possesso era proibito ai comuni cittadini, ma evidentemente i clan riuscivano ad aggirare il divieto. A ottobre un gruppo di samurai irruppe nell'ambasciata britannica. Vi fu una breve scaramuccia nei corridoi dell'edificio, con pistole e frustini da cavallo contro spade, finché intervennero (con un certo ritardo) le guardie nipponiche della legazione, che respinsero l'attacco. Cinque assalitori persero la vita; altri nove si diedero alla fuga. Sul corpo di uno dei samurai, Alcock trovò un proclama firmato dagli stessi aggressori, secondo il quale non erano più disposti ad «assistere passivamente alla profanazione del sacro impero da parte degli stranieri».

Sembrava che quegli uomini fossero *rōnin* – samurai senza padrone – provenienti dal dominio di Mito. Ma Alcock non ne era affatto convinto, arrivando persino a sospettare che i funzionari del governo fossero stati a conoscenza di minacce specifiche nei suoi confronti, ma avessero deliberatamente trascurato di comunicargliele. Più tardi venne a sapere che un samurai di Tsushima, dopo essere stato insultato da alcuni russi in un porto lontano, aveva ordinato ai suoi uomini di lavare quell'onta uccidendo l'inviato britannico (uno straniero valeva l'altro), per poi portargli la sua testa.

Appena tornato in città dopo un lungo viaggio di trasferimento da Nagasaki, Alcock iniziò a vedere sotto una luce diversa le folle che avevano fiancheggiato il suo percorso. Prima aveva pensato che volessero semplicemente *vederlo*. Ora sospettava che aspettassero di vederlo *morto*.

L'incidente più celebre avvenne a Namamugi, nei pressi di Yokohama, il 14 settembre 1862, mentre Charles Lennox Richardson, un commerciante britannico appena arrivato dalla Cina, stava cavalcando lungo la costa con tre connazionali durante una gita di piacere. A un certo punto il gruppo incrociò un lungo corteo di samurai capeggiato dal signore di Satsuma, diretto a casa dopo un soggiorno a Edo. Il suo seguito era imponente: cavalieri e staffette, messaggeri e portantini, uomini di fatica e soldati a piedi. I locali sapevano che era meglio girare alla larga, ma l'altezzoso Richardson non sopportava che quel corteo gli sbarrasse la strada.

Dopo aver pronunciato le sue ultime, fatali parole – «Ho vissuto in Cina per quattordici anni; so come trattare con questa gente» – il mercante britannico spronò il suo cavallo, avvicinandosi minacciosamente alle guardie del corpo che proteggevano la portantina di Shimazu, padre e reggente del *daimyō* locale. Ci furono spintoni, scambi di insulti in lingue reciprocamente incomprensibili, finché le mani corsero alle spade. Richardson venne ferito a morte. Shimazu permise che i suoi samurai gli dessero il colpo di grazia. Alcuni rapporti sostennero in seguito che il britannico aveva subìto dieci ferite, nessuna delle quali di per sé mortale.

Ernest Satow fu pronto a concedere a Richardson il beneficio del dubbio, ritenendo che avesse deviato il percorso del suo cavallo per *obbedire* a una precisa richiesta dei samurai. Sulla base di alcuni pettegolezzi locali ignoti alle autorità, il capitano di marina Henry St. John sostenne che la versione ufficiale non era credibile, e alluse a una «spedizione post prandiale», garbata formula vittoriana per sottintendere che Richardson e i suoi compagni erano ubriachi. Secondo St. John la tragedia era stata causata da una «signora capricciosa»; per qualche motivo, quindi, Richardson si sarebbe comportato in modo avventato solo per fare colpo sull'unica donna del gruppo, Margaret Borradaille, cugina di un suo amico.

Comunque fossero andate le cose, l'incidente di Namamugi mise a dura prova la tenuta degli accordi già stipulati. Se Richardson fosse stato giapponese, il suo comportamento sarebbe stato considerato un folle tentativo di assassinio e nessuno avrebbe criticato l'intervento delle guardie del corpo. Ad aggravare la sua condotta vi era anche il fatto che un altro straniero, Eugene Van Reed, era stato visto poco prima mentre smontava da cavallo e si inchinava ai signori del luogo, osservando il corretto rituale che era in auge fin dai tempi delle *Cronache dei Wei*, oltre un migliaio di anni prima. Ciononostante a Namamugi i giapponesi avevano violato palesemente le clausole di extraterritorialità, in quanto non sarebbe spettato loro di agire contro Richardson. L'incaricato d'affari britannico pretese dallo shōgun un risarcimento di 100.000 sterline; una somma grottescamente eccessiva, pari a un terzo del bilancio annuale del *bakufu*. La miglior difesa che lo shōgun potesse sperare era quella di un memoriale accuratamente redatto dall'imperatore Kōmei (1831-67), che gli «ordinasse» di fare ciò che aveva già fatto, assicurandosi che i suoi atti fossero conformi alla volontà imperiale. Lontano dal mare, nell'assonnata Kyōto, circondato da un gruppo di consiglieri incompetenti e disinformati di quel che stava avvenendo lungo le coste, l'imperatore assunse una posizione tragicamente chiara, comandando allo shōgun di assolvere alle sue funzioni istituzionali con l'«Ordine di espulsione dei barbari» dell'11 marzo 1863. Gli stranieri dovevano andarsene dall'arcipelago entro otto settimane.

Semplicemente questo non era possibile. O l'imperatore aveva messo lo shōgun in una situazione insostenibile per forzarlo a dimettersi, oppure stava sottovalutando spaventosamente l'entità della minaccia straniera, per scongiurare la quale i giapponesi avrebbero potuto fare ben poco. Come sempre nella storia nipponica, anche in questo caso bisogna guardare alle forze dietro al trono. Vi erano infatti alcuni samurai che si auguravano la destituzione dello shōgun; circostanza che avrebbe permesso loro di decidere il suo successore. Quello di Satsuma era il feudo che nutriva il maggior rancore nei confronti dei Tokugawa; il che spiega la riluttanza dello shōgun ad assumersi la responsabilità di uno qualunque dei loro errori.

I samurai del dominio meridionale di Chōshū decisero di mostrare a quest'ultimo come avrebbe dovuto comportarsi, aspettando che trascorressero le otto settimane per poi aprire il fuoco contro le navi olandesi, francesi e americane nello stretto di Shimonoseki. I vascelli francesi e statunitensi risposero immediatamente all'aggressione, ma nell'impossibilità di reagire con un'adeguata forza di terra, non poterono mettere a tacere i cannoni nemici. Di conseguenza lo stretto fu chiuso alla navigazione internazionale.

A luglio, mentre a Kyōto lo shōgun perorava la sua causa presso l'imperatore, alcuni inviati giapponesi salirono a bordo di una nave da guerra francese per versare il risarcimento richiesto dai britannici. Satsuma, tuttavia, doveva ancora 25.000 sterline, ma Shimazu si rifiutava di pagarle, visto che si aspettava che lo shōgun adempisse ai suoi doveri e cacciasse i barbari dall'arcipelago.

Ad agosto uno squadrone navale inglese lasciò Yokohama e fece rotta verso la costa di Satsuma. L'11 dello stesso mese, giunto al largo della città di Kagoshima, lanciò un ultimatum di ventiquattr'ore. Dato che i giapponesi non sembravano voler fornire una risposta chiara, il 12 i britannici passarono alle vie di fatto, impossessandosi di tre mercantili di fabbricazione straniera che valevano assai di più del risarcimento dovuto. Kagoshima rispose a questa provocazione aprendo il fuoco. Le navi inglesi fecero lo stesso, distruggendo 500 edifici e colando a picco numerosi vascelli nemici. Dopodiché, giudicando che il loro messaggio fosse arrivato forte e chiaro, si allontanarono dalla città in fiamme, mentre i samurai locali inveivano contro di loro, sfidandoli a tornare indietro e combattere.

Kagoshima era stata evacuata prima dell'inizio delle ostilità; di conseguenza, il bilancio delle vittime nipponiche fu estremamente modesto: solo cinque morti, contro i tredici degli inglesi.

Sarebbe sbagliato pensare che l'intervento dello squadrone britannico avesse piegato Satsuma una volta per tutte. Il dominio, infatti, versò agli inglesi le loro 25.000 sterline, ma solo prendendole in prestito dallo shōgun (e senza mai ripagarlo). Impressionato dalle tattiche della Royal Navy, come soltanto un altro prepotente avrebbe potuto essere, il feudo si affrettò a inviare dei messi in Europa con l'incarico di acquistare corazzate.

A ogni modo, dopo quello di Satsuma, fu il turno del dominio di Chōshū. Il 4 settembre 1863, una flotta anglo-franco-olandese, con un vascello battente bandiera americana per rendere noto che gli Stati Uniti appoggiavano l'iniziativa, si schierò in posizione di attacco e aprì il fuoco. I cannoni di Chōshū risposero al bombardamento, ma dovettero subire una serie di devastanti incursioni da parte delle armate francese e britannica, che misero fuori uso parecchi cannoni e costrinsero i loro nemici a rifugiarsi nei boschi. Il giorno seguente, una robusta testa di ponte anglo-francese si impossessò di alcuni punti strategici, mentre i samurai locali la prendevano di mira dagli alberi. Nonostante il continuo fuoco di sbarramento giapponese, i marines occidentali procedettero a neutralizzare tutte le batterie costiere. In proposito, ecco cosa scrisse l'ammiraglio Kuper, reduce dal bombardamento di Kagoshima: «Sono soddisfatto di aver raggiunto il mio obiettivo. Non c'è più un cannone funzionante in tutto il territorio del Principe [Chōshū]. Di conseguenza nulla più si frappone al passaggio lungo gli stretti».

Come a Satsuma, i samurai di Chōshū trassero una lezione inaspettata dalla loro sconfitta, concludendo che avrebbero dovuto impossessarsi delle tattiche e delle tecnologie del nemico nel più breve tempo possibile. Forti di tale convinzione, alcuni emissari del feudo si recarono rapidamente a Nagasaki ed entrarono in contatto con Thomas Glover, un mercante scozzese, affinché li aiutasse da acquistare navi di ultima generazione. Entro due anni dalla cosiddetta «guerra in Giappone», il *London Illustrated News* riferiva della presenza di soldati nipponici «in abbigliamento occidentale», armati e addestrati come i loro commilitoni europei.

Questa conversione ai modelli occidentali richiese inevitabilmente l'assistenza di istruttori del Vecchio continente. Il nuovo esercito «moderno» di Chōshū fu plasmato in gran parte dai francesi; quello di Satsuma, dagli inglesi. Uno shōgun intelligente avrebbe potuto metterli l'uno contro l'altro, ma nel 1866 le iniziative diplomatiche del dominio di Tōsa convinsero i feudi emergenti a unire le proprie forze. Dietro le quinte, le potenze straniere scelsero da quale parte schierarsi in quella che si annunciava come una guerra civile: i francesi offrirono un sostegno tacito al quattordicesimo shōgun Tokugawa; i britannici rifornirono segretamente di armi gli aspiranti ribelli. Alcuni disinvolti affaristi nipponici fecero lo stesso con entrambi gli schieramenti.

Le schermaglie e le spedizioni punitive che seguirono vennero considerate alla stregua di legittime operazioni di polizia. Ma questo non bastò a evitare lo scoppio di un'autentica guerra nel gennaio del 1868, quando un gruppo di feudi ribelli capeggiati da Satsuma e Chōshū si impossessò del palazzo imperiale a Kyōto, proclamando che il potere dell'imperatore adolescente Meiji era stato «restaurato».

Molte delle battaglie che si svolsero di lì a poco, si caratterizzarono per un'ammirevole mancanza di efferatezza. Sebbene il paese fosse teoricamente diviso tra le forze dell'imperatore (ovvero i ribelli, che ora godevano dell'appoggio imperiale) e i seguaci dello shōgun, ciascuna parte in causa si dichiarava fedele al trono. La lotta era semplicemente su come interpretare quella lealtà. Le truppe del sovrano marciavano con le insegne imperiali, e spesso bastava la vista di quei vessilli a far capitolare gli uomini dello shōgun – dopotutto, per loro non sarebbe stato facile scagliarsi contro gli stendardi dello stesso sovrano che affermavano di voler servire. A un certo punto fu lo stesso shōgun, consapevole che tutto era perduto, a ordinare alle sue truppe di non opporre resistenza. D'altro canto, sapeva che persino dopo il suo declassamento a semplice *daimyō*, le sue proprietà familiari gli avrebbero comunque garantito una posizione di primo piano nel nuovo ordine. Ciononostante, sin dal Medioevo, i samurai avevano la tendenza a interpretare i comandi del loro signore concentrandosi sui significati *potenziali* degli stessi, piuttosto che su quelli espliciti.

Non mancarono, di conseguenza, sacche di resistenza armata, soprattutto nelle regioni settentrionali del paese. In un ultimo, disperato tentativo di difendere il proprio orgoglio e il vecchio ordine, le forze shōgunali si asserragliarono nell'isola di Hokkaidō, stabilendo il loro quartier generale nel Goryōkaku – la fortezza pentagonale di Hakodate – e proclamando l'effimera Repubblica di Ezo. Questo piccolo «Stato alternativo» cadde nel 1869, ponendo fine alla guerra civile e costringendo i samurai più irriducibili a rifugiarsi nell'estremo nord. Quanto ai territori meridionali, erano già saldamente in mano ai seguaci del giovane imperatore Meiji, che emise rapidamente una serie di editti volti a smantellare il regime Tokugawa, cioè la forma di governo che aveva dominato il Giappone per gli ultimi due secoli. La parola chiave divenne *modernizzazione*. La capitale dell'arcipelago fu spostata da Kyōto a Edo, città che di fatto costituiva il centro nevralgico dell'impero già da 200 anni. La nuova metropoli dell'imperatore (che aveva eletto a sua residenza il castello dell'ex shōgun) acquisì presto un nuovo nome, con il quale è conosciuta ancora oggi: Tōkyō, ovvero la «capitale orientale».

Nel 1868, il governo Meiji aveva emanato il cosiddetto Giuramento dei cinque articoli; una generica dichiarazione d'intenti che, pur nella sua fumosità, avrebbe esercitato in futuro un'influenza pari a quella della costituzione del principe Shōtoku, un migliaio di anni prima.

> Si istituiranno assemblee deliberative su ampia scala, e tutte le decisioni verranno prese dopo una franca discussione.
>
> Tutte le classi, agiate e umili, dovranno essere unite nella gestione degli affari di Stato.
>
> Alla gente comune, non meno che agli ufficiali civili e militari, dovrà essere permesso di esercitare la propria professione in modo tale che non ci sia malcontento.

> I cattivi costumi del passato dovranno sparire dal paese; ogni cosa dovrà basarsi sulle giuste leggi di Natura.
>
> La conoscenza sarà ricercata in tutto il mondo, così da irrobustire le fondamenta del potere imperiale.

In questa dichiarazione d'intenti era implicito il desiderio, coltivato a lungo dai feudi «modernisti», di assimilare le idee e le tecnologie degli invasori stranieri, così da porre l'arcipelago alla loro stessa altezza. Questo, oltretutto, avrebbe permesso una rinegoziazione più equa dei «trattati ineguali» che avevano umiliato il paese. In fin dei conti, gli europei e gli americani sostenevano che gli accordi in oggetto erano stati imposti a una nazione arretrata solo per il suo bene, dato che si era dimostrata incapace di moderare l'indisciplina dei suoi abitanti e di gestire adeguatamente i suoi porti. Questo, almeno, era l'argomento usato per giustificare il colonialismo occidentale nell'instabile, traballante Cina. Attraverso la restaurazione del potere imperiale e un processo d'industrializzazione a tappe forzate, il Giappone sperava non solo di non condividere l'inarrestabile decadenza del suo vicino, ma anche di approfittarne in termini di influenza geopolitica.

Sebbene questa serie di eventi sia spesso definita «Restaurazione Meiji», si potrebbe ampiamente discutere su cosa fu davvero *restaurato*. Il centoventiduesimo imperatore del Giappone, Meiji, era ora ufficialmente in carica, ma un osservatore disincantato avrebbe potuto suggerire che il suo insediamento costituiva solo l'ennesimo episodio di una situazione caotica che durava da secoli. Dunque, non sarebbe stato più corretto affermare che la famiglia Tokugawa aveva semplicemente perso il suo potere in favore dei nuove personalità influenti, cioè i clan di Satsuma, Chōshū e Tōsa?

In realtà il tratto innovativo della Restaurazione Meiji consisteva nel fatto che i suoi fautori avevano deciso di dare un calcio alla scala con cui erano saliti. Persino nella cerchia imperiale vi era ancora chi credeva nella necessità di «espellere i barbari»; questi samurai vecchio stile si trovarono piuttosto a disagio con le riforme radicali dell'epoca Meiji. D'altro canto, la stessa classe guerriera dei samurai sarebbe stata ufficialmente abolita entro un decennio, a riprova che la rimozione dello shōgun era stata qualcosa di più di un semplice cambio di potere, incarnandosi nel primo atto di una tumultuosa modernizzazione.

Sulle prime l'avvento del nuovo imperatore sembrò seguire linee prevedibili. Le proprietà della famiglia Tokugawa, che comprendevano molte città e prefetture, tornarono sotto il controllo imperiale; una circostanza che in passato avrebbe preannunciato la divisione del bottino e la diffusione di nuovi titoli nobiliari. Tuttavia, soltanto un anno dopo, nel 1869, persino i sostenitori dell'imperatore dovettero restituire le loro terre al trono. Addirittura, ogni feudo – non importa se favorevole o contrario alla Restaurazione – fu costretto a cedere il suo potere all'autorità imperiale. L'intero sistema feudale fu smantellato, per lasciare posto a un complesso di prefetture gestite da funzionari governativi.

In realtà questi nuovi assetti conservavano alcune tracce del passato. Ad esempio, molti dei nuovi governatori provenivano da vecchie famiglie di samurai, mentre gli ex signori feudali potevano ancora godere, a titolo di risarcimento, di un decimo delle loro vecchie entrate. Nel 1884 non pochi tra i *daimyō* di un tempo e i loro amici aristocratici ricevettero nuovi titoli nobiliari di marca europea. Fu l'alba di un'intera classe di duchi e marchesi, conti e baroni: il *kazoku*, o «lignaggio illustre». Pur di derivazione occidentale, questi titoli erano basati su una serie di criteri profondamente nipponici, che comprendevano sia il rango più elevato detenuto a corte dai propri antenati, sia il reddito più alto in *koku* di cui un signore aveva goduto prima della Restaurazione Meiji. Più di mille anni dopo che i loro progenitori si erano fatti strada per la prima volta nella vita di corte, i capi dei cinque rami della famiglia Fujiwara si fregiarono del titolo moderno di duchi. Analogamente, i governanti delle regioni periferiche – come ad esempio la famiglia Hosokawa, che un tempo aveva amministrato Kumamoto, o la famiglia Shō, che fino a poco prima aveva tenuto in pugno le isole Ryūkyū – divennero marchesi. Come segno dei nuovi tempi, i signori di Satsuma e Chōshū furono nominati principi: un evidente ringraziamento per il loro contributo alla Restaurazione. Promozioni analoghe sarebbero avvenute anche nei decenni successivi. Agli inizi del XX secolo, persino gli spodestati Tokugawa avrebbero ricevuto un innalzamento di grado, in virtù dei loro legami di parentela con la famiglia imperiale.

A prima vista il Giuramento dei cinque articoli sembrava proporre una nozione di democrazia universale (come gli stessi giapponesi sostennero opportunisticamente dopo il 1945), ma in realtà le riforme dell'epoca Meiji conservavano ancora molti elementi del vecchio ordine. I principi e i duchi divennero automaticamente membri della Camera dei Pari, cioè della camera alta del parlamento nipponico, mentre altri 150 membri, eletti tra i ranghi della nobiltà inferiore, andarono a occupare i posti restanti. La successione avveniva per primogenitura, anche se non mancava un vivace commercio di bambini tra le diverse casate, che custodivano gelosamente i loro titoli ereditari adottando nuovi eredi in mancanza di figli propri.

Come prevedibile, il *kazoku* ebbe una rapida crescita esponenziale, soprattutto a cavallo tra il XIX e il XX secolo, quando l'impero nipponico cominciò a espandersi oltre i confini dell'arcipelago. Nel 1928, i Pari passarono da 509 a 954, accogliendo nei loro ranghi baroni di fresca nomina provenienti dall'industria, come pure le famiglie reali della Corea e della Manciuria, ormai sottomesse. Nel 1947 il numero salì a 1016 famiglie. Quello stesso anno, tuttavia, la Camera dei Pari fu abolita.

Mentre molti aristocratici uscirono indenni dalla Restaurazione Meiji, lo stesso non poté dirsi dei loro fedeli seguaci. I samurai contrari alle riforme persero il loro stato privilegiato, ma persino quelli favorevoli alla modernità si videro decurtare il loro stipendio del 50%. Nel 1871, un editto li esonerò dall'obbligo di girare armati. Se un samurai voleva esibire la propria spada, poteva farlo, senza però essere costretto a osservare tale condotta. Era una piccola riforma, che tuttavia lasciava presagire cambiamenti più profondi. Nel 1873 fu introdotta la coscrizione obbligatoria. I soldati provenivano da ogni ceto sociale, anche se gli ex samurai avevano più possibilità di fare carriera come ufficiali. Gli sforzi governativi di modernizzazione poterono contare su cospicui prestiti da parte del sistema bancario inglese. Nel 1876 gli stipendi dei samurai cominciarono a essere pagati con buoni del Tesoro; una novità che fu accolta piuttosto male dai diretti interessati, visto che quelle obbligazioni non rispecchiavano il valore reale dei loro salari e garantivano interessi oltraggiosamente bassi.

Sempre nel 1876 la norma facoltativa sul divieto di portare la spada divenne obbligatoria. Smantellata pezzo dopo pezzo, la cultura dei samurai era ormai venuta meno. I guerrieri avevano perso la loro ragion d'essere, i loro introiti e persino i simboli della loro autorità. I più accorti tra gli ex samurai si convertirono alla modernizzazione entrando nell'esercito o nella marina, oppure rinunciando al mestiere delle armi in favore di nuove occupazioni. Altri, tuttavia, avevano trascorso gran parte della loro esistenza come membri di un'aristocrazia guerriera a carattere feudale, ed erano riluttanti, inadatti o semplicemente incapaci di accettare i nuovi tempi. Nonostante gli ordini dei loro signori, alcuni samurai di orientamento conservatore si rifiutarono di assecondare la modernità. Ad esempio, il padre di Fukuzawa Yukichi – l'educatore per eccellenza dell'epoca Meiji – accolse come un evento nefasto l'introduzione dell'insegnamento della matematica, che per secoli era stata considerata una mera disciplina contabile a uso e consumo dei mercanti. Altri guerrieri, invece, anziché limitarsi a esprimere la propria indignazione per simili riforme, scelsero la strada della protesta violenta, esattamente come era accaduto poco tempo addietro, durante il primo decennio della presenza straniera nel paese. Negli anni a venire molti politici giapponesi avrebbero rischiato la vita per mano di elementi reazionari, convinti di interpretare la tacita volontà del sovrano e decisi a eliminare ogni influsso occidentale dall'arcipelago.

Nel 1871 l'imperatore Meiji inviò all'estero quella che sarebbe diventata celebre come Missione Iwakura, un gruppo esplorativo di quarantotto studiosi e cinquantaquattro studenti che avrebbe formato la base della futura generazione di diplomatici, politici e industriali. I delegati della missione trascorsero due anni lontano dall'arcipelago, per poi tornare a casa con molte idee innovative su come occidentalizzare il Giappone: un sistema legale di tipo francese; una marina ricalcata su quella britannica; un esercito ispirato a quello tedesco (vincitore della recente guerra contro Napoleone III); un sistema scolastico a imitazione di quello prussiano, con giacche germaniche d'impronta marziale per gli studenti, e divise marinaresche d'ispirazione inglese per le studentesse. Del resto l'Inghilterra vittoriana e la

Germania bismarckiana erano particolarmente apprezzate dal nuovo regime nipponico, in quanto riflettevano gli stessi tratti di monarchia costituzionale con ambizioni espansioniste che erano propri dell'impero Meiji. Le società missionarie cominciarono a influenzare le scuole, con particolare riguardo alle classi femminili, introducendo metodi educativi di matrice statunitense. Il famoso manuale *Chi si aiuta, Dio lo aiuta*[18], dello scozzese Samuel Smiles, ricevette un'accoglienza entusiastica, andando ad aggiungersi alle dozzine di testi stranieri già tradotti in lingua giapponese. I consulenti occidentali, fino a quel momento confinati nel campo dell'addestramento militare, iniziarono a occuparsi anche di industria, commercio ed educazione. Tra questi va ricordato Lafcadio Hearn (1850-1904), un giornalista e saggista greco-irlandese che lavorò come insegnante a Kumamoto e a Tōkyō. Appassionato cultore di usi e costumi nipponici, Hearn divenne presto popolarissimo tra gli stessi giapponesi. Il suo amore per il Sol Levante lo portò a sposare una locale (dalla quale ebbe diversi figli) e ad acquisire la cittadinanza nipponica. Quest'ultimo gesto, tuttavia, gli costò caro. Koizumi Yakumo – questo il suo nuovo nome – venne licenziato dalla sua università, che lo sostituì con lo scrittore Natsume Sōseki, appena tornato da un viaggio di studio all'estero.

Ed ecco un altro caso. Nel 1876 l'americano William S. Clark venne invitato in Giappone per sovrintendere allo sviluppo dell'istituto superiore di agraria di Sapporo (l'odierna università di Hokkaidō). La sua fu un'esperienza paradigmatica. Come «impiegato straniero» (*oyatoi gaikokujin*) venne lodato per il suo attivismo, per poi essere sbrigativamente allontanato dopo soli

18. Titolo originale: *Self-help*. Il manuale fu pubblicato per la prima volta in Inghilterra nel 1859, dove riscosse un enorme successo. [N.d.T.]

otto mesi. Il suo contratto di lavoro, redatto in lingua inglese, lo indicava come preside dell'istituto; quello in lingua locale come semplice vice. Prima di partire, Clark diede ai suoi studenti il seguente consiglio: «Ragazzi, siate ambiziosi!». Questa esortazione divenne il motto per eccellenza della modernizzazione nipponica, continuamente ripetuto nei contesti più diversi, dalle canzoni ai proverbi, alle iscrizioni sui basamenti delle statue. In proposito, tuttavia, non mancarono i fraintendimenti. Secondo una versione alternativa, le sue parole di congedo non furono molto gradite, perché Clark disse in realtà: «Ragazzi, siate ambiziosi per Cristo!». Attualmente, il palazzo della prefettura di Sapporo – la città che l'agronomo americano aveva contribuito a fondare – mostra una versione più lunga e decisamente più attendibile dello stesso incitamento: «Ragazzi, siate ambiziosi! Siate ambiziosi non per denaro o per manie di grandezza, non per quella cosa evanescente che gli uomini chiamano fama. Siate ambiziosi per raggiungere tutto ciò che un essere umano dovrebbe essere».

L'ambizione dipende dai punti di vista dei singoli individui. Persino nei giorni esaltanti delle riforme Meiji vi furono alcuni giapponesi che misero in guardia i propri connazionali da un'adozione acritica della cultura occidentale. Secondo il polemista Kuga Katsunan[19], occorreva accogliere le idee straniere solo se avessero contribuito al benessere nazionale. Andava benissimo mangiare bistecche di «balena di montagna» – come i giapponesi educati chiamavano il manzo – o partecipare ai balli in maschera, ma era nell'interesse del paese assimilare soltanto gli elementi dell'Occidente che sarebbero risultati di oggettiva utilità. In alcuni casi si trattava di innovazioni tecnologiche di

19. Nome d'arte di Nakata Minoru. [N.d.T.]

grande beneficio, soprattutto in campo manifatturiero e ingegneristico. Ma in altri casi le suggestioni straniere apparivano ridicole. Il consumo di prodotti lattiero-caseari, ad esempio, era diventato di gran moda grazie al moltiplicarsi degli allevamenti bovini nella pianura di Hokkaidō. Ciononostante, non era più di una mania discutibile. Non a caso, la credenza popolare attribuiva a quei derivati un aumento del cattivo odore corporeo. Era il *batā-kusai*, cioè, il «fetore del burro». Ancora oggi i giapponesi usano questa espressione per indicare qualunque influenza straniera sgradita.

I richiami a un'occidentalizzazione moderata erano una cosa, ma per alcuni tradizionalisti qualunque progresso costituiva un azzardo pericoloso. Molti membri dell'obsoleta classe dei samurai respingevano l'idea che la moderna «ambizione» significasse entrare nel mondo degli affari, rinunciando alla tradizionale acconciatura guerriera e appendendo la spada al caminetto. Quanto alle classi più agiate, fecero del loro meglio per aprire la strada al modernismo, con la stessa corte imperiale che nel 1872 decise di abbandonare i suoi elaborati kimono, mentre l'imperatore in persona si mostrava con indosso un'uniforme militare di stile europeo. L'anno successivo sua moglie apparve in pubblico sfoggiando le proprie sopracciglia e denti bianchissimi. Mentre la maggioranza dell'opinione pubblica s'impossessava allegramente degli alti colletti vittoriani (*haikara*) e dell'abbigliamento di Savile Row[20] (*sebiro*), altri giapponesi si ostinarono a resistere a ogni cambiamento. Furono questi ultimi, infine, a creare qualche problema.

La cultura dei samurai esalò il suo ultimo respiro nel 1877, quando Saigō Takamori si mise a capo della sfortunata Ribel-

20. Via londinese che ospita tuttora i più importanti laboratori sartoriali al mondo. [N.d.T.]

lione di Satsuma. Valoroso soldato al servizio dell'imperatore durante la guerra civile, Saigō si aspettava che la restaurazione Meiji procedesse alla redistribuzione delle ricchezze shōgunali. Nonostante fosse contrario all'occidentalizzazione, questo samurai divenne presto una figura chiave nello sviluppo del moderno esercito giapponese, che considerava fondamentale per respingere ogni ulteriore influenza straniera. Saigō, tuttavia, fu lasciato indietro, sia letteralmente che simbolicamente, dalla Missione Iwakura. Agendo come custode del governo nipponico mentre le sue figure di maggior spicco si trovavano all'estero, non accolse di buon grado il ritorno della missione e gradì ancora meno l'entusiasmo che i suoi membri manifestavano per i costumi e le tecnologie occidentali. Dopo l'arrivo delle «Navi nere», la classe dei samurai aveva ricevuto l'ordine di «venerare l'imperatore ed espellere i barbari». Secondo Saigō, persino il suo stesso feudo aveva adempiuto solo alla prima parte della consegna, ignorando totalmente la seconda, e permettendo che l'arcipelago venisse invaso da frotte di stranieri.

Il samurai aveva qualche arma a disposizione. A Kagoshima, la sua città natale, si era dato da fare per aprire numerose scuole di arti marziali; un'iniziativa piuttosto sospetta, che aveva spinto il governo ad avviare un'indagine conoscitiva. Del resto c'erano già state alcune rivolte di samurai tradizionalisti in altre regioni del paese, e i funzionari governativi erano giustamente preoccupati, perché l'idea di espellere gli stranieri e riportare le lancette dell'orologio a un tempo in cui gli orologi non esistevano ancora poteva suonare ridicola a orecchie moderne, ma aveva già trovato una sua concreta applicazione durante l'epoca Tokugawa. Una sollevazione di guerrieri, ancora peggio se proveniente dai ranghi degli ex ribelli filoimperiali, costituiva per il regime Meiji un pericolo da non sottovalutare. Fu così che il potere centrale decise di mettere fine alle attività di Saigō.

Come era già accaduto spesso nelle guerre dei samurai, anche stavolta si trattò di un conflitto tra due concezioni contrapposte del dovere: le forze imperiali fedeli al loro sovrano riformista e i ribelli di Saigō che si riconoscevano nel conservatorismo del defunto padre dello stesso Meiji, l'imperatore Kōmei. Partendo da Kagoshima, gli insorti intendevano raggiungere il Giappone sud-occidentale, per «porre qualche domanda al governo di Tōkyō». Nel frattempo, speravano di raccogliere lungo la strada l'adesione di altri ex samurai. Se si fosse ripetuto quello che era successo a Kumamoto – dove il loro numero era cresciuto fino a raggiungere la cifra impressionante di 20.000 unità – la forza dei ribelli, una volta raggiunta la capitale, sarebbe stata di tutto rispetto.

Le speranze di Saigō, tuttavia, risultarono infondate. Nonostante il crescente sostegno alla sua causa, il castello di Kumamoto resistette abbastanza a lungo da permettere l'arrivo dei rinforzi imperiali. Vista la situazione, il samurai ribelle dovette abbandonare ogni velleità di marciare su Tōkyō, e ritirarsi in tutta fretta a Satsuma.

Dopo essersi attestati a Shiroyama, una collina nei pressi di Kagoshima, Saigō e i suoi ultimi seguaci si prepararono alla battaglia finale. Durante gli scontri che seguirono, lo stesso samurai venne gravemente ferito, anche se secondo la leggenda fu comunque in grado di commettere *seppuku*, preferendo andarsene alla vecchia maniera, piuttosto che incontrare una ironica morte provocata da una pallottola moderna. Quanto ai suoi uomini, scelsero di morire scagliandosi in una carica all'arma bianca contro le posizioni difese dai fucili degli imperiali.

L'esercito mandato a piegare i ribelli era moderno sotto ogni punto di vista: armi, uniformi, vettovaglie. Disponeva persino di una recentissima innovazione: il cibo in scatola.

La ribellione di Satsuma costituì l'ultimo atto dell'epopea dei samurai, quantomeno nella sua forma medievale. I sostenitori di Saigō vennero screditati; i loro parenti diseredati. Non è un caso che la protagonista di *Madama Butterfly* venga venduta come geisha dopo la caduta in disgrazia di suo padre, colpevole di aver appoggiato una rivolta non meglio specificata. A ogni modo, i sopravvissuti di Satsuma, come molti altri samurai irriducibili, dovettero vendere i loro beni di famiglia e cercare fortuna all'estero.

Nel frattempo, stava crescendo l'interesse degli occidentali per l'arte e la cultura nipponica. Tornato a Londra nel 1862, Rutherford Alcock mise in mostra i pezzi della sua collezione, molti dei quali gli erano stati ceduti a un prezzo irrisorio da samurai impoveriti. Lo stesso anno, presso La Porte Chinoise di Parigi, si tenne la prima asta pubblica di stampe, tessuti e oggetti d'arte nipponici. Il *giapponismo* divenne di moda tra i pittori e gli intellettuali europei, calamitando la loro attenzione su un paese che per molto tempo era rimasto chiuso in se stesso, anche sotto il profilo artistico. Un doppio esotismo, dunque, sia storico che culturale, non meno affascinante dei racconti di Marco Polo sulla leggendaria Cipango.

Tornando all'arcipelago, i samurai di Saigō non furono gli unici giapponesi a ritrovarsi infelici, anche se furono quelli che attrassero le maggiori simpatie per il carattere romantico della loro rivolta. Le riforme Meiji, in realtà, avevano trascurato la difficile situazione di molti agricoltori, spesso ridotti in ginocchio da interessi bancari che non potevano sostenere. Nel 1884, a Chichibu, nei pressi di Tōkyō, i contadini protestarono con slogan sovversivi (dal punto di vista del governo), chiedendo maggiore democrazia e la cancellazione dei loro debiti. Non tutte le idee occidentali erano apprezzate dal regime nipponico e non sorprende, quindi, che le autorità costituite cogliessero in quella protesta un'eco sinistra della Rivoluzione francese.

Dopo aver proclamato il 1884 Anno della libertà e dell'autogoverno, e con la trasformazione dell'ufficio distrettuale di Chichibu in quartier generale dell'Armata rivoluzionaria, i rivoltosi marciarono contro le truppe imperiali, andando incontro a una prevedibile sconfitta. I contadini furono arrestati a migliaia; le condanne furono centinaia; quelle a morte, sette. Eppure, nonostante abbia rappresentato la rivolta più imponente dell'era post-Meiji, l'Incidente di Chichibu viene sottaciuto dai libri di storia, che gli preferiscono di gran lunga la Ribellione di Satsuma. Questa sottovalutazione dipende in gran parte dal racconto di comodo della rivolta di Saigō Takamori. Il samurai ribelle era stato superato dai tempi; aveva agito per lealtà nei confronti del vecchio ordine ed era caduto per i suoi ideali. Dopotutto, il pubblico giapponese amava i nobili perdenti fin dai tempi della tragica fine di Yoshitsune. Se però la Ribellione di Satsuma rinviava al passato, l'Incidente di Chichibu sembrava anticipare minacciosamente il futuro, tanto più che pareva riconnettersi alle stesse parole d'ordine e alle stesse ideologie – assolutamente sgradite al Giappone imperiale – che in quegli anni stavano prendendo piede in Europa: socialismo, rivoluzione e persino comunismo. Di conseguenza le autorità scelsero di annichilire i ribelli di Chichibu non solo sul campo di battaglia e nelle aule di giustizia, ma anche nei libri di storia, dipingendoli come semplici teppisti e negando loro qualunque coscienza politica. Saigō Takamori viene tuttora celebrato come un guerriero di animo nobile, commemorato a Tōkyō con una statua di fattura piuttosto discutibile, visto che lo fa sembrare un vagabondo tarchiato in vestaglia che tiene al guinzaglio un cane con un pezzo di corda. Al contrario, nulla o quasi ricorda Chichibu, tranne l'operetta comica di Gilbert e Sullivan *Il Mikado*, andata in scena per la prima volta a Londra nel 1885, e dove Chichibu si trasforma nella città immaginaria di Titipu.

Questo per quanto riguarda i giapponesi che provarono a resistere ai cambiamenti dell'epoca Meiji. Per tutti gli altri furono bei tempi. Se ci si trovava al posto giusto nel momento giusto, e soprattutto se si apparteneva alla vivace classe mercantile, le possibilità di arricchirsi erano decisamente molto alte. Gli occidentali acquistavano tè, seta e lacca, in tali quantità da svuotare i magazzini locali con un conseguente aumento dei prezzi delle merci. Come contropartita, offrivano lana, cotone, ferro e rarità come lo zucchero. Furono i britannici ad assicurarsi in breve tempo la quota più grande dell'export-import, accaparrandosi per il decennio successivo, grazie alla capillarità del loro sistema marittimo (con basi anche in Cina e in India, a poche centinaia di miglia dall'arcipelago), i quattro quinti del commercio estero del Giappone.

Per i mercanti nipponici, e per chiunque fosse pronto a gettarsi nel mondo degli affari, fu un periodo di straordinarie opportunità. La compagnia commerciale Sumitomo sfruttò rapidamente la disponibilità di tecnologia straniera per accrescere la resa produttiva delle sue fonderie. Reinvestendo i propri guadagni, fondò nuove imprese nei settori del legname, dei macchinari, dello stoccaggio e delle banche. Un istituto di credito Sumitomo finanziò le attività dell'intero gruppo, creando una rete interconnessa di società in grado di battere la concorrenza offrendo materie prime, affitti e prestiti a prezzi competitivi. Il risultato fu la trasformazione della compagnia originale in uno *zaibatsu*, cioè in una potente concentrazione industriale e finanziaria.

La Sumitomo fu semplicemente la prima di queste corporazioni. Un'altra compagnia del periodo Edo che fu riqualificata dopo la restaurazione Meiji, fu la Mitsui, che aprì una banca nel 1876 e iniziò a diversificare i suoi interessi. Altri imprenditori approfittarono delle occasioni che offriva il mercato. Nata come società di spedizioni nel 1870, la Mitsubishi reinvestì ben presto i suoi enormi profitti nei settori delle miniere di carbone (così da ridurre il prezzo del combustibile fossile), dei cantieri navali (così da ridurre i costi delle riparazioni), e infine della siderurgia (così da ridurre il prezzo delle navi). Alla Sumitomo e alla Mitsubishi si aggiunse velocemente un terzo *zaibatsu* di società collegate, senza contare il conglomerato Yasuda, nato grazie ad alcune fortunate speculazioni in campo agricolo durante l'epoca post-Meiji, e altre realtà imprenditoriali più piccole. Tuttavia, furono gli *zaibatsu* più grandi a dominare l'industria e il commercio giapponese a cavallo tra il XIX e il XX secolo, grazie soprattutto a un'incessante attività lobbistica per garantirsi un accesso agevolato alle materie prime e ai rapporti sempre più stretti e redditizi con l'ambiente militare. Nei decenni a venire il mondo dell'industria e quello delle forze armate avrebbero consolidato sempre più i loro legami d'interesse, in una spirale di crescente militarizzazione del paese.

L'IMPERO COLPISCE ANCORA: LA STRADA PER PEARL HARBOR

8

La parte divertente del loro soggiorno era quasi finita. Nicola ne portava ancora qualche segno: i postumi di una sbronza di sake la notte prima e un dolore lancinante al braccio destro, dovuto all'elaborato tatuaggio di un dragone. L'opera del maestro tatuatore, nella lontana Nagasaki, aveva comportato sette ore di sofferenza.

A Nagasaki, Nicola e il cugino Giorgio avevano incontrato otto ufficiali di marina, ciascuno dei quali aveva una moglie giapponese. Nicola aveva accarezzato l'idea di imitarli, anche se poi era arrossito d'imbarazzo quando l'aveva confessata per iscritto al suo diario. Le giapponesi erano così gentili e accoglienti, e molte di loro parlavano un discreto russo. Qualche giorno prima, aveva assistito a una serie di noiose manifestazioni della vita locale, compresa una mostra di delicate ceramiche, e si era recato in visita a un certo tempio shintoista, il santuario Suwa.

Durante il loro lungo viaggio, sia Nicola che suo cugino Giorgio avevano letto *Kiku-san, la moglie giapponese*[21] di Pier-

21. Titolo originale: *Madame Chrisanthème*, 1887. Traduzione italiana di M. Gatti, O Barra O Edizioni, Milano 2014.

re Loti, traendone una debita ispirazione. Senza darlo a vedere, i loro accompagnatori locali si erano scandalizzati per il fatto che questi aristocratici europei si ostinassero a non capire che le geishe erano poco più che prostitute, ma si trattava di un fraintendimento piuttosto comune tra gli occidentali.

Nicola e Giorgio erano stati scortati per tutto il tempo da nugoli di poliziotti in borghese, che avrebbero potuto intralciare la loro visita con la scusa delle misure di sicurezza. Invece, con la classica cortesia nipponica, si erano discretamente voltati dall'altra parte quando i due giovanotti erano sgattaiolati dalle loro cabine per unirsi a una festa di amici ufficiali. Questi ultimi avevano con loro una geisha in carne e ossa, che aveva cantato canzoni e trascinato i due ragazzi nelle danze. Nicola e Giorgio non si erano tirati indietro, intonando a loro volta canzoni russe. Più tardi, quella stessa sera, erano finiti in un ristorante di stile europeo, dove qualcuno aveva procurato loro un paio di fanciulle giapponesi decisamente disponibili. Era proprio ciò che cercavano.

Dopo aver passato la notte in compagnia femminile, i due giovanotti erano tornati a bordo, stanchi e barcollanti, poco prima dell'alba.

Giunto a Kyōto, Nicola era ormai così innamorato del Giappone da rifiutare una camera in stile europeo all'hotel Tokiwa, pretendendo un *futon* anziché un letto. Non pago, quella stessa notte aveva sorpreso il suo seguito chiedendo di essere portato nel quartiere delle geishe. Così gli accompagnatori lo avevano scortato nel distretto dei divertimenti di Gion. Dopo essersi intrattenuto nelle case da tè, Nicola era tornato in albergo alle due del mattino.

Intere folle si erano radunate per osservarlo mentre osservava il Giappone. Sorvolando sulle scappatelle notturne, aveva deliziato i suoi ospiti domandando ripetutamente se avesse dovuto togliersi le scarpe ogni volta che entrava in un nuovo edificio. Aveva assistito a una partita di *kemari*, il vecchio gioco di corte dove la palla non doveva mai toccare terra, e applaudito a un'esibizione di tiro con l'arco. Aveva speso 10.000 yen in souvenir, per depositarne 200 in una cassetta delle offerte nel tempio Honganji.

In una calda giornata di metà maggio del 1891, Nicola e Giorgio avevano trascinato il loro seguito sulle montagne fuori Kyōto, per una gita al pittoresco lago Biwa. La visita aveva richiesto un intero convoglio di risciò, non solo per loro, ma anche per i segretari, i maggiordomi e le guardie del corpo, nonché per i pezzi grossi locali. La città di Ōtsu aveva anticipato l'arrivo degli ospiti innalzando un arco di legno addobbato con bandiere russe e giapponesi, e mettendone in prima fila anche una greca, in onore del cugino Giorgio.

Il corteo aveva percorso in lungo e in largo le sponde del lago, si era immerso nella bellezza locale e aveva sussultato di sorpresa a uno spettacolo diurno di fuochi artificiali.

Il tempo era volato, e presto era giunta l'ora di tornare a Kyōto. Nicola era salito a bordo del suo risciò, il quinto di una lunga fila, con Giorgio che si era accomodato immediatamente dietro, davanti al rappresentante ufficiale nipponico, il principe Takehito.

Se le autorità giapponesi erano apparse un po' nervose, i due giovanotti non lo avevano notato. Se ogni tanto il principe Takehito aveva confabulato con accigliati ufficiali in borghese, loro non ci avevano fatto caso. Ma come avrebbero dimostrato gli eventi successivi, la scorta nipponica era già stata informata di una possibile minaccia alla sicurezza degli ospiti stranieri.

I conduttori dei risciò erano partiti a ritmo sostenuto, abbandonando il viale principale per imboccare strade secondarie. Il convoglio stava viaggiando in fila indiana.

Era stato allora che l'aspirante assassino aveva colpito.

Nicola era troppo turbato per avvertire subito una fitta di dolore alla fronte. Sceso dal risciò, che nel frattempo si era fermato, aveva visto un corpulento poliziotto della sua scorta che, impugnando con entrambe le mani una katana, si stava preparando ad assestare un secondo fendente.

«Cosa pensi di fare?», gli aveva inveito contro in russo, dimenticandosi per un istante che probabilmente quell'uomo non capiva la sua lingua.

Intanto la folla aveva preso a urlare e a disperdersi in tutte le direzioni. Finalmente Nicola aveva tastato la propria fronte con la mano, per poi ritrarla sporca di sangue.

Mentre il poliziotto con la katana si apprestava a colpire ancora, la sua vittima, recuperata la lucidità, si era voltata per fuggire. L'attentatore l'aveva inseguita, facendosi largo in silenzio tra la folla.

Dopo aver percorso pochi passi, Nicola aveva esitato sulla direzione da prendere, solo per accorgersi che il sicario gli era quasi addosso. Ma un istante prima che la sua katana fendesse l'aria e lo squarciasse, era arrivata la salvezza.

Senza perdere tempo Giorgio si era messo sulle tracce del cugino e, dopo averlo raggiunto, aveva colpito in faccia l'aggressore con un frustino di bambù. Quest'ultimo, barcollante, era stato poi affrontato dai conduttori dei due risciò, che lo avevano riempito di pugni dopo averlo disarmato.

Rendendosi conto di ciò che era appena successo, Nicola aveva iniziato a tremare. Gli era salito dentro un sentimento di gratitudine per i due conducenti seminudi che gli avevano salvato la vita. Ancora scosso si era appoggiato al cugino Giorgio. Solo allora si era chiesto perché nessuno tra la folla fosse corso in suo aiuto con maggiore tempestività.

Nicola aveva cambiato idea sul Giappone. Quella gente non era meglio dei babbuini. E un giorno, nella sua veste di Zar di tutte le Russie, gliel'avrebbe fatta pagare.

Non era più possibile ignorare la natura selvaggia, non ancora rivendicata, dell'isola di Hokkaidō, la landa che sembrava fare così gola ai russi. Persino lo shōgun ne era consapevole, visto che le prime spedizioni nipponiche per scacciare gli esploratori dello Zar risalivano al 1808. Di conseguenza era giunto il momento di incorporare ufficialmente l'isola nell'impero del Sol Levante. Questa nuova acquisizione fece guadagnare al paese un territorio enorme, pari al 20% delle terre emerse dell'arcipelago. Impossessarsi di Hokkaidō significò anche integrare la popolazione indigena degli Ainu, dando vita a una nuova minoranza etnica e a una cospicua produzione di opere letterarie su quei nativi che adoravano gli orsi. Gli americani, esperti nella colonizzazione di nuove frontiere, furono chiamati in gran numero per «civilizzare» le pianure dell'isola. Persino oggi il turismo di Hokkaidō privilegia le strutture che ricordano il West statunitense: ranch, allevamenti di bestiame, edifici in stile yankee. Questo almeno fino all'inverno, quando la neve diventa protagonista assoluta.

Anche le isole Ryūkyū entrarono a far parte del territorio nazionale, non come periferico territorio di confine, bensì come vera e propria prefettura. L'annessione fu resa possibile da una serie di astute manovre diplomatiche avviate nel 1871, quando i naufraghi di un'imbarcazione delle Ryūkyū erano stati massacrati dagli indigeni di Formosa. I nipponici avevano chiesto un risarcimento alla Cina e questa, dichiarandosi disposta ad aprire un negoziato, aveva riconosciuto implicitamente che il Giappone rappresentava gli interessi dei pescatori delle Ryūkyū e quindi parlava a nome dell'arcipelago, anche se questo era stato considerato fino ad allora un vassallo dei cinesi. Nel 1879 l'ultimo sovrano delle isole aveva abdicato, aprendo la strada alla loro trasformazione in prefettura giapponese.

Queste conquiste territoriali rappresentarono solo i primi passi dell'imperialismo nipponico. Nel 1874, quando la Cina precisò di non esercitare alcuna giurisdizione sulla costa orientale di Formosa – la terra degli indigeni che avevano trucidato i naufraghi giapponesi – il Sol Levante organizzò una spedizione punitiva contro di loro, che finì in un nulla di fatto a causa dell'insorgenza di alcune malattie.

Il nuovo espansionismo giapponese si rivolse allora al continente. In Cina, la dinastia Qing stava vacillando sotto i colpi delle interferenze straniere, mentre la Corea, «regno in clausura» che sembrava aver adottato la stessa politica di autoisolamento del Giappone dell'era Tokugawa, subiva forti pressioni per aprirsi al mondo esterno. Desiderosi di impossessarsi delle risorse coreane, soprattutto ferro e carbone, ed estremamente diffidenti nei riguardi dell'attenzione che i russi dedicavano a quel paese, i giapponesi presero sul serio le parole di un consigliere militare prussiano, che aveva definito la Corea «un pugnale puntato al cuore dell'impero». Dopotutto, era stato proprio da quella penisola che i Mongoli del Medioevo avevano lanciato i loro attacchi contro l'arcipelago. Controllare la Corea significava controllare la porta di accesso al Giappone.

Nel 1882 lo scoppio di una carestia provocò un ammutinamento militare a Seul, costringendo la legazione nipponica ad abbandonare il paese a bordo di vascelli britannici. Il Sol Levante reagì inviando uno squadrone navale per «proteggere gli interessi nazionali», innescando un'iniziativa analoga da parte della Cina.

Anche se la crisi fu poi risolta diplomaticamente, la Corea rimase lacerata al suo interno tra la fazione pro cinese che enfatizzava il ruolo tradizionale del paese come Stato vassallo dell'impero celeste, e quella riformista, per la quale «modernizzazione» significava avvicinamento al Giappone. Nel 1884, un tentativo di colpo di Stato da parte dei riformisti condusse a una risposta militare della Cina su richiesta della stessa regina coreana. L'intervento costò la vita a quaranta residenti nipponici.

Nel 1886 la Cina mostrò al mondo le sue navi da guerra di recente acquisizione tra le quali svettavano, grazie alla cantieristica tedesca, le imponenti *Dingyuan* e *Zhenyuan*, che furono mandate «in visita» a Nagasaki. Queste due corazzate, nettamente superiori a qualunque scafo della flotta nipponica, diedero la falsa impressione che la Cina si stesse modernizzando a una velocità pari a quella del Giappone. I marinai cinesi a terra si lasciarono trascinare in uno scontro con la polizia di Nagasaki, che causò ottanta morti e inasprì le tensioni tra i due paesi. Un secondo tumulto provocò altre vittime, inducendo la Cina a chiedere che la polizia giapponese non fosse più dotata di spade. Il Sol Levante acconsentì alla richiesta, ma la sua arrendevolezza, in realtà, era solo una copertura per nascondere un'accresciuta attività di spionaggio.

Spaventati dalla stazza della nuova flotta cinese, i giapponesi aumentarono i loro fondi per l'acquisto di vascelli europei. Fu una decisione che non tenne conto della testimonianza del capitano Tōgō Heihachirō, un ufficiale di marina che non solo aveva incontrato in divisa alcuni comandanti cinesi, ma si era anche aggirato in borghese per le banchine di Kure, riferendo ai suoi superiori che i marinai del celeste impero erano sciatti e trasandati; i ponti dei loro scafi apparivano ingombri di spazzatura e la biancheria degli equipaggi veniva stesa ad asciugare sui cannoni. Più o meno contemporaneamente, i giapponesi entrarono in possesso di uno strumento che si sarebbe rivelato prezioso: il cifrario segreto della marina cinese, occultato in un banale manuale di navigazione.

Quando nel 1894 scoppiò la prima Guerra sino-giapponese per il controllo della Corea, il Sol Levante fu in grado di decrittare tutti i messaggi in codice del nemico. I due paesi ammassarono truppe in Corea, ma queste non riuscirono a impedire un tentativo di colpo di Stato da parte del Donghak (Insegnamento orientale), una fazione conservatrice di ispirazione neoconfuciana. I soldati giapponesi fecero fallire il putsch; dopodiché si guardarono bene dal tornare in patria. Nel luglio dello stesso anno, il corpo di spedizione nipponico sequestrò il re coreano, costringendolo ad annullare tutti i trattati con la Cina, a proclamare l'instaurazione di un nuovo regime «modernista», e a pretendere il ritiro delle truppe dell'ingombrante vicino.

Sempre nel 1894, i giapponesi non solo riuscirono a respingere i cinesi oltre il fiume Yalu, ma persino a penetrare nel loro stesso territorio, mentre il capitano Tōgō, con una spericolata operazione navale, si impadroniva di Formosa pochi giorni prima che entrasse in vigore una tregua. Anche se in sede negoziale fu costretto a restituire gran parte dei territori strappati alla Cina, il Giappone non rinunciò alla sua influenza sulla Corea, come pure su Formosa, che sarebbe rimasta una colonia nipponica fino al 1945.

Il Sol Levante interpretò la vittoria sulla Cina come un chiaro segno della sua compiuta modernizzazione. Del resto, si era impossessato di fette del territorio cinese ricorrendo agli stessi metodi dei britannici, dei francesi, dei tedeschi, e di altre potenze occidentali. In proposito, i sudditi di Sua Maestà non ebbero nulla da ridire, e sottoscrissero volentieri il Trattato anglo-giapponese di commercio e navigazione del 1894. Questo accordo stabiliva la sospensione della clausola di extraterritorialità a partire dal 17 luglio 1899: da quella data in poi, i residenti britannici accusati di un crimine in Giappone, sarebbero stati giudicati da un tribunale locale. Ben presto questa norma fu estesa ad altri paesi, provocando il dissolvimento di uno dei pilastri dei «trattati ineguali».

Nel 1900 il Sol Levante partecipò attivamente alla repressione della rivolta dei Boxer in Cina, dove un corpo di spedizione internazionale aveva raggiunto Pechino per trarre in salvo le delegazioni straniere sotto assedio. Tuttavia, le interferenze del Giappone nelle vicende del continente asiatico avevano iniziato a preoccupare seriamente l'impero zarista.

Alcuni politici nipponici arrivarono alla conclusione che vi era molto spazio disponibile tra le rovine della Cina. La Russia, ad esempio, avrebbe potuto impadronirsi delle pianure ondulate della Manciuria, mentre il Giappone sarebbe stato libero di consolidare la sua presenza altrove. Ma come ci si poteva aspettare da una politica estera basata sulla conquista e l'annessione di territori altrui, le dinamiche espansioniste finirono presto fuori controllo. Ci si poteva fidare della volontà dei russi di non ostacolare i giapponesi? Le esperienze del recente passato non avevano forse insegnato che l'unico modo per trattare efficacemente con le potenze straniere era quello di mostrare i muscoli della forza militare?

Oltretutto, perché permettere che i russi si impadronissero della Manciuria e dei suoi prodotti agricoli, quali i semi di soia, il sorgo e il miglio? I confini di quel territorio abbondavano di foreste pregiate e ricchi giacimenti di carbone. Perché lasciare allo zar simili ricchezze, visto che non sarebbe stato difficile impossessarsene?

Alla fine prevalsero i «falchi» anche se lo zar russo aveva elaborato un piano simile per se stesso. Nel 1890, quando aveva lasciato il Giappone e raggiunto Vladivostok per inaugurare la ferrovia transiberiana, Nicola II era soltanto il principe ereditario. All'epoca si era sperato che il suo viaggio nel Sol Levante ponesse le fondamenta di una fruttuosa collaborazione tra i due imperi. A rovinare tutto, però, era intervenuto l'attentato alla sua vita. Il futuro zar si era congedato dall'arcipelago con due ricordi incancellabili: un tatuaggio sul braccio destro e una cicatrice sulla fronte, a imperitura memoria dell'aggressione subìta a Ōtsu. Quell'incidente aveva profondamente imbarazzato le massime autorità nipponiche, compreso l'imperatore Meiji, mentre Nicola aveva ricevuto migliaia di telegrammi di solidarietà da parte dell'opinione pubblica locale. Tuttavia, il danno era fatto. Il principe russo, da allora in poi, avrebbe considerato i giapponesi un «branco di scimmie» inaffidabili. Fu così che la data dell'attacco venne fissata sul calendario ufficiale della marina zarista. Quanto alla ferrovia transiberiana, sarebbe stata sfruttata per trasportare truppe e materiali dall'ovest europeo all'estremo est asiatico.

Nel 1902, un Giappone che ormai non aveva più nulla da invidiare alle potenze occidentali, fu in grado di chiudere accordi di più vasta portata. Tra le nuove deliberazioni spiccava l'alleanza anglo-nipponica, in base alla quale ciascuno dei due paesi sarebbe venuto in aiuto dell'altro, se questo fosse stato impegnato in un conflitto con più di un nemico. Il trattato permise ai britannici di trasferire parte dei loro vascelli dai mari della Cina a quelli dell'Europa, dove la potenza tedesca era in costante crescita. Quanto ai giapponesi, ebbero la certezza che, in caso di guerra aperta, nessuna nazione si sarebbe schierata al fianco della Russia, per paura di un conflitto con l'Inghilterra. Nel 1904 le clausole del trattato permisero al Giappone di attaccare le navi russe a Port Arthur, sulla costa cinese. Nel Regno Unito, dove molti ufficiali di marina nipponici si erano addestrati, la decisione del neo ammiraglio Tōgō di infliggere un colpo prima che le ostilità venissero dichiarate ufficialmente, fu salutata dal *Times* come «un gesto di audacia». Con l'intera flotta del Pacifico intrappolata a Port Arthur dall'azione a sorpresa di Tōgō, lo zar fu costretto a inviare sul posto una squadra della flotta del Baltico, dotata di navi qualitativamente inferiori. Queste arrancarono verso il lontano Oriente, senza poter contare su un'assistenza adeguata in qualunque porto che fosse controllato da potenze diffidenti dell'alleanza anglo-nipponica. Un giornalista del *Daily Telegraph* diede la notizia che la flotta del Baltico si era nascosta senza autorizzazione nella baia di Cam Ranh, nell'Indocina francese. Questa rivelazione costrinse i russi a uscire allo scoperto, e a continuare il loro viaggio privi di un adeguato supporto logistico. Poiché non avevano carburante sufficiente per raggiungere Vladivostok circumnavigando l'arcipelago nipponico – era la rotta più lunga, ma anche la più sicura – le navi dello zar attraversarono lo stretto di Corea, dove trovarono ad attenderle la flotta di Tōgō. Ebbe così inizio la battaglia di Tsushima[22], che si concluse con una schiacciante vittoria del Giappone.

Sui fronti di terra della Corea e della Cina settentrionale, l'andamento degli scontri fu più altalenante, anche se ben presto le truppe russe si ritrovarono impantanate nelle pianure della Manciuria. Nel 1905, mentre le risorse dei due contendenti si stavano ormai esaurendo, il presidente americano Theodore Roosevelt si fece promotore di un trattato di pace. L'aggressi-

22. 27-28 maggio 1905. [N.d.T.]

vità del Giappone venne premiata per l'ennesima volta. Il Sol Levante non solo vide riconosciuti i suoi interessi in Corea, ma ricevette anche la penisola manciuriana di Liaodong, un tempo protettorato russo, come pure la parte meridionale di Sachalin, un'isola semi desertica a nord di Hokkaidō. Per il resto, i giapponesi non ebbero diritto ad alcun risarcimento monetario; una circostanza che infiammò gli animi dell'opinione pubblica. A Tōkyō, una protesta non autorizzata nel parco di Hibiya degenerò in due giorni di guerriglia urbana, con diciassette morti e centinaia di feriti.

L'imperialismo del Giappone stava iniziando a dare i suoi frutti. L'ultimo sovrano della Corea dovette abdicare in favore di un governatore nipponico. Il principe ereditario della penisola avrebbe studiato in un'accademia militare giapponese, sposato una principessa giapponese, e scalato la gerarchia dell'esercito giapponese fino al grado di generale di corpo d'armata. Nel 1910 il Sol Levante assunse il controllo completo della Corea. Sulle carte geografiche l'arcipelago giapponese e la penisola coreana cominciarono a essere riprodotti con lo stesso colore, come fossero un'unica nazione. Nel 1911 il Giappone riacquistò il diritto di stabilire le proprie tariffe commerciali, cancellando definitivamente le ultime clausole dei «trattati ineguali».

L'imperatore Meiji morì nel 1912, ponendo simbolicamente fine all'incredibile epoca della modernizzazione dell'arcipelago. Il lutto che circondò la sua scomparsa mise in secondo piano un aspetto più importante, ovvero che quel sovrano era stato soltanto l'esponente più illustre di una generazione che ormai se ne stava andando. Tutti i riformatori Meiji avevano un'età avanzata – non a caso i consiglieri più stretti dell'imperatore erano chiamati *genrō*, cioè «anziani» – e anche loro stavano morendo uno dopo l'altro, privando il Giappone di una guida sicura. Gli statisti più vecchi, che si ricordavano ancora dell'epoca Tokugawa, lasciarono così il posto a una generazione più giovane, intossicata dall'aggressività e dal potere, pericolosamente incline alla diplomazia delle cannoniere e risoluta a soddisfare qualunque brama imperialistica. In alcuni casi queste tendenze trovarono la loro giustificazione in una sorta di messianismo geopolitico: come prima potenza asiatica che si era scrollata di dosso la dominazione straniera, il Giappone aveva il sacro dovere di condurre nel mondo moderno il resto del continente. Senza dubbio molte nazioni in via di sviluppo dell'Asia orientale vedevano nel Sol Levante un esempio da imitare. Altre, tuttavia, temevano la sua ideologia aggressiva, che ricalcava il pensiero imperialista delle potenze occidentali. Al riguardo, ecco cosa scrisse il poeta e filosofo bengalese Rabindranath Tagore: «Sono molto preoccupato dai cambiamenti intervenuti nella società nipponica, perché mi sembrano una minaccia che potrebbe riguardare anche altri popoli. Per [...] l'età moderna, il cui solo tratto comune è l'utilitarismo, non vi è luogo dove la dignità e il potere della bellezza siano più a rischio che in Giappone».

Allo scoppio della Prima guerra mondiale, il Sol Levante dichiarò subito guerra alla Germania (agosto 1914). Il primo ministro nipponico, Ōkuma Shigenobu, promise di «adottare tutte le misure necessarie all'eliminazione delle cause che minacciano la pace in Estremo Oriente, assicurando a quest'area la tutela dei suoi interessi, e una salda e durevole tranquillità». Questa dichiarazione spaventò persino gli alleati inglesi, preoccupati che Ōkuma stesse meditando di impadronirsi dei possedimenti tedeschi nel Pacifico. Il ministro degli esteri nipponico, pur non negando tale intenzione, si giustificò affermando che gli scopi del suo paese erano di ordine economico, piuttosto che politico. Le banche giapponesi avevano investito grandi somme di denaro nelle fattorie, nelle miniere e nelle fabbriche del continente asiatico, e la tutela di quegli stanziamenti esigeva per forza di cose un intervento militare.

Alla fine del 1914, un imponente corpo di spedizione nipponico, col sostegno poco più che simbolico di una divisione britannica, prima assediò e poi occupò il porto tedesco di Qingdao, in Cina, mentre la marina del Sol Levante si impadroniva delle isole Marianne, delle Caroline e delle Marshall.

Ciononostante l'obiettivo principale dei giapponesi rimaneva quello di ottenere il maggior numero possibile di concessioni sul territorio cinese. Sotto questo profilo avevano imparato dai migliori. Adottando una variante della dottrina della decadenza ideata dai britannici per giustificare il loro interventismo in quei paesi che giudicavano sull'orlo della rovina – e ciò a dispetto del consenso o meno dei governi locali – nel gennaio del 1915 il Giappone presentò alla Cina il cosiddetto Ultimatum delle ventuno richieste, pretendendo, tra l'altro, che venisse riconosciuta la sua occupazione degli ex possedimenti tedeschi, con le loro miniere e raffinerie, nonché il suo controllo sulle ferrovie della Manciuria.

In effetti alla Cina veniva chiesto di offrire concessioni come se fosse già stata invasa dal Sol Levante. Nel tentativo di mantenere la propria neutralità, ma anche di assicurarsi il sostegno delle nazioni europee, nel maggio del 1915 l'impero celeste accolse le ventuno richieste nipponiche; ma solo un mese più tardi diede avvio a un negoziato per fornire alle retrovie del fronte europeo operai non combattenti. Nel 1917 un sottomarino tedesco affondò nel Mediterraneo una nave da trasporto cinese con a bordo operai di quel tipo, causando l'entrata in guerra della Cina contro la Germania.

Alla fine della Prima guerra mondiale, durante la conferenza di pace di Parigi, i cinesi e i nipponici si ritrovarono in una posizione piuttosto bizzarra. Sebbene fosse tecnicamente un'alleata del Giappone, la Cina confidava nel fatto che le potenze vincitrici sarebbero intervenute per annullare le famigerate ventuno richieste. Da parte sua il Sol Levante si attendeva che Francia, Inghilterra e Stati Uniti riconoscessero il suo dominio sia sulle ex colonie tedesche del Pacifico, sia sulla penisola di Shandong, grande quanto uno Stato del Vecchio continente. Mentre i cinesi insistevano nel pretendere la restituzione di quel territorio, i giapponesi, desiderosi di sostituirsi all'occupazione tedesca, si sforzarono di guadagnarsi il sostegno britannico, fornendo all'Inghilterra corazzate e incrociatori per proteggere le rotte mediterranee al largo di Malta.

La stessa delegazione nipponica alla conferenza di pace appariva divisa al suo interno tra le opinioni dei due discendenti dei Fujiwara. Il capo di questa antica famiglia, Saionji Kinmochi, era uno degli ultimi *genrō*, e sperava di fare del suo paese un membro pacifico della Società delle nazioni. Uno dei suoi vice, tuttavia, era Konoe Fumimaro, un giovane aristocratico arrabbiato che considerava la conferenza una farsa per imporre al mondo la «pace anglo-americana». L'ultima cosa che Konoe desiderava, era un organismo internazionale che mediasse le dispute, che avrebbe rappresentato la fine dell'imperialismo senza freni e contenuto l'aggressività espansionista del Giappone. In proposito, ecco cosa scrisse in un rovente articolo:

> Il militarismo non è la sola forza che viola la giustizia e l'umanità. Anche l'imperialismo economico, permettendo ai paesi più potenti di monopolizzare enormi quantità di denaro e risorse naturali, impedisce il libero sviluppo delle altre nazioni, e arricchisce gli imperialisti senza che ciò richieda l'uso della forza. Se la conferenza di pace dovesse fallire nel

> reprimere questo dilagante imperialismo economico, gli inglesi e gli americani diventerebbero i padroni del mondo, e in nome del mantenimento dello status quo, lo dominerebbero attraverso la Società delle nazioni e il disarmo imposto agli altri paesi, perseguendo soltanto i loro propri interessi. Se tale politica dovesse prevalere, il Giappone, che è piccolo, povero di risorse, e incapace di consumare tutte le merci che produce, non avrebbe altra scelta per salvarsi che distruggere lo status quo, esattamente come ha fatto la Germania.

Konoe rappresentava una nuova fazione all'interno del governo nipponico; un gruppo di «falchi» che si sentiva schiacciato dalle pressioni economiche occidentali, ed era disposto, se necessario, a ricreare le stesse tensioni che avevano condotto la Germania al disastro della Prima guerra mondiale.

Se la conferenza di Parigi fosse andata diversamente, gli individui come Konoe sarebbero stati neutralizzati dalla capacità dei diplomatici di ottenere concessioni in modo pacifico. Ma l'esito delle riunioni lasciò l'amaro in bocca alla delegazione nipponica, che si sentì incompresa e trascurata. Pur riuscendo ad assicurarsi la penisola di Shandong (scatenando l'ira della Cina, al punto che questa si rifiutò di sottoscrivere il trattato di Versailles), i rappresentanti giapponesi non ottennero l'inserimento nello statuto della Società delle nazioni di una norma contro il pregiudizio razziale.

Secondo Konoe – ma anche molti dei suoi oppositori erano d'accordo con lui – la partecipazione del Giappone a un pacifico consesso internazionale come la neonata Società delle nazioni non poteva prescindere da una posizione di *eguaglianza* rispetto agli altri membri. Questo significava non solo il superamento, ormai avvenuto, dei «trattati ineguali» e delle clausole di extraterritorialità, ma anche l'autorizzazione alla libertà di movimento dei migranti nipponici in Australia e California, due paesi che ancora si ostinavano a negarla, nonché il riconoscimento della piena libertà di commercio con le altre nazioni, sgravando l'export nipponico dei dazi eccessivi che lo frenavano. Come osservò un aristocratico del Sol Levante, sarebbe stato piuttosto ironico se la flotta da guerra giapponese si fosse mobilitata in favore della Francia solo per vedere i suoi mercantili civili messi al bando dall'Indocina francese.

Nel corso di intensi negoziati, i giapponesi si spinsero persino a citare la Dichiarazione d'indipendenza degli Stati Uniti, laddove enunciava la verità, di per sé evidente, che «tutti gli uomini sono creati eguali». Ma il delegato britannico, Arthur Balfour, si fece beffe di questo richiamo osservando che si trattava di un principio squisitamente ottocentesco, forse applicabile ai cittadini di un singolo Stato, ma certo non a tutte le razze del genere umano.

La Società delle nazioni iniziava male. I timori di Konoe si stavano rivelando fondati. Gli americani e gli europei non sembravano disposti a rinunciare alla loro egemonia, tantomeno a riconoscere al Giappone la libertà di commerciare su base paritaria, abrogando la vecchia clausola della «nazione più favorita». In quel caso, dopo i giapponesi sarebbero venuti gli indiani, poi gli africani, poi i cinesi... Come se non bastasse, gli americani e gli australiani erano spaventati dal «pericolo giallo» costituito dall'emigrazione orientale, mentre l'impero britannico doveva tenere a bada una moltitudine di etnie asiatiche e africane. Una clausola che sancisse l'eguaglianza razziale era semplicemente fuori discussione.

Per Konoe fu la «fine dell'idealismo», e la riprova che l'arcipelago nipponico sarebbe rimasto un membro di seconda categoria all'interno della Società delle nazioni. La conferenza di pace di Parigi, con i suoi esiti deludenti, fece sì che il Giappone continuasse a pensare che solo la forza militare avrebbe potuto conseguire qualche risultato. A ogni modo, adesso i giapponesi avevano Shandong, con una linea ferroviaria che entrava nel cuore della Cina e una serie di mandati che li autorizzavano ad amministrare le ex colonie tedesche del Pacifico, con i loro porti sulle rotte per Formosa e Palau.

L'ascesa del militarismo nipponico fu causata anche da altri problemi. Le nuove colonie in Corea e a Taiwan cominciarono a produrre riso a basso costo, mandando fuori mercato gli agricoltori dell'arcipelago. La recessione globale degli anni Venti arrivò fin nelle isole. Nel 1923 il Grande terremoto del Kantō distrusse Yokohama e devastò il 50% di Tōkyō.

Il concetto medievale del *gekokujō*, il basso che domina l'alto, tornò in auge nei discorsi pubblici. L'esercito e la marina avevano incorporato l'ultima generazione di samurai, addestrandola e modernizzandola. Quel che era rimasto intatto era il carattere intransigente del loro codice, che ora cominciò a influenzare gli ufficiali più giovani. Molti quadri delle forze armate si convinsero che il Giappone non si stava espandendo *abbastanza* rapidamente, e che occorreva tornare alle maniere forti, anche a costo di opporsi ai propri superiori. Sebbene non mancassero ufficiali moderati, il loro numero era nettamente inferiore a quello dei fanatici ex samurai, convinti che bisognasse ripristinare i costumi bellicosi dell'era Tokugawa. Nel frattempo, per la prima volta dall'epoca delle guerre di frontiera con gli Emishi, un migliaio di anni prima, la sfera d'influenza del Giappone si stava allargando a nuovi territori suscettibili di essere colonizzati. Anziché combattere per il possesso di piccole aree interne, ora vi era un intero continente che aspettava di essere conquistato e sottomesso; una frontiera in continua espansione che comprendeva la Cina, l'Indonesia e la Manciuria. A farsi avanti non fu solo l'esercito, ma anche l'industria privata – dai cotonifici ai bordelli, dalle miniere di carbone alle linee ferroviarie. D'altro canto vi era un gigantesco sistema di infrastrutture che attendeva di essere costruito e mantenuto. Per giustificare il loro espansionismo i giapponesi ricorsero ai principi della dottrina panasiatica: l'Asia doveva tornare in possesso degli asiatici, e quale entità avrebbe potuto garantire tale riappropriazione se non il grande impero nipponico?

L'influenza dell'esercito e della marina sulle scelte politiche del Giappone si accrebbe per tutti gli anni Venti, fino a imporre al paese uno stato di perenne belligeranza che sarebbe stato ricordato come la Guerra dei quindici anni (dal 1931 al 1945). Mentre le conquiste militari fuori da confini dell'arcipelago davano lustro a un impero sempre più ambizioso e vanaglorioso, sul piano interno le forze armate intensificavano progressivamente i loro sforzi per «colonizzare» il governo. Dato che gli esponenti favorevoli all'esercito non sempre riuscivano a farsi eleggere, alcune fazioni estremiste cominciarono a ricorrere alla «politica attraverso l'eliminazione fisica», compiendo omicidi mirati per intimidire i legislatori e orientarli nella direzione voluta.

Nel 1931 un tenente colonnello delle forze armate giapponesi tentò di sfruttare una serie di tumulti e assassinii politici per creare le premesse di un colpo di Stato. Nel 1932 un gruppo di ufficiali di marina uccise il primo ministro. Nel 1934 alcuni allievi di un'accademia militare furono arrestati con l'accusa di essere sul procinto di ultimare i piani di un putsch. Il 26 febbraio 1936 centinaia di soldati si ribellarono ai loro superiori dilagando per Tōkyō, commettendo numerosi omicidi e scagliandosi contro le sedi delle istituzioni civili più importanti. Pur non del tutto chiaro, l'obiettivo fondamentale di questi rivoltosi era imporre con la forza la cosiddetta «Restaurazione Shōwa». Secondo loro, il neo imperatore Shōwa – ovvero Hirohito, nipote del sovrano Meiji – era vittima inconsapevole delle tendenze liberal-democratiche dei suoi stessi ministri. Per riportarlo sulla retta via occorreva una drastica restaurazione del potere imperiale, analoga a quella Meiji ma di segno politico opposto. Tuttavia, sordo alle invocazioni dei rivoltosi, Hirohito ordinò loro di cessare qualunque attività sovversiva, definendoli in un decreto squallidi cospiratori che si erano ribellati all'ordine costituito.

Il consigliere imperiale Saionji Kinmochi, che pure era stato nel mirino dei rivoltosi, fu sconvolto dalla reazione di Hirohito. Certo, la risposta del sovrano aveva funzionato, ma se le truppe lealiste si fossero rifiutate di appoggiarlo, il paese sarebbe precipitato in una crisi istituzionale. L'imperatore, con il suo azzardo, aveva rischiato la caduta del regime.

Anche nelle regioni continentali la situazione subì sviluppi inquietanti. Nel nord-est della Cina, alcuni ufficiali di grado inferiore dapprima inscenarono una serie di attacchi terroristici, per poi «rispondere» a essi con estrema brutalità, rovesciando il despota locale e sostituendolo con un sovrano di loro fiducia. Poiché si trattava del territorio che comprendeva anche la Manciuria, terra natale degli ex imperatori Manciù, i giapponesi ingaggiarono rapidamente «Henry» Puyi, il deposto «ultimo imperatore», insediandolo come sovrano di quello che ora era conosciuto come lo Stato di Manchukuo; una svolta che la Società delle nazioni accolse con molte proteste.

Il Manchukuo è un incredibile vicolo cieco della storia giapponese; un esperimento coloniale travestito da nuova entità statale, presentato all'opinione pubblica interna come uno straordinario paradiso ricco di opportunità agricole e minerarie. Il suo territorio fu invaso da milioni di coloni nipponici, provenienti per lo più da quei settori della società che le riforme Meiji avevano trascurato: le famiglie dei sostenitori dello shōgun, ad esempio, o gli agricoltori che erano andati in bancarotta a causa della recessione. Per i militari, il Manchukuo rappresentava un esempio di ciò che avrebbero potuto ottenere se avessero avuto mano libera – non a caso, molti di loro sarebbero stati protagonisti della ripresa economica del secondo dopoguerra. Per i cinesi, invece, si trattava di un regime illegale e oppressivo, fondato sul lavoro coatto e il commercio clandestino dell'oppio.

Decenni dopo la sua caduta questo stato fantoccio è ancora fonte di imbarazzo. Nella lingua cinese le parole «Manciuria» e «Manchukuo» sono tuttora tabù; la regione viene indicata genericamente come Nordest, così da connetterla in modo implicito al resto della Cina. I monumenti dell'epoca coloniale sono stati abbattuti; i documenti del regime filo nipponico giacciono in archivi polverosi; la residenza di Henry Puyi è ancora in piedi a Changchun, ma adesso è conosciuta come il Palazzo del falso imperatore, e sorge accanto al Museo dell'occupazione giapponese della Cina nordorientale, che restituisce con grande accuratezza (anche nella lingua degli ex conquistatori) la brutalità di quel periodo.

Nel 1936 i militari nipponici erano ormai venuti a capo di ogni opposizione interna. La dissidenza di sinistra – socialisti, comunisti, sindacalisti – non aveva più voce. Nella compagine governativa, i ministri dell'esercito e della marina esercitavano il diritto di veto nei confronti di qualunque decisione contraria ai loro orientamenti. Gli atti illeciti degli ufficiali di grado inferiore – dalle azioni «preventive» all'estero fino agli omicidi politici interni al paese – ricevevano soltanto qualche lieve censura.

Anche se aveva coraggiosamente represso la rivolta del 1936, l'imperatore Shōwa, come pure i suoi ministri, non osarono protestare quando le forze armate invasero il resto della Cina. Nel 1937, con la Manciuria ormai al sicuro, le truppe giapponesi, ufficialmente impegnate in manovre militari, provocarono un «attacco» della guarnigione cinese al ponte di Marco Polo, nei sobborghi di Pechino. Contemporaneamente, altri reparti nipponici si scagliarono contro Shangai, dando inizio a durissimi combattimenti che sarebbero durati anni. Dapprima il governo nazionalista cinese rifiutò qualsiasi aiuto straniero, confidando che l'enorme estensione della Cina sarebbe bastata a mettere sotto scacco gli invasori del Sol Levante. Peraltro non mancò un certo grado di cooperazione tra il regime nazionalista e gli insorti comunisti, uniti dal comune intento di resistere ai giapponesi. I comunisti diedero avvio a una lunga guerra partigiana nelle regioni interne; i nazionalisti si ritirarono a distanza di sicurezza dalla prima linea nipponica; le potenze straniere iniziarono a rifornire di materiale bellico Chongqing, la capitale provvisoria della Cina libera. A Nanchino i giapponesi istituirono uno Stato fantoccio sulla falsariga del Manchukuo, insediando un primo ministro collaborazionista, Wang Jingwei[23]. Questa iniziativa, tuttavia, contrariamente al Manchukuo, non riuscì a mettere con le spalle al muro la resistenza locale.

I militari completarono la loro stretta sul governo nel 1938, facendo sì che venisse approvata la Legge di mobilitazione nazionale. Grazie a questo strumento normativo, l'apparato industriale e la politica economica del paese furono posti al servizio delle forze armate. Nel 1940 si procedette alla sospensione di

23. Nanchino fu anche teatro di numerose atrocità e stupri di massa da parte delle truppe giapponesi. Queste violenze costarono la vita ad almeno 300.000 civili. [N.d.T.]

ogni attività politica, con la scusa che i partiti non servivano più visto che il popolo giapponese era ormai una mente sola, integralmente orientata alla guerra e alla conquista. A quell'epoca il primo ministro era Konoe Fumimaro, lo stesso che aveva previsto simili sviluppi due decenni prima. Konoe, inoltre, riteneva che fosse soltanto questione di tempo prima che la Germania nazista s'impadronisse dell'Europa. Così, forte di tale convinzione, non ebbe problemi a sottoscrivere un Patto tripartito con il Terzo Reich e l'Italia fascista (settembre 1940), solo poche settimane prima che l'aviazione tedesca perdesse la Battaglia d'Inghilterra, smentendo la sua fama d'invincibilità e ponendo le premesse della futura riscossa britannica.

Nel 1940 l'impero giapponese celebrò il duemilaseicentesimo anniversario della sua presunta nascita, spacciando per verità storiche alcuni improbabili miti fondativi, come quello, ad esempio, delle campagne condotte dal leggendario imperatore Jinmu lungo le coste del mare interno. Queste falsificazioni vennero amplificate e inculcate nel popolo grazie a una massiccia opera di propaganda. A un certo punto tutti i sudditi dell'impero furono invitati via radio a rivolgersi verso Tōkyō per inchinarsi idealmente al sovrano, così da riconoscere non solo l'invincibilità del Giappone, ma anche il suo carattere pressoché divino e l'inevitabilità della sua espansione territoriale: un sogno che malgrado qualche effimero successo, sarebbe durato solo pochi anni.

Frattanto gli Stati Uniti avevano cessato di fornire all'arcipelago qualunque materiale che potesse servire direttamente o indirettamente allo sforzo bellico. Di conseguenza il Giappone si ritrovò a corto di ferro, acciaio e petrolio. Posto di fronte alle sanzioni americane, Konoe non ebbe molta scelta: se voleva mantenere in vita l'apparato militare doveva necessariamente approvvigionarsi di materie prime, dovunque esse si trovassero. Pressati da questa esigenza, nel luglio del 1941 i giapponesi invasero l'Asia sudorientale, spingendo gli Stati Uniti a interrompere ogni rapporto commerciale e finanziario con il Sol Levante.

Il Giappone imperialista era in rotta di collisione con l'America sin dagli ultimi anni del XIX secolo. In proposito la diplomazia americana aveva smesso di farsi illusioni già alla fine della Prima guerra mondiale. Prima o poi l'impero nipponico avrebbe tentato di impadronirsi del Pacifico, così come si era impossessato dei paesi vicini. E adesso quel momento era giunto.

La pianificazione della nuova spinta espansionista fu affidata a Yamamoto Isoroku (1884-1943), meglio conosciuto come l'«Ammiraglio riluttante». Yamamoto, che aveva visto con i propri occhi la gigantesca capacità industriale degli Stati Uniti, aveva messo in guardia i suoi superiori con estrema franchezza: se il Giappone fosse sceso in guerra contro l'America, le sue possibilità di vittoria sarebbero state irrisorie. Ciononostante, nel tentativo di proteggere i fianchi dell'arcipelago mentre le truppe del Sol Levante avanzavano nell'Asia sudorientale, l'ammiraglio ideò un piano per mettere provvisoriamente fuori combattimento la flotta americana del Pacifico. Si trattava di sferrare un devastante colpo a sorpresa contro la base navale di Pearl Harbor, nelle Hawaii. Se fosse riuscito, questo blitz avrebbe dato ai giapponesi il tempo di impadronirsi del Pacifico occidentale, anche se non avrebbe evitato, come Yamamoto ben sapeva, un feroce contrattacco statunitense. L'ammiraglio cercò di sensibilizzare i «falchi» del mondo politico e dello stato maggiore anche su quest'ultimo punto:

> In caso di guerra con gli Stati Uniti, non ci basterà impossessarci di Guam e delle Filippine, o addirittura delle Hawaii e

> di San Francisco. Per vincere, dovremo occupare Washington, e dettare le nostre condizioni di pace dalla Casa Bianca. Mi chiedo se i nostri politici, che parlano così a vanvera di un conflitto tra l'America e il Giappone, siano consapevoli di tutto ciò, e dei sacrifici che in quel caso saremo costretti a sopportare.

I vertici delle forze armate giapponesi manipolarono il rapporto di Yamamoto con un semplice espediente, tagliando la sua ultima frase, così che le inquietanti considerazioni dell'ammiraglio si trasformassero agli occhi dell'opinione pubblica in un entusiastico appello alla guerra totale.

Malgrado le riserve che aveva manifestato, Yamamoto accettò di condurre l'attacco nipponico contro Pearl Harbor (7 dicembre 1941), nella presunzione che il suo governo si fosse già preoccupato di rompere le relazioni diplomatiche con gli Stati Uniti, avvisandolo in anticipo dello stato di belligeranza. Ma per caso o per disegno, questa comunicazione arrivò a Washington mentre il raid su Pearl Harbor era già in corso, in un'improvvida replica delle vecchie gesta di Tōgō a Port Arthur. Stavolta, però, non ci furono elogi da parte della stampa anglosassone, mentre il presidente americano, Franklin Delano Roosevelt, dichiarò in un discorso al Congresso che quel 7 dicembre sarebbe stato ricordato per sempre come «il giorno dell'infamia».

Le truppe nipponiche ebbero il sopravvento su quelle statunitensi, australiane e britanniche per circa sei mesi. Entro poche settimane, mentre gli Stati Uniti si riprendevano dallo shock di Pearl Harbor, le forze giapponesi si erano già impossessate di molti punti strategici dello scacchiere estremo orientale, da Hong Kong a Manila, da Corregidor a Bataan (nonostante le robuste fortificazioni di quest'ultime). Quanto a Singapore, cadde grazie a un'offensiva dalla giungla che i suoi difensori ritenevano semplicemente impossibile.

A quel punto, tuttavia, la situazione cominciò a rovesciarsi. L'avanzata nipponica verso l'Australia fu rallentata in Nuova Guinea e ulteriormente compromessa dagli esiti della battaglia del Mar dei coralli (maggio 1942). Il mese successivo, la controffensiva americana raggiunse l'atollo di Midway, nel centro del Pacifico. Durante l'omonimo scontro aeronavale, i giapponesi persero quattro delle loro portaerei. In patria, un'intera generazione cresciuta nel culto della guerra non si rese subito conto delle implicazioni di una serie di battaglie che venivano combattute sempre più vicino all'arcipelago, finché, nel luglio del 1944, la caduta di Saipan portò il Giappone nel raggio dei bombardieri statunitensi.

L'apparato industriale del Sol Levante dipendeva da una miriade di fabbriche e officine sparse su tutto il territorio metropolitano; di conseguenza, gli americani inaugurarono una strategia di bombardamento a tappeto con ordigni incendiari, scatenando vere e proprie tempeste di fuoco sulle aree urbane, e mietendo decine di migliaia di vittime civili. Nell'aprile del 1945, l'aviazione statunitense sganciò tonnellate di mine sulle rotte marittime, colpendo al cuore la capacità di approvvigionamento del nemico.

Isola dopo isola, in un'avanzata lenta ma inarrestabile, gli americani dovettero però fare i conti con reparti giapponesi intenzionati a battersi fino alla morte. L'etica dei samurai, tornata in auge con il militarismo di Stato, incoraggiò attacchi che non prevedevano ritorno. Mentre le risorse scarseggiavano sempre più, gli stati maggiori nipponici istituirono squadriglie di piloti suicidi – le unità *shinpū* – assegnando loro il compito di abbattersi sulle navi degli Alleati. Con ogni probabilità, furono i traduttori americani a chiamarli *kamikaze*, in ricordo del «vento divino» che aveva salvato il Giappone dall'invasione mongola.

Alcuni decreti imperiali esortarono i giapponesi a combattere fino all'ultimo; a fare dell'arcipelago un «gioiello in frantumi» che gli alleati non avrebbero osato calpestare. La necessità di resistere a ogni costo e con ogni mezzo fece breccia persino tra quei capi militari che si erano ormai convinti dell'ineluttabilità della sconfitta. Dato che gli americani stavano cercando di impadronirsi di Kyūshū, i generali nipponici idearono l'operazione *Ketsugō* (Decisione), che poteva contare su missili, autobombe e 8000 piloti suicidi: uno schieramento di forze che avrebbe potuto indurre il nemico a rinunciare a un'invasione su vasta scala del Giappone.

In un certo senso questa mossa sortì gli effetti sperati. Considerando le 39.000 perdite subìte nella conquista di Okinawa, la più grande delle isole Ryūkyū, gli strateghi statunitensi conclusero che un'invasione dell'arcipelago avrebbe comportato la perdita di *milioni* di soldati, costretti a contendere ogni centimetro quadrato di territorio a giapponesi determinati a combattere fino alla morte, trappole esplosive, false capitolazioni, e civili pronti a resistere persino con pali appuntiti di bambù e accoltellamenti suicidi.

Fu per questo che gli americani accantonarono l'operazione Downfall, lo sbarco in forze sul suolo nipponico. D'altro canto, l'operazione Starvation, che aveva costellato di mine le acque giapponesi, stava già mietendo molte vittime tra la popolazione dell'arcipelago, mentre le principali città nipponiche erano un cumulo di macerie. Cosa ancora più importante, il governo statunitense aveva un asso nella manica; un'arma segreta che avrebbe costretto alla resa persino i guerrafondai più irriducibili del Sol Levante.

9 IL GIOIELLO IN FRANTUMI: OCCUPAZIONE E RIPRESA

Ci fu una luce accecante, simile al flash di un'enorme macchina fotografica che illumina il paesaggio. Il fragore dell'esplosione venne qualche secondo dopo. A diversi chilometri di distanza, a Nagatsuke, le finestre di tutti gli edifici andarono in mille pezzi. Il reverendo John Siemes, sacerdote di nazionalità tedesca, spazzolò i frammenti di vetro dal suo abito talare, quindi aprì la porta di casa, nonostante fosse parzialmente ostruita dai detriti. Era convinto che una bomba fosse caduta lì vicino, eppure non si scorgeva alcun cratere lungo la strada; solo una quantità impressionante di schegge vitree, evidentemente tutto ciò che rimaneva delle finestre.

In lontananza, dove sorgeva la città di Hiroshima, una gigantesca colonna di fumo si innalzava verso il cielo, sovrastata da una nuvola che la faceva assomigliare a un fungo.

Trascorse un'altra mezz'ora prima che arrivassero le prime, sconcertanti notizie. Chiunque si era ritrovato all'aperto alle 8:14 del 6 agosto 1945, era stato colpito da terribili ustioni, cecità, nausea e vomito. Il bilancio delle vittime stava aumentando di minuto in minuto, eppure nessuno si ricordava di aver visto altro se non un aeroplano in cielo. Uno solo.

A mezzogiorno, la cappella e la biblioteca di Siemes erano state trasformate in un ospedale da campo. Il sacerdote e i suoi monaci spalmavano lardo sulle ustioni dei pazienti. Ben presto, tuttavia, il lardo finì. L'austerità di guerra aveva imposto il suo razionamento. Anche le bende e lo iodio scarseggiavano. Ciononostante i feriti, scioccati e traballanti, continuavano ad arrivare.

I nuovi arrivati dissero che Hiroshima era in fiamme. Un'unica, terrificante esplosione al centro della città aveva sbriciolato quasi tutti gli edifici. Solo l'estrema periferia a sud e a est della cerchia urbana era scampata alla distruzione totale, ma adesso gli incendi scoppiati in loco stavano bruciando vivi i sopravvissuti intrappolati tra le macerie.

C'erano persone che vagavano per le strade, accecate dal lampo dell'esplosione, martoriate dai frammenti di vetro. La loro pelle ustionata si staccava dal corpo. Le acque del fiume erano ingombre di morti e moribondi. Dagli edifici in fiamme si levavano le grida degli uomini intrappolati, ma nessuno aveva la forza di andarli a soccorrere.

Più tardi nel pomeriggio, Siemes venne a sapere che due dei suoi confratelli si trovavano a Hiroshima, in condizioni troppo critiche per potersi muovere. Così, il sacerdote e i suoi aiutanti si diressero verso la città, incrociando una lunga fila di feriti e una colonna zoppicante di soldati.

Lungo la strada, circolavano storie confuse riguardo a un paracadute.

«Un paracadute? Ma allora siete nemici paracadutati!».

No, rispose Siemes. Erano soltanto preti tedeschi impegnati in una missione di carità.

«Ho visto un paracadute», intervenne una donna. «Uno solo. È venuto giù dall'aeroplano questa mattina, ed è sceso lentamente verso la città. Si trovava ancora in aria, quando è esploso con un gran lampo».

Fino a quel giorno, Hiroshima era stata relativamente risparmiata dalla guerra. Ciononostante, aveva adottato tutte le misure previste per difendersi dagli attacchi aerei: rifugi sicuri, luoghi di raccolta, depositi di cibo... Adesso, tutto era stato spazzato via in un istante. In seguito, Siemes venne a sapere che molti dei sopravvissuti al bombardamento erano morti per la mancanza completa di servizi e ricoveri attrezzati. Non vi erano più ospedali per raccogliere i feriti, né magazzini che disponessero di scorte alimentari o farmaceutiche.

Notte dopo notte, la cerchia urbana di Hiroshima fu illuminata da centinaia di pire funebri. I confratelli di Siemes erano stati raccolti in un parco lì vicino, e ora mostravano qualche segno di miglioramento. Nel giro di due settimane, tuttavia, si erano aggravati di nuovo. Le ferite che avrebbero dovuto guarire in un paio di giorni, sembravano non volersi rimarginare.

C'era qualcosa di strano nella bomba che era caduta su Hiroshima, come in quella che aveva distrutto Nagasaki tre giorni dopo. Lo stesso imperatore, in un messaggio radiofonico diffuso il 15 agosto, si era riferito ambiguamente a un «nuovo tipo di ordigno». In quello stesso discorso, Hirohito aveva ammesso che al Giappone non restava altra scelta che arrendersi.

Dopo quindici anni di belligeranza era tornata la pace, di colpo.

Ma i pazienti di Siemes continuavano a morire.

Intanto gli aerei americani lasciavano cadere volantini per annunciare che Hiroshima era stata annientata da una *genshi bakudan*, cioè da una bomba atomica, la cui potenza distruttiva era pari a quella di mille bombardieri B-29. Quegli stessi volantini, tuttavia, non facevano menzione degli effetti collaterali dell'ordigno, tra i quali una catastrofica emissione di raggi gamma, capaci di danneggiare le ossa e persino i geni delle loro vittime, con tumori e neoplasie che avrebbero continuato ad aggravarsi nel corso del tempo.

Dunque, la guerra si era conclusa. Ma l'occupazione stava appena iniziando.

Lo stato maggiore nipponico era stato pronto a perdere venti milioni di vite nella difesa dell'arcipelago, come pure a sopportare un altro paio di bombe atomiche, ben sapendo che l'arsenale americano non ne contava altre. L'imperatore Shōwa aveva insistito ripetutamente per la resa. Persino quando era sceso in campo con tutto il peso della sua autorità, aveva temuto un colpo di Stato da parte dei «falchi» dell'esercito. Così, aveva deciso di rivolgersi direttamente alla nazione, in modo da evitare che qualcun altro, seguendo la vecchia abitudine dei samurai di leggere gli ordini a modo proprio, finisse per fornire un'interpretazione inautentica delle sue parole. La notte prima della messa in onda del messaggio, due guardie del corpo imperiali avevano perso la vita per proteggere da un gruppo di cospiratori il disco su cui era stato registrato.

Il sovrano giapponese non si era mai appellato al suo popolo attraverso la radio. Per secoli i governanti dell'arcipelago erano ricorsi a decreti scritti e udienze private, ma l'imperatore Shōwa non era un uomo abituato a tenere discorsi in pubblico. Il giapponese che parlava era talmente rarefatto e arcaico, così denso di circonlocuzioni ed eufemismi, che molti dei suoi interlocutori erano costretti a farselo tradurre. Ad ogni modo, ecco uno stralcio di quel che disse: «La situazione bellica non si è sviluppata a vantaggio del Giappone, mentre il corso degli eventi internazionali si è voltato contro i nostri interessi [...] Noi abbiamo deciso di aprire la strada a una grande pace per tutte le generazioni future, sopportando l'insopportabile e soffrendo l'insoffribile».

Hirohito accettò le clausole contenute nella Dichiarazione di Potsdam, un documento anglo-sino-americano che era stato sottoscritto dalle potenze vincitrici il 26 luglio 1945, e i cui dettagli non erano stati rivelati al popolo giapponese – con la parziale eccezione di un pugno di audaci che avevano rischiato l'arresto per leggere i volantini lanciati dai velivoli statunitensi. La Dichiarazione non solo pretendeva la resa immediata delle forze armate nipponiche, ma esigeva anche il completo smantellamento degli apparati statali che avevano trascinato il paese nella voragine dell'imperialismo. In proposito, il punto 6 del documento non lasciava adito a dubbi:

> Intendiamo eliminare per sempre l'autorità di tutti coloro che hanno ingannato e fuorviato il popolo del Giappone conducendolo alla conquista del mondo, poiché siamo certi che non sarà possibile un nuovo ordine di pace, sicurezza e giustizia finché il militarismo irresponsabile non sarà rimosso completamente.

Leggendo tra le righe della Dichiarazione, non era difficile capire che il «nuovo ordine di pace» non si riferiva soltanto alla fine della guerra in atto. Erano in molti a credere che lo sgancio della seconda bomba atomica su Nagasaki, il 9 agosto, avesse rappresentato il primo colpo della cosiddetta Guerra fredda. Con quella seconda esibizione di forza nucleare, gli Stati Uniti non solo avevano messo definitivamente in ginocchio il Giappone prima che l'Unione Sovietica potesse occupare le isole settentrionali dell'arcipelago, ma avevano anche mostrato alla Russia staliniana di quali armi terrificanti fossero dotati.

Il nuovo governatore del Giappone fu il generale Douglas MacArthur, comandante supremo delle forze alleate, che ricevette la consegna di sovrintendere alla riconversione del paese in una moderna democrazia di stampo occidentale.

Anche se lo smantellamento dell'industria bellica nipponica vide il contributo di migliaia di tecnici e lavoratori non americani, il periodo dell'occupazione, durato sei anni, fu gestito sostanzialmente dagli Stati Uniti, con ovvie conseguenze sugli indirizzi politici e le scelte valoriali.

Saggiamente – ma sotto certi aspetti anche discutibilmente – MacArthur non volle abrogare del tutto il vecchio ordine. Questa decisione fu in parte dovuta all'ostacolo della lingua. Il governatore americano, infatti, aveva bisogno di funzionari giapponesi, ma non era ancora in grado di avvalersi di un numero sufficiente di interpreti che facessero da tramite con i suoi interlocutori.

Il 1° gennaio del 1946, l'imperatore Shōwa emanò un altro proclama, non meno sconvolgente della dichiarazione di resa, in cui lodava il Giuramento dei cinque articoli risalente all'epoca Meiji, ammettendo implicitamente che gli ultimi decenni erano stati un passo falso, e che era giunta l'ora di concretizzare i nuovi ideali di giustizia e democrazia. Il Giuramento si era impegnato a cancellare i «cattivi costumi del passato»; di conseguenza, attualizzando questo impegno, il Giappone doveva ora liberarsi del militarismo con venature religiose che aveva caratterizzato l'ultimo quindicennio della sua storia.

> I legami tra gli Stati Uniti e il nostro popolo si sono sempre basati sull'affetto e la fiducia reciproca. Essi non dipendono da semplici miti o leggende. Non si fondano sulla falsa idea che l'imperatore sia divino, che il popolo giapponese sia superiore alle altre razze, e sia destinato a governare il mondo.

L'imperatore Shōwa non era un dio. Non discendeva dagli dèi. Era solo un uomo che si chiamava Hirohito. Questa affermazione rivoluzionaria fu formalizzata nella *Ningen Sengen*, la «Dichiarazione della natura umana dell'imperatore». Ancora oggi, i conservatori giapponesi s'interrogano sul significato preciso delle parole del sovrano: la rinuncia al carattere divino riguardava soltanto lui, o anche gli imperatori precedenti?

Non furono in pochi a sorprendersi che Hirohito, nonostante tutto, fosse ancora imperatore e non sembrasse prendere in considerazione l'ipotesi di abdicare, come avevano già fatto tanti suoi predecessori. In fondo gran parte della Guerra dei quindici anni era stata condotta in suo nome e presumibilmente con il suo assenso. Dunque perché non considerarlo un criminale di guerra, complice delle innumerevoli atrocità compiute dai giapponesi, molte delle quali – dagli stupri di Nanchino alla «marcia della morte» di Bataan, dalla schiavizzazione dei prigionieri alla prostituzione forzata delle donne, fino agli esperimenti chimici e batteriologici – erano venute alla luce solo di recente? Certo, l'imperatore Shōwa aveva sventato la rivolta militare del 1936, ma persino i suoi consiglieri l'avevano giudicata una mossa spaventosamente estremista; un esercizio del proprio potere *personale* che aveva ben pochi riscontri nella storia del paese.

A ogni modo gli Alleati furono estremamente abili nel dare un colpo al cerchio e uno alla botte: se da un lato Hirohito aveva certamente concorso a provocare la guerra, dall'altro, altrettanto indubbiamente, si era speso per farla finire. Questa tesi sostanzialmente assolutoria suscitò le proteste dei britannici, degli australiani e dei neozelandesi, che non potevano scordare il feroce trattamento che i giapponesi avevano riservato ai prigionieri di guerra.

Vi era anche un altro aspetto da tenere presente: il figlio

di Hirohito, nonché suo erede legittimo - il ventenne Akihito - aveva partecipato allo sforzo bellico in misura assai minore rispetto agli altri componenti della famiglia imperiale. Così, dopo aver sentito i suoi consiglieri, MacArthur decise di lasciare Hirohito sul trono, sia come simbolo di continuità, sia come utile strumento per assicurarsi la collaborazione del popolo, sia, infine, come garanzia contro possibili ritorni di fiamma da parte dei tradizionalisti locali.

Con questa mossa, MacArthur voleva altresì trasmettere ai giapponesi un concetto ben preciso, ovvero che loro, e il loro sovrano, erano stati ingannati dal cinismo e dall'aggressività del complesso militar-industriale. A Tōkyō, durante i processi per crimini di guerra che si tennero dal 1946 al 1948 (con un'appendice nel 1956, che riguardò altri paesi dell'ex impero nipponico), fu chiamata a giudizio una nuova classe di criminali: non solo la Classe C, che non aveva *impedito* la commissione dei reati; non solo la Classe B, che li aveva *commessi*; ma anche la Classe A, che si era resa responsabile di «crimini contro la pace» costringendo il paese a scendere in guerra. L'ideazione di quest'ultima categoria, contestata persino da qualche potenza vincitrice, servì a condannare i principali esponenti politici, industriali e militari che avevano fomentato l'espansionismo nipponico, mostrandoli al pubblico non come idoli o eroi, bensì come «semplici, banali assassini». Come MacArthur si augurava, se i giapponesi stavano cercando i responsabili del bombardamento di Tōkyō[24], della penuria di cibo, della perdita dei propri cari e della distruzione di Hiroshima e Nagasaki, li avrebbero trovati fra quegli uomini, e non fra gli Alleati.

24. 9-10 marzo 1945. Le bombe al napalm dei B-29 statunitensi uccisero 72.500 civili. [N.d.T.]

In proposito, tuttavia, non mancò qualche contrasto all'interno delle stesse potenze vincitrici. Anche se la notizia fu tenuta nascosta per anni, il giudice indiano Radhabinod Pal (1886-1967) rifiutò la tesi accusatoria dei pubblici ministeri, producendo una memoria di 1235 pagine che contestava la validità giuridica della Classe A. Se la guerra era stata un crimine, non bisognava dedurne la colpevolezza di tutte le parti in causa? Se il Sol Levante era stato spinto a impadronirsi dell'Asia sudorientale sotto la pressione delle sanzioni americane, non bisognava dedurne una co-responsabilità degli Stati Uniti? Se l'opinione pubblica statunitense non aveva protestato contro i bombardamenti su obiettivi civili, non bisognava dedurne la sua colpevolezza?

Il documento del giudice Pal ricordava le vecchie argomentazioni di Konoe Fumimaro sulla pace anglo-americana del 1918, suggerendo che bisognava individuare le vere cause del conflitto che si era appena concluso non nell'ideologia imperialista del Sol Levante, bensì nell'impoverimento causato dal capitalismo e dal colonialismo occidentali. Pal non intendeva difendere i giapponesi per partito preso – anzi, giudicava i loro crimini di guerra «diabolici e infernali» – ciononostante, si rifiutava di collaborare alla criminalizzazione di un intero settore della società nipponica, solo perché aveva osato schierarsi contro l'Occidente. La sua memoria si concludeva con una citazione tratta da Jefferson Davis, lo sfortunato presidente della Confederazione sudista, secondo il quale «quando il tempo avrà attenuato le passioni e i pregiudizi, e quando la Ragione avrà strappato la maschera alla menzogna, allora la Giustizia, tenendo in equilibrio i piatti della sua bilancia, chiederà di rendere conto degli inganni e delle censure del passato».

L'arcipelago era in rovina. Per molti giapponesi il periodo più duro venne paradossalmente con il dopoguerra. Gli alloggi scarseggiavano, la malnutrizione imperava, l'improvviso ritorno in patria di quasi sette milioni di individui tra soldati ed ex coloni creava non pochi problemi. Circolavano voci secondo le quali alcuni generali delle forze armate avevano accumulato in gran segreto tonnellate di cibo e medicine, dando vita a un cartello clandestino, il *kuromaku*, per monopolizzare il mercato nero. Dato che molti giapponesi ricevevano soltanto il 70% delle loro già scarse razioni, il commercio illegale dei generi alimentari divenne un fattore essenziale alla sopravvivenza di larghe fasce della popolazione. Questo fenomeno si fece ancora più evidente quando un giudice locale di retti princìpi preferì lasciarsi morire di fame, piuttosto che acquistare cibo al mercato nero.

Nel 1947 temendo che la crisi alimentare potesse dare adito a sommosse strumentalizzabili dai movimenti di sinistra, il governo statunitense aumentò il volume dei generi di prima necessità destinati al Giappone. L'arrivo dei mercantili americani carichi di grano fu ampiamente pubblicizzato dalla radio e dalla stampa locale, che peraltro erano sotto il controllo degli occupanti. In realtà l'enfasi data a questa notizia servì più che altro a mascherare il fatto che non si trattava di un aiuto gratuito, bensì di un prestito in natura che prima o poi il governo nipponico avrebbe dovuto restituire in moneta. Del resto gli Stati Uniti avevano tutto l'interesse a vendere il loro surplus cerealicolo al Sol Levante, visto che quest'ultimo aveva dovuto riformulare rapidamente le sue abitudini dietetiche passando dal riso al grano. Fu appunto durante il periodo postbellico che cominciò a imporsi quello che sarebbe diventato il piatto per eccellenza della cucina nipponica: il *ramen*. Ricetta di origine cinese riadattata ai tempi moderni, consisteva in tagliatelle di frumento accompagnate da un brodo di lardo con scarti di carne provenienti dal mercato nero; quanto bastava per soddisfare il forte appetito dei lavoratori dell'industria.

Il 1947 vide anche l'entrata in vigore della nuova costituzione giapponese, il cui testo era stato redatto in fretta e furia da un gruppo di giuristi americani con la collaborazione di qualche studioso locale. Permeata di princìpi squisitamente statunitensi, con tanto di citazione letterale del diritto «alla vita, alla libertà, e alla ricerca della felicità», la nuova carta costituzionale aboliva la camera dei Pari, toglieva all'imperatore qualunque potere politico effettivo e proclamava sia la libertà religiosa che la laicità di Stato, ponendo fine all'egemonia temporale dello Shintō e aprendo la strada a nuovi culti. Quanto al diritto di voto, fu esteso anche alle donne, che in più si videro riconoscere la facoltà di disobbedire al volere dei loro mariti in ambito domestico.

In definitiva la costituzione del 1947 cercava di porre le basi di una democrazia liberale in un paese che era vissuto per anni all'ombra dell'autoritarismo, e che meno di un secolo prima era stato governato da un tiranno militarista. Allo scopo di chiarire cosa significasse una costituzione liberale, nel 1947 gli occupanti decisero di inviare una delegazione di settanta insigni giapponesi a Washington, Berlino e Londra, in una specie di replica della Missione Iwakura. Stavolta, però, non si trattava di apprendere i rudimenti della tecnologia occidentale, bensì i modi di funzionamento di una moderna democrazia, in cui il potere è esercitato in nome del popolo e nel suo interesse. Significativamente, la delegazione portò con sé un dono particolare: alcuni crocifissi realizzati con il legno di un olivo di Hiroshima.

La norma più innovativa del nuovo dettato costituzionale era costituita dall'articolo 9, di contenuto dichiaratamente pacifista, in quanto affermava che «il popolo giapponese rinuncia alla guerra come diritto sovrano della nazione, come pure all'uso della forza, o alla minaccia di ricorrervi, quali strumenti di risoluzione delle dispute internazionali». Questo articolo suscitò polemiche fin dal suo apparire, al punto che persino le autorità di occupazione se ne pentirono quasi subito. Un Giappone «disarmato» era un Giappone che affidava la sua difesa agli Stati Uniti; un facile pretesto per installare basi americane sul suo territorio, ma anche un buon motivo per rinfocolare le proteste degli isolazionisti di Washington. Nel frattempo, la dichiarazione della Repubblica popolare cinese (1949) e lo scoppio della Guerra di Corea (1950) facevano sì che l'arcipelago nipponico si trasformasse da nazione pacifista in una «inaffondabile portaerei statunitense» nel Pacifico. Nei primi tempi le forze di occupazione si erano poste l'obiettivo di demilitarizzare, o addirittura deindustrializzare, il paese, così da rimuovere tutte le basi materiali e ideali del suo recente espansionismo. Ma adesso, con lo scoppio della Guerra fredda, gli americani furono costretti a riconsiderare le loro priorità. I partiti di sinistra non furono più visti come elementi essenziali di una moderna democrazia, bensì come agitatori socialisti che andavano contenuti a ogni costo. Lo scorporo delle *zaibatsu* venne rallentato o sospeso, mentre le fabbriche destinate alla demolizione furono riconvertite a nuovi scopi. Dato che il Giappone aveva ufficialmente rinunciato alla guerra, le autorità sfruttarono una scappatoia giuridica per istituire una Polizia nazionale di riserva con 75.000 uomini, che divennero assai di più con la successiva creazione di una Forza di autodifesa, vero e proprio esercito mascherato da milizia civile. Per giustificarne la nascita senza che questa violasse il dettato dell'articolo 9, si ricorse all'espediente di spacciarla come struttura *unicamente* difensiva, con limitate capacità di offesa. I suoi caccia, ad esempio, sarebbero stati privi di serbatoi di carburante tali da permettere loro di sorvolare altri paesi. Nei decenni successivi, l'articolo 9 ricevette molte contestazioni da parte delle nazioni straniere. In fondo il Giappone stava godendo della tutela militare di una superpotenza quasi a titolo gratuito. Questo fatto divenne particolarmente evidente negli anni Novanta, quando il Sol Levante fu accusato di essere il primo beneficiario della Guerra del Golfo, malgrado non avesse messo a disposizione neppure un soldato.

Rimane ancora molto da scrivere sugli uomini e le donne del regime di occupazione, e sul ruolo che svolsero nel formare la prima classe dirigente del dopoguerra nipponico. Tra gli occidentali in servizio nell'arcipelago, vi era l'ex interprete militare e futuro cittadino giapponese Donald Keene, uno dei più grandi esperti della letteratura del paese. La figura più conosciuta, tuttavia, rimane quella di William Edwards Deming. Consulente di gestione aziendale, Deming era arrivato nell'arcipelago su invito di MacArthur, per sovrintendere all'elaborazione delle statistiche relative ai raccolti di riso, organizzare il censimento della popolazione e insegnare il valore dei controlli di qualità nella produzione industriale. Più tardi il suo nome divenne sinonimo di «miracolo giapponese», al punto che Deming si vide assegnare la prestigiosa onorificenza dell'Ordine del sacro tesoro. Altri occidentali, invece, non godettero di altrettanta fama, come ad esempio David Conde, tra i maggiori promotori della rinascita dei sindacati; un personaggio non particolarmente amato dagli occupanti americani a causa delle sue tendenze socialisteggianti.

Poche ragazze giapponesi conoscono il nome di Beate Sirota Gordon, ma fu lei, giurista statunitense di origine austriaca, a elaborare gli articoli costituzionali che riguardavano i diritti delle donne. Anche la Gordon venne insignita dell'Ordine del sacro tesoro, al pari di Charles Egbert Tuttle – un altro nome sconosciuto ai più – che non solo spese due anni a favorire lo sviluppo della stampa quotidiana nipponica, ma colmò anche una lacuna nell'offerta educativa, importando libri per il personale alleato e poi traducendoli per i lettori locali. Tuttle, inoltre, fondò una casa editrice specializzata in orientalistica, nonché un'agenzia letteraria, la Tuttle-Mori, che mediò molti accordi internazionali per l'acquisizione e la vendita di diritti relativi a testi giapponesi.

Tornando ai primi anni del secondo dopoguerra, le autorità di occupazione dovettero avvalersi necessariamente dell'assistenza di personale nipponico, non disdegnando di reclutare persino individui profondamente compromessi con il regime militarista. Fu il caso, ad esempio, di Kishi Nobusuke (1896-1987), un economista che nel 1929 aveva compiuto una visita in Unione Sovietica, traendo ispirazione dai piani quinquennali del regime staliniano. In seguito Kishi aveva ricoperto la carica di vice ministro per lo sviluppo industriale del Manchukuo, diventando di fatto il padrone della sua economia. Nel tentativo di far decollare l'industria dello Stato fantoccio, non aveva esitato a ricorrere al lavoro coatto, a salari da fame, e al commercio clandestino dell'oppio, spesso in associazione con gruppi criminali. Fascista dichiarato e abile riciclatore di denaro nella sua giovinezza, Kishi aveva posto il Manchukuo al servizio dello sforzo bellico del Giappone. Nel 1940 era tornato in patria come ministro del governo imperiale; nel 1941 era stato tra i firmatari della dichiarazione di guerra agli Stati Uniti. Durante la Seconda guerra mondiale aveva schiavizzato i lavoratori cinesi e coreani; nel 1944 si era dimesso per costituire un proprio partito politico, finanziato in gran parte dai suoi vecchi soci d'affari dei tempi del Manchukuo.

Nel 1948 Kishi, che pure era in attesa di giudizio come criminale di guerra di classe A, fu liberato dagli americani, che lo rilanciarono nella vita pubblica in funzione anticomunista. Esponente di un nuovo, fallimentare movimento politico, la Federazione per la ricostruzione del Giappone, nel 1953 l'ex economista del Manchukuo entrò nel governo come membro del partito liberale. Due anni più tardi decise di unirsi al partito democratico, portando con sé 200 deputati. Infine fu tra i fondatori del partito liberal-democratico (LDP).

Nel 1955 l'LDP diventò la principale forza di governo, restando tale fino ai giorni nostri, con l'unica eccezione di due brevi periodi (1993-96 e 2009-11). Dopo aver ricoperto la carica di primo ministro dal 1957 al 1960, Kishi continuò a influenzare la politica del paese da dietro le quinte, avvalendosi di finanziamenti di natura piuttosto sospetta. Proprio per questo subì gli attacchi di un esponente del suo stesso partito, che ebbe a dire: «Per quanto lo si impugni strettamente, non si può ancora collocare un secchio di merda sull'altare di famiglia». Al che Kishi, che controllava tutte le fonti di finanziamento del partito, si limitò a replicare: «Basta guardarsi intorno, per vedere quanti secchi di merda stiano circolando».

I contatti di Kishi con i vecchi magnati del Manchukuo, che nel frattempo erano tornati in patria, gli permisero di stringere una forte alleanza con i vertici dell'industria. Significativamente, questo asse fu ribattezzato la Cassa di risparmio Kishi (*Kishi no chokinbako*). Secondo alcune voci c'era qualche verità nella leggenda del *kuromaku*. In proposito, non si poteva escludere che gli Alleati si fossero impossessati del tesoro segreto dei militari e ora lo stessero usando per contrastare la diffusione del comunismo in Oriente attraverso un fantomatico Fondo-M. Sempre secondo queste voci, nel 1957 Kishi si era sforzato di convincere il vice presidente americano Richard Nixon ad affidargli la gestione diretta di quel patrimonio occulto. Politico abilissimo, l'ex economista del Manchukuo aveva anche negoziato le riparazioni di guerra (e in seguito i pacchetti di aiuti) con le nazioni del Sudest asiatico, accordandosi per risarcire i danni «sotto forma di beni di consumo prodotti dall'industria giapponese, e di servizi erogati dal popolo nipponico»; una soluzione che gli aveva permesso di assicurare contratti redditizi ai suoi amici industriali.

L'alleanza tra governo e imprenditoria privata voluta da Kishi, che gestiva il ministero dell'industria e commercio come fosse un suo feudo personale, divenne famosa come Sistema del 1955, anno dell'ascesa al potere del partito liberal-democratico. Tale sistema permise al Giappone di conservare lo slancio che aveva acquistato durante la guerra di Corea, e contribuì a creare le premesse del «miracolo economico» degli anni Sessanta. Mentre l'ex riciclatore di danaro continuava ad agire lontano dai riflettori, il suo fratello adottivo, Satō Eisaku (da qui la differenza di cognome), scalava le vette del potere politico, arrivando a esercitare la carica di primo ministro dal 1964 al 1972. In seguito, anche il nipote di Kishi, Abe Shinzō, avrebbe ricoperto lo stesso ruolo.

Sebbene il periodo di occupazione si fosse concluso ufficialmente nell'aprile del 1952, gli Stati Uniti continuarono a condizionare il Giappone in molti modi, non solo in virtù di un robusto fascio di accordi commerciali, ma anche attraverso il discutibile e contestatissimo Trattato di mutua cooperazione e sicurezza, che confermava la presenza delle basi americane sul suolo nipponico. Sottoscritto nel 1960, questo trattato fu accolto da una valanga di proteste, anche violente, al punto che il governo Kishi dovette rassegnare le dimissioni.

Il ritiro delle forze di occupazione contribuì anche a far emergere alcuni temi scottanti, che fino ad allora erano stati deliberatamente censurati; primo fra tutti, quello relativo agli effetti collaterali dei test atomici. La pericolosità degli esperimenti nucleari balzò in primo piano nel 1954, quando un peschereccio giapponese, il *Daigo Fukuryū-maru* (Dragone fortunato numero 5), venne contaminato dalle radiazioni della bomba H fatta esplodere dagli americani sull'atollo di Bikini, nelle isole Marshall.

All'opinione pubblica di Tōkyō non sfuggì il fatto che gli Stati Uniti avevano utilizzato come bersagli alcune carcasse della vecchia flotta del Sol Levante, scegliendo oltretutto come sede del test atomico un arcipelago che un tempo ricadeva sotto la giurisdizione dell'impero. Poco prima di morire a causa delle radiazioni, l'operatore radio del *Daigo Fukuryū-maru* formulò il seguente augurio: «Prego di essere l'ultima vittima di una bomba atomica o all'idrogeno».

Purtroppo non fu così. A differenza delle lesioni inflitte dalle armi convenzionali, gli effetti devastanti degli ordigni nucleari potevano manifestarsi anche dopo anni o decenni dal fallout, finendo per contaminare la generazione successiva. Le forze occupanti si erano premurate di occultare questo aspetto, che così venne alla luce solo più tardi, quando l'agenzia statunitense per gli alimenti e i medicinali certificò che il tonno pescato nelle acque dei test atomici era altamente nocivo alla salute umana, e quindi andava assolutamente evitato. Il risarcimento da parte americana alle vedove dei pescatori del *Daigo Fukuryū-maru*, devoluto nonostante gli Stati Uniti affermassero la loro estraneità alla contaminazione, rinfocolò il dibattito sulle *hibakusha* – le «vittime della Bomba» – che nel 1957 sfociò in una legge ad hoc, secondo la quale il governo si sarebbe fatto carico dell'assistenza medica degli individui contaminati dal fallout.

Come è noto, l'incidente del *Daigo Fukuryū-maru* ispirò un

grande successo cinematografico del 1954, cioè *Gojira* (Godzilla), per la regia di Honda Ishirō. Nel film gli effetti nefasti della bomba atomica s'incarnano in un mostro generato dalle radiazioni, la cui furia distruttrice si abbatte sulle città nipponiche.

Nel 1954, peraltro, *Gojira* non fu l'unico biglietto da visita del cinema giapponese. Il plauso delle platee di tutto il mondo andò anche a *Sichinin no Samurai* (I sette samurai), il capolavoro di Akira Kurosawa che riabilitava magistralmente la classe guerriera, mostrandola mentre difendeva poveri contadini, anziché vessarli. Significativamente, però, il film di Kurosawa non vinse il premio della Japan Academy, che quell'anno andò a *Nijū-shi no Hitomi* (Ventiquattro occhi), diretto da Kinoshita Keisuke; una pellicola strappalacrime con al centro una maestra di provincia che vede crescere i suoi alunni sullo sfondo della Guerra dei quindici anni.

Come il grano americano stava sostituendo il riso nella dieta dei giapponesi, così il cinema a stelle e strisce andò inizialmente a compensare la mancanza di produzioni autoctone. Con la ricostruzione delle sale cinematografiche, tuttavia, l'industria nipponica dello spettacolo cominciò a rialzare la testa. Del resto, l'occupazione alleata aveva già abituato il pubblico locale a scandali inauditi, come un bacio in primo piano tra due attori, tenendolo però al riparo da scene pericolosamente evocative, come i duelli tra spadaccini, che infatti vennero tagliati nella versione giapponese de *La maschera di Zorro*. Quanto agli spettacoli per i più piccoli, la Disney dominò il mercato fino al 1958, anno d'uscita del primo lungometraggio animato, a colori, di produzione nipponica.

Senza dubbio il periodo dell'occupazione produsse un cambiamento duraturo nella cultura popolare dell'arcipelago. Il teatro *kabuki*, un tempo noto per il suo carattere innovativo, si trasformò in una forma d'arte vecchio stile, imbalsamata in un rigido repertorio tradizionale. Erano ormai finiti i tempi dell'estro improvvisativo degli attori *kabuki*, quando prendevano spunto dai fatti del giorno per imbastire i loro copioni di notte. Da allora in poi, questa forma espressiva non si sarebbe più evoluta, perdendo la sua antica rilevanza e diventando altrettanto obsoleta del *Nō*, che un tempo aveva soppiantato quanto a inventiva e originalità.

L'editoria giapponese degli anni postbellici dovette fare i conti con la mancanza di disponibilità economiche, sia degli editori che dei lettori, nonostante le biblioteche permettessero a intere comunità di far circolare i libri in prestito. Decisamente meno difficoltosa fu invece l'ascesa dei fumetti, destinati in un primo tempo a tutti i ragazzi, e poi divisi in due grandi categorie merceologiche, quella ideata per i maschi e quella riservata alle femmine. Il progressivo invecchiamento dei giovani lettori aprì poi la strada ai fumetti per adulti, sia di sesso maschile che femminile. La figura più influente dei *manga* moderni fu senza dubbio Tezuka Osamu (1928-1989), un prolifico artista ricordato per aver dato avvio al dinamismo cinematografico del fumetto, nonché per aver introdotto trame di carattere maturo. Tezuka, però, fu soltanto uno dei tanti personaggi che riplasmarono la cultura popolare del dopoguerra. Sebbene il soprannome di «Dio dei *manga*» fosse ampiamente meritato, il suo lavoro doveva molto all'eredità letteraria del passato, che Tezuka seppe sfruttare brillantemente fino alla sua morte, relegando nell'ombra disegnatori altrettanto meritevoli quali Yokoyama Mitsuteru (1934-2004), che perì in un incendio domestico, in cui furono distrutti anche i suoi archivi.

Tra i creatori di *manga* relativamente sconosciuti all'estero, un cenno particolare spetta a Mizuki Shigeru (1922-2015), abilissimo disegnatore di storie di fantasmi, sia tradizionali che originali, come pure a Shirato Sanpei (1932-) e agli eroi delle classi subalterne che animavano i suoi fumetti, cioè i guerrieri-ombra, altrimenti conosciuti come *ninja*.

Il periodo postbellico vide un effimero revival dell'antico *kami-shibai*, lo «spettacolo teatrale di carta», messo in scena da narratori ambulanti – regolarmente in bicicletta – attraverso disegni a colori riprodotti su tavolette lignee. Chiunque poteva assistere a un *kami-shibai* senza sborsare uno yen, ma solo i bambini che avevano acquistato caramelle dal narratore erano autorizzati a sedere in prima fila. Spesso i copioni venivano noleggiati presso un ufficio centrale, che forniva storie, talvolta in forma seriale, di spie della Guerra fredda, principi in fuga da Atlantide, e ragazzini catapultati nello spazio. A ogni modo la popolarità del *kami-shibai* tramontò ben presto, soppiantata dopo il 1953 dal crescente interesse nei confronti della televisione.

In campo televisivo furono ancora gli Stati Uniti a guadagnarsi un imprevedibile primato, riciclando in Giappone una miriade di vecchi programmi già obsoleti a casa propria – avventure di cowboy, drammi ospedalieri, serial di supereroi – e dominando l'etere nipponico per tutti gli anni Cinquanta. Gli show americani venivano mandati in onda con il loro titolo originale, quasi sempre intraducibile, con in più una breve spiegazione del loro contenuto. Questo espediente non solo produsse risultati stravaganti – come *l'allegro teatro di GIANNI E PINOTTO*, *la spettrale famiglia ADDAMS*, o *il ranch LARAMIE* – ma spinse anche gli studi a mettere in cantiere delle imitazioni locali, come *Le avventure spaziali di COBRA* e il celeberrimo *HEIDI, la bambina delle Alpi*.

Solo pochi benestanti di Tōkyō poterono permettersi di assistere alle prime trasmissioni televisive, ma presto il nuovo elettrodomestico cominciò a diffondersi anche nei bar e nei locali pubblici, per poi dilagare, grazie al suo costo sempre più contenuto, nelle case del ceto medio e della classe operaia, consentendo a milioni di persone di godersi eventi epocali, come il matrimonio del principe Akihito nel 1959 e le Olimpiadi del 1964. Seduti di fronte ai loro nuovi televisori *a colori* – la cerimonia d'apertura dei giochi olimpici di Tōkyō ebbe un'audience altissima – i giapponesi vivevano ormai in un paese che era abissalmente lontano dalle rovine della generazione precedente. Il Giappone si era completamente trasformato. Ancora una volta.

LA NUOVA STIRPE: IL MIRACOLO GIAPPONESE

10

Alla base di Ichigaya, il comandante locale della Forza di autodifesa era un po' inquieto all'idea di incontrare Mishima Yukio. Dopotutto, non si trattava soltanto di un celebre romanziere, ma anche di un eccentrico pazzoide che negli ultimi tempi aveva marciato su e giù per i monti in compagnia della sua «Società degli scudi», un gruppo di bei giovanotti in eleganti uniformi militari.

Ciononostante il generale Mashita Kanetoshi decise di fare buon viso a cattivo gioco, ricevendo cortesemente la stella della narrativa giapponese e i suoi quattro «cadetti», e complimentandosi con loro per il portamento e la disciplina che mostravano. Dopodiché, col dovuto tatto, chiese a Mishima se la polizia lo avesse autorizzato a circolare con una spada al fianco.

Lo scrittore sorrise, poi sfoderò la sua arma da vecchio samurai, spiegando che era stata forgiata da un celebre fabbro. Tuttavia, ciò non rispondeva alla domanda di Mashita. Mentre quest'ultimo si accingeva a insistere, Mishima chiese un fazzoletto a uno dei suoi assistenti. Dopo averlo ottenuto, si mise a passarlo sulla lama della spada. Sembrava che volesse lucidare l'arma fino a renderla brillante, così da permettere al generale di ammirarla in tutta la sua bellezza.

In realtà lo scopo del suo gesto era un altro.

La richiesta del fazzoletto nascondeva un segnale convenuto. All'improvviso i giovani della «Società degli scudi» si avventarono su Mashita, legandolo e imbavagliandolo, per poi ostruire con una catasta di mobili l'ingresso del suo ufficio. Fatto questo, Mishima dettò educatamente le sue condizioni: il generale avrebbe dovuto ordinare alle truppe di schierarsi sotto il balcone del suo studio, così che il romanziere potesse tenere loro un discorso su temi di cruciale importanza. Se Mashita non avesse acconsentito, Mishima si sarebbe ucciso davanti a lui.

Fedeli all'usanza dei samurai, i soldati ignorarono l'ordine che lo scrittore aveva imposto al generale, organizzando due inutili tentativi di salvataggio prima di rassegnarsi a obbedire.

Mishima uscì sul balcone a mezzogiorno, mezz'ora più tardi del previsto, indossando una fascia con il motto di un eroe giapponese – «Sette vite per la madrepatria!» – e rivolgendosi ai soldati riuniti sotto di lui con un'arringa, attentamente preparata, dedicata allo stato della nazione. Il Giappone si era ubriacato di benessere e modernità, smarrendo i suoi valori più profondi. Che fine aveva fatto l'autentico spirito dei samurai? Citando i soldati degli anni Trenta, che si erano impegnati in un'opera di purificazione del paese, lo scrittore osservò che il Giappone attuale aveva disperatamente bisogno dell'esercito, ma di un esercito permeato dei valori marziali di un tempo, non di un'insulsa Forza di autodifesa. Solo dei soldati consacrati al *bushidō* avrebbero potuto riportare la nazione sulla retta via, anche a costo di imporsi con la violenza. Spettava dunque alla Forza di autodifesa farsi promotrice di un cambiamento costituzionale, perché, al momento, «tutti voi siete incostituzionali».

Questo è ciò che disse lo scrittore. Ma a dire il vero, non si può esserne sicuri, visto che Mishima, nel corso della sua perorazione, era stato sommerso da insulti e urla, al punto da rendere quasi incomprensibili le sue parole. I soldati avevano obbedito all'ordine del generale di riunirsi sotto il balcone, ma non a quello di ascoltare in silenzio il discorso del romanziere. Così avevano preso a deriderlo, sghignazzando al suo tentativo di apparire un eroe tutto d'un pezzo, mentre si circondava di avvenenti maschietti.

Peraltro gli insulti dei soldati furono coperti anche da un altro rumore; quello di tre elicotteri che si libravano sopra la base. A quel punto, dopo aver aggrottato le sopracciglia e dato un'occhiata all'orologio, Mishima decise di accorciare il suo proclama, che in teoria sarebbe dovuto durare mezz'ora. Dopo altri sette minuti, gesticolò di aver finito, per poi chiedere ai soldati: «Non c'è nessuno tra voi che sia disposto a seguirmi?». Dopodiché sbraitò qualcosa sullo spirito dei samurai, e di come fosse venuto il tempo di insorgere e morire. Intanto lo scrittore era stato raggiunto da Morita, uno dei suoi «cadetti», nonché suo probabile amante.

Dopo il *banzai* di prammatica («diecimila anni di vita all'imperatore!») i due rientrarono nell'edificio.

«Penso che non mi abbiano neppure sentito», borbottò Mishima ai suoi uomini, mentre si sbottonava la giacca.

Lo scrittore s'inginocchiò sul pavimento, con Morita che troneggiava sopra di lui con una spada.

Estratto un pugnale, Mishima se lo conficcò nello stomaco, squarciandolo da sinistra a destra secondo il classico rituale del *seppuku*. Poi allungò una mano verso il pennello al suo fianco, nel tentativo di scrivere un ultimo messaggio con il suo stesso sangue, ma non ce la fece.

Mentre lo scrittore giaceva sul pavimento, i suoi uomini dissero a Morita di dargli il colpo di grazia.

L'amante di Mishima aveva fatto un mucchio di pratica... con bastoni di bambù e antagonisti immaginari. Non aveva mai decapitato nessuno, e il suo primo fendente non andò a segno, abbattendosi sulla spalla dello scrittore. Il secondo ne squarciò il collo, ma non abbastanza a fondo. Così la testa di Mishima si staccò solo a metà.

Morita si ostinò con altri due fendenti, ma il romanziere sembrava non decidersi a morire. A quel punto intervenne un altro dei suoi «cadetti», Furu-Koga, decisamente più esperto nell'arte della spada. Afferrata la katana di Morita, assestò un solo colpo, e la testa di Mishima volò via.

Morita s'inginocchiò nella pozza di sangue lasciata dal suo amante e si sbottonò la giacca. Adesso era il suo turno.

Lo spettacolare suicidio di Mishima Yukio (1925-1970) fu uno shock per l'opinione pubblica giapponese. Solo due anni prima, lo scrittore aveva sfiorato il premio Nobel per la letteratura, che poi era andato al suo amico Kawabata Yasunari. Del resto, come all'epoca avevano osservato in molti, Mishima era più giovane di Kawabata, quindi avrebbe potuto assicurarsi quel prestigioso riconoscimento in futuro[25]. A ogni modo, il fondatore della «Società degli scudi» aveva già alle spalle una carriera straordinaria, non solo come autore di romanzi di successo, ma anche come polemista e agitatore culturale. Aveva scritto drammi teatrali su Adolf Hitler e la moglie del marchese de Sade, e si

25. Kawabata Yasunari morì nel 1972. Anche se non si può escludere del tutto l'ipotesi dell'incidente domestico, la tesi del suicidio rimane la più attendibile. Secondo i suoi biografi, era ossessionato dalla scomparsa di Mishima, al punto da vederne ripetutamente lo spettro. [N.d.T.]

era prestato come attore per un film di gangster. Caratterizzati da uno stile letterario estremamente colto e sofisticato, denso di arcaismi ed espressioni desuete, i suoi romanzi peccavano talvolta di eccessivo formalismo, al punto che in un'occasione, il suo sconfortato traduttore inglese, John Natan, aveva riservato loro un giudizio sprezzante, definendoli le «cornici più decorate che il mondo abbia mai visto».

In realtà, eccessi estetizzanti a parte, la poetica di Mishima traeva linfa dallo spaesamento della vecchia generazione – quella cresciuta con la Guerra dei quindici anni – nei confronti del Giappone postbellico. Gli uomini nati agli inizi del Novecento, erano stati disposti a combattere e morire per la gloria dell'imperatore, salvo poi sentirsi dire, nel secondo dopoguerra, che era stata tutta una menzogna, e che la mentalità dei samurai non aveva senso.

Non è un caso che l'ultimo grande sforzo creativo di Mishima, la tetralogia de *Il mare della fertilità*, avesse al centro il declino dello spirito nipponico. Gli uomini coraggiosi e le donne virtuose dell'epoca Meiji non esistevano più, e il loro posto era stato preso da una stirpe di deboli, irresoluti e incapaci, che non avevano opposto alcuna resistenza alla corruzione dei costumi stranieri. Molti altri romanzi dello scrittore parlavano del periodo postbellico come un universo alternativo che aveva risucchiato al suo interno il Giappone (e lo stesso Mishima), privandolo del suo retaggio più autentico, fino a trasformarlo in una pallida ombra di ciò che era stato.

Sebbene nascondesse motivi più profondi – non ultimo, l'ossessione per il declino fisico del proprio corpo – la polemica dello scrittore nei riguardi della generazione postbellica non era del tutto infondata. I giapponesi nati dopo il 1945, e che nel 1977 costituivano il 50% dell'intera popolazione, non ricordavano quasi nulla della fame e dell'occupazione. Tuttavia, godevano di un regime alimentare assai più ricco che in passato, con un sostanzioso apporto di grano, carne e latticini. In media, erano alti 17 centimetri in più dei loro padri, anche se non mostravano la stessa forma fisica, visto che conducevano un'esistenza sostanzialmente sedentaria. Cosa ancora più importante, pensavano e parlavano in modo diverso, grazie all'influsso dei libri e dei programmi televisivi importati dall'Occidente, e questo li allontanava sempre più dai tradizionali schemi di comportamento della cultura nipponica. Erano «motorizzati» ed estremamente «tecnologizzati», e prestavano sempre meno ascolto alla generazione dei loro padri. Alla fine degli anni Sessanta, contagiati dal fenomeno degli hippie, i giovani giapponesi condividevano con i loro coetanei occidentali il disprezzo per l'intervento statunitense in Vietnam, come pure, poco più tardi, per l'America dello scandalo Watergate, accomunando nello stesso giudizio negativo gli Stati Uniti contemporanei e il Giappone degli anni Trenta. Come recitava una canzone pop dell'epoca, erano «bambini che non ricordavano la guerra».

La stampa nipponica coniò un termine apposito, *shinjinrui*, la nuova stirpe, per descrivere i giovani diventati maggiorenni dopo le Olimpiadi di Tōkyō, mentre l'economia del paese registrava un tasso di crescita annuale dell'11%. Erano così diversi dalle generazioni precedenti, che un individuo dell'epoca Meiji li avrebbe riconosciuti a stento come giapponesi.

Quanto ai giochi olimpici del 1964, costituirono un evento spartiacque nella storia del paese, sancendo il suo definitivo ritorno in seno alla comunità internazionale – le Olimpiadi avrebbero dovuto tenersi a Tōkyō nel 1940, ma erano state annullate a causa dello scoppio della Seconda guerra mondiale. Il governo nipponico sfruttò l'evento per lanciarsi in nuove iniziative urbanistiche e infrastrutturali, tra le quali una monorotaia per collegare l'aeroporto Haneda alla cerchia urbana della capitale, alcune autostrade, e diverse *shinkansen*, cioè linee ferroviarie ad alta velocità. I convogli in servizio su quest'ultime, soprannominati all'estero «treni-pallottola», divennero subito il simbolo più eloquente dello sviluppo ipertecnologico del Sol Levante.

Le Olimpiadi di Tōkyō videro il primo grande afflusso di visitatori stranieri dai tempi dell'occupazione alleata, inducendo i giapponesi a guardare con rinnovato interesse alle potenzialità del turismo. Questa attenzione si focalizzò non solo sui turisti che arrivavano dall'estero, ma anche su quelli provenienti dall'interno. Dopotutto, dove stava scritto che le nuove infrastrutture dovessero servire solo al trasporto delle merci e dei pendolari, e non agli spostamenti dei cittadini in vacanza?

Le amministrazioni locali fecero a gara nel promuovere il più possibile le loro città. In ogni prefettura del paese, fiorirono musei stravaganti, architetture e installazioni artistiche a dir poco bizzarre, ristoranti che offrivano presunte prelibatezze del luogo… e castelli. Verso la metà degli anni Sessanta, i manieri cominciarono a spuntare come funghi. Questo fenomeno riguardò il restauro – o la riedificazione – non solo dei siti distrutti dai bombardamenti dell'ultima guerra, ma anche di quelli bruciati durante la Restaurazione Meiji, e persino di quelli dismessi dallo shōgunato Tokugawa nel corso del XVII secolo. Gli shōgun dell'epoca avevano deciso che in ogni provincia vi dovesse essere un solo castello. Ora, invece, si potevano quasi vedere i merli di una rocca dai merli di un'altra rocca. Bastava che le antiche cronache *accennassero* a una fortezza samurai, per indurre le autorità locali a ricostruirla di sana pianta, destinandola a palazzo comunale o sede museale, immortalandola nelle cartoline turistiche, o adibendola a luogo di ristorazione per i dipendenti delle aziende.

Nel Giappone postbellico, infatti, si stava facendo strada una nuova categoria di lavoratori, che presto sarebbe diventata nota con il nomignolo di *sararīman* (i salariati).

Le riforme di MacArthur avevano inizialmente sancito lo scorporo delle *zaibatsu*. Agli inizi degli anni Cinquanta, tuttavia, l'arcipelago era diventato un motore produttivo a basso costo ma ad alta efficienza, in grado di sostenere adeguatamente lo sforzo bellico degli Stati Uniti nella guerra di Corea. I prodotti destinati alle truppe americane avevano rappresentato qualcosa come il 27% dell'export totale, inducendo gli occupanti a permettere la ricostituzione, anzitutto a loro uso e consumo, dei conglomerati industriali e finanziari. Conseguentemente erano tornate in auge società con nomi simili a quelli del passato, talvolta con le stesse banche di appoggio, e con lavoratori che potevano passare indifferentemente dall'una all'altra. Non si era trattato, però, della riorganizzazione delle cricche finanziarie di un tempo, bensì della nascita di una realtà completamente diversa: quella dei keiretsu, i «sistemi produttivi integrati».

Fu così che a partire dagli anni Sessanta – solo per fare un esempio – le compagnie ferroviarie si resero conto dell'immenso valore delle proprietà immobiliari che si trovavano a ridosso delle stazioni. La conversione dei cittadini nipponici in masse di lavoratori pendolari, faceva sì che ogni sera milioni di individui uscissero dai grattacieli delle loro aziende e si accalcassero sui treni che li avrebbero riportati a casa. Se però, a causa di un tragitto spesso superiore a due ore, non riuscivano a tornare in famiglia per la cena, potevano sempre recarsi in un quartiere dormitorio, o in uno di quegli squallidi monolocali che nel 1983 rappresentavano il 25% dell'edilizia del paese. Di conseguenza, perché non cercare di rendere meno dura la loro esistenza quotidiana dopo la fatica del lavoro?

Nel tentativo di alleviare i disagi dei pendolari, le principali stazioni ferroviarie del paese vennero presto dotate di centri commerciali, alberghi, teatri e sale cinematografiche. Non era raro che le società di ciascun keiretsu avessero il proprio complesso di divertimenti non lontano dalle pensiline.

Nonostante la crisi petrolifera, l'export nipponico continuò a crescere durante tutti gli anni Settanta, soprattutto grazie alla qualità superiore (ma a prezzi contenuti) dei suoi transistor e delle sue macchine fotografiche. Nel 1975 la Nissan (Datsun) soppiantò la Volkswagen nel mercato automobilistico statunitense, il più grande al mondo. Nel 1980 il Giappone superò l'America nella produzione di autoveicoli, garantendosi il primato mondiale del settore e gettando sul lastrico 200.000 lavoratori americani. Non furono in pochi a sostenere che il Sol Levante, assieme alle automobili, stava esportando la disoccupazione.

Ciononostante, dato che il cliente ha sempre ragione, i consumatori statunitensi continuarono a preferire le piccole, economiche, indistruttibili monovolume made in Japan. Nel 1982 un rapporto governativo degli Stati Uniti mise in discussione la presunta superiorità tecnologica delle automobili giapponesi, riconoscendo però la straordinaria professionalità dei manager che sovrintendevano al loro assemblaggio e l'inossidabile fedeltà dei lavoratori alle loro aziende. Sempre negli Stati Uniti, alcune campagne pubblicitarie a sfondo politico fecero leva sullo spettro dell'imperialismo nipponico, chiedendo ai cittadini se davvero volessero recarsi in macchina con le loro famiglie al Centro Commerciale Hirohito. In quel caso, allora, «continuate, continuate pure a comprare auto giapponesi!».

Nel 1985 una fluttuazione nei tassi di cambio del dollaro

americano fece aumentare improvvisamente il valore dello yen. La nascita imprevista dell'hendaka (yen costoso) avrebbe potuto costituire un disastro per le esportazioni del Giappone, ma questo pericolo fu evitato grazie a un'accorta politica di investimenti all'estero. L'Honda, ad esempio, trasferì le sue catene di montaggio negli Stati Uniti, assorbendo molti dei lavoratori locali che pochi anni prima si erano ritrovati in mezzo a una strada a causa della sua imbattibile concorrenza. L'hendaka servì anche a finanziare case di riposo e catene alberghiere, soprattutto a Gold Coast[26], in Australia, dove nel 1988 più del 70% delle proprietà immobiliari di pregio era in mano a società nipponiche. In Europa, tuttavia, cominciarono a nascere sospetti sulla natura delle fabbriche giapponesi presenti in loco, che sembravano limitarsi ad assemblare componenti meccaniche inviate direttamente dall'arcipelago. In un caso, si appurò che la quota delle parti spedite dal Sol Levante superava il 98% del totale, trasformando la fabbrica in questione in una specie di enorme «cacciavite», che dava gli ultimi ritocchi a prodotti realizzati quasi interamente nella madrepatria, per di più a costi assai inferiori.

Gli accordi di partnership tra le compagnie dello stesso settore condussero a una standardizzazione dei processi produttivi anche nell'industria dello spettacolo. Sebbene nel decennio precedente non fossero mancati i precursori, fu soltanto negli anni Settanta che il cinema e le reti televisive nipponiche cominciarono ad adottare le stesse politiche dei keiretsu, dando vita ai seisaku iinkai, gruppi produttivi integrati che comprendevano non solo gli studi cinematografici o televisivi, ma anche le case editrici che avrebbero trasposto i film e i serial in romanzi e fumetti, le società che si sarebbero occupate del relativo

26. Città dello Stato del Queensland, a una settantina di chilometri da Brisbane. [N.d.T.]

merchandising, le agenzie che avrebbero fornito gli attori o i disegnatori più adatti, le case discografiche che avrebbero composto e quindi commercializzato le colonne sonore, e persino le testate giornalistiche che avrebbero garantito la copertura stampa. Il risultato fu una totale mercificazione di ogni aspetto del processo creativo, con prodotti preconfezionati e di assoluta prevedibilità. Ciò non significa che alcuni film o serie televisive di successo non riuscissero a mettere in scena i problemi più sentiti del paese; dopotutto, parte del lavoro dei seisaku iinkai consisteva proprio nel sintonizzarsi con le aspettative e le inquietudini del pubblico di massa. Più in generale, tuttavia, questa omogeneizzazione produsse dei modelli di successo che sarebbero stati replicati fino alla nausea nei decenni successivi: un giovane supereroe che si batte al comando di un robot contro nemici alieni, oppure un gruppo di supereroi che si batte al comando di un robot contro nemici alieni, o ancora, una squadra di supereroi, ciascuno dei quali fa parte di un unico megarobot, che si batte contro nemici alieni... In pratica, non vi erano altre variazioni.

Nel periodo postbellico, uno dei primi successi dell'export nipponico riguardò i giocattoli. Nel 1965 la persistenza di questo trend positivo condusse alla fondazione di Omocha no Machi, la «città dei balocchi», un distretto industriale dove quarantaquattro società del settore avevano messo in comune i loro magazzini e le loro linee produttive. Il comparto dei giocattoli costituì un caso paradigmatico del notevole grado di competitività dell'industria nipponica. Le imprese del settore riuscirono a fronteggiare la concorrenza estera grazie alla manodopera a basso costo fornita da Hong Kong, e più tardi, grazie all'uso di sistemi innovativi di assemblaggio e miniaturizzazione. Dagli anni Settanta, i giocattoli giapponesi divennero ancora più piccoli e compatti, quindi trasportabili e smerciabili in quantità ancora maggiori, e con minore difficoltà. Alcuni modellini, come gli onnipresenti «Transformers», erano addirittura due giocattoli in uno.

Il Sol Levante si guadagnò una posizione di rilievo anche nel mercato dell'elettronica, mettendo a buon frutto le direttive protezionistiche del governo, che facevano da scudo alle imprese locali. Spesso i prodotti nipponici del settore sfruttavano innovazioni di origine straniera, utilizzando con efficacia ben 30.000 brevetti americani di recente acquisizione. La tecnologia degli apparecchi di riproduzione sonora s'indirizzò rapidamente verso una miniaturizzazione sempre più sofisticata, portando a prodotti come il leggendario Sony Walkman, che permetteva l'ascolto «privato» di musica anche in luoghi pubblici. Invece le videocassette Betamax, sempre della Sony, dovettero cedere il passo ai vhs della Matsushita (la futura Panasonic), pur qualitativamente inferiori. Del resto quest'ultima azienda pagava sostanziose tangenti ai distributori, affinché praticassero sconti ai clienti americani. Più in generale, la Matsushita investì sul lungo periodo, scommettendo su un costante processo d'innovazione e sui ricavi che sarebbero derivati dalla sua progressiva egemonia nel mercato dell'elettronica. Quando gli stessi vhs divennero obsoleti, l'industria giapponese era già all'avanguardia nella nuova frontiera del digitale. Nel 1995, uno sforzo congiunto tra Sony, Toshiba, Panasonic e alcune compagnie straniere permise la nascita del disco versatile digitale, universalmente conosciuto come dvd.

Malgrado non tutte le sue iniziative andassero a buon fine, l'industria giapponese continuava a dimostrare una notevolissima propensione all'adattamento e alla flessibilità. Nel 1992 si assistette al varo di un programma decennale volto allo sviluppo dell'intelligenza artificiale, che avrebbe provocato in breve tempo numerose ricadute positive sui chip, i software e gli hardware. La Fuji divenne l'azienda leader nella produzione di pellicole, per poi riconvertirsi integralmente al digitale, prima che l'analogico scomparisse del tutto. Il suo esempio fu imitato dalla Canon e dalla Nikon, che si assicurarono una posizione di predominio nel mercato delle fotocamere digitali.

In Occidente, lo straordinario successo dell'economia nipponica del dopoguerra indusse molti studiosi a pubblicare libri dedicati alla spiegazione del «miracolo». A una prima analisi, sembrava che i manager del Sol Levante si fossero ispirati a idee squisitamente americane. Dopotutto era stato Henry Ford a prendere due piccioni con una fava, affittando agli operai le loro abitazioni e facendo pagare agli stessi lavoratori le loro pause pranzo. Gli economisti giapponesi parlavano spesso dell'importanza del ciclo gestionale di Deming, ma Deming era pur sempre americano, e dispensava i suoi consigli sia alla Ford che alla Matsushita, anche se negli anni Ottanta la prima lo avrebbe strappato alla seconda.

In realtà il miracolo giapponese aveva a che fare con una serie di fattori pressoché unici: l'importazione nel periodo postbellico di tecnologie all'avanguardia, il boom industriale innescato dalla guerra di Corea e la ferrea volontà, dopo i disastri della Seconda guerra mondiale, di assicurare al paese e ai suoi abitanti un avvenire migliore. Oltretutto il Sol Levante, ufficialmente privo di un esercito, godeva anche del vantaggio di non farsi coinvolgere in certe sfortunate imprese politico-militari di matrice straniera, come l'intervento statunitense in Vietnam. E poi vi era il ruolo centrale giocato dal ministero dell'industria e del commercio internazionale, in strettissimo contatto (o collusione) con la grande imprenditoria privata. Dettando la politica economica a lungo termine, il ministero offriva prestiti e sovvenzioni per lo sviluppo di nuove linee produttive, incentivava l'economia di scala in molte aree del paese, e orientava l'export a favore dei comparti industriali di recente creazione. Si è spesso detto che la crescita postbellica del Giappone fu resa possibile da un «inossidabile triangolo» di interessi convergenti, che risaliva ai giorni di Kishi Nobusuke e che comprendeva le imprese, la burocrazia e i ministri. Al riguardo, non era raro che un alto burocrate governativo, alla fine della sua carriera ministeriale, venisse assunto ai vertici delle stesse aziende che il suo dicastero aveva precedentemente agevolato. Questa pratica divenne nota come amakudari (discesa dal cielo); lo stesso termine che in epoche precedenti aveva indicato il falso «ritiro» di un imperatore dagli incarichi pubblici.

Il miracolo giapponese della seconda metà del XX secolo dipese altresì, almeno in una certa misura, dal cosiddetto fenomeno della «compagnizzazione», grazie alla quale la vecchia mentalità delle *zaibatsu* poté riversarsi nelle nuove strutture manageriali, traendone il massimo vantaggio. Il tutto, non a caso, all'insegna di uno sfrenato paternalismo: le società offrivano ai lavoratori un impiego a vita; una serie di promozioni garantite sulla base dell'anzianità; una tutela basica dei diritti sindacali attraverso la concertazione (così da prevenire qualunque eccesso di conflittualità), e un ampio spettro di divertimenti post lavorativi, dai drink serali alle gite di gruppo, agli incontri per i cuori solitari.

Alcuni studiosi contemporanei tendono a ridicolizzare lo stereotipo del dipendente nipponico in maniche di camicia, piccola e anonima formica in mezzo a tante altre. Ciononostante, questo lavoratore ha rappresentato il simbolo per eccellenza dell'economia giapponese durante gli ultimi decenni del XX secolo. Nel 1950 la categoria a reddito fisso comprendeva il 30% della forza lavoro totale; nel 1955 addirittura il 70%.

Eppure non tutto era come sembrava. Come l'antico samurai doveva sempre apparire pronto all'azione, così il moderno impiegato del Sol Levante, costretto in un ufficio open space, doveva costantemente distinguersi per il suo frenetico attivismo. Non sorprende, dunque, che le ore di straordinario dei lavoratori giapponesi fossero di gran lunga superiori a quelle dei loro colleghi occidentali, anche se spesso si trattava di prestazioni fasulle, in quanto consistevano semplicemente nel trattenersi alla propria scrivania fingendo di lavorare duro. Quanto agli svaghi offerti dalle corporation, davano una robusta mano al mercato del cibo e dei liquori, ma costituivano anche una specie di pietra al collo dell'impiegato, che non di rado avrebbe preferito rientrare a casa prima di mezzanotte. Per di più simili benefit tornavano spesso a vantaggio delle stesse aziende, come quando offrivano ai propri dipendenti biglietti prepagati per assistere a film prodotti da una compagnia associata, chiedendo loro di distribuirli agli amici, o ai colleghi di altri reparti (spesso le due tipologie coincidevano). Che poi questi ultimi andassero o meno a vedere i film in questione, non aveva alcuna importanza. Nell'ultimo scorcio del XX secolo alcune pellicole giapponesi scalarono il box office nonostante venissero proiettate in sale semi vuote. Ma i relativi biglietti erano stati comunque «venduti», ed era questo che faceva la differenza.

Era molto facile allettare un giovane diplomato promettendogli un impiego a vita, ma questa offerta dava per scontato un fatto che non sempre era tale, cioè che il neo assunto desiderasse lavorare per tutto l'arco della sua carriera al servizio della stessa società. Certo, avrebbe potuto chiedere il trasferimento presso un'altra azienda dello stesso conglomerato, ma la differenza di trattamento e di prospettive sarebbe comunque stata minima. Del resto le statistiche parlavano chiaro: su 400 neo assunti ogni anno, solo uno aveva qualche chance di arrivare ai vertici aziendali. Alla prova dei fatti, le promozioni per anzianità si erano rivelate poco più che uno specchietto per le allodole. Tutto questo cominciò a diventare evidente durante gli anni Settanta. Altro che allegri pensionati che si congedavano dall'impiego con un orologio placcato d'oro al polso! La realtà autentica, riflessa puntualmente dai media, parlava di vecchi funzionari demansionati o licenziati per «esigenze produttive»; di manager che si ritrovavano a sorvegliare i turni delle guardie di sicurezza; di dirigenti esiliati in uffici-sgabuzzino con mansioni irrilevanti. Erano i cosiddetti *madogiwa-zoku* («quelli che stanno alla finestra»), costretti ad accettare simili umiliazioni per non diventare ancora peggio, cioè *sodai gomi*, «spazzatura ingombrante», lo stesso termine usato dalle casalinghe per definire i loro mariti quando si dimostravano particolarmente inetti. Chi non si rassegnava a tale destino, poteva tentare la strada dei *datsusara*, gli ex lavoratori dipendenti, avviando una piccola impresa con il sostegno economico dei suoi vecchi impiegati, e ingegnandosi a escogitare nuovi prodotti tecnologici o nuove strategie di mercato.

Verso la fine del secolo scorso, l'enfasi posta sui lavoratori a reddito fisso finì per relegare sullo sfondo le condizioni del 48% della manodopera complessiva, che era di sesso femminile. Considerate lavoratrici di seconda classe, le donne venivano abitualmente distinte in due gruppi: le cosiddette «signorine dell'ufficio» – giovani sotto i venticinque anni che svolgevano funzioni segretariali, e prima o poi avrebbero lasciato l'impiego per sposarsi – e un insieme meno appariscente di donne più anziane che lavoravano part time alle catene di montaggio, nelle cucine di mense o ristoranti, o nel settore dei «colletti rosa», riservato all'assistenza degli anziani o dei bambini. Le lavoratrici nipponiche guadagnavano meno dei loro colleghi maschi, e ricevevano ben pochi aiuti quando dovevano dividersi tra le incombenze domestiche e gli impegni lavorativi. Il loro trattamento era basato sull'idea che la vera responsabilità – come pure la vera vocazione – di ogni donna, fosse quella di mettere al mondo figli.

Peraltro vi erano alcuni risvolti inaspettati, legati soprattutto al fatto che era il gentil sesso a gestire le finanze domestiche. Il marito guadagnava lo stipendio, ma la moglie controllava come veniva speso. Solitamente una donna che sceglieva di lasciare l'impiego per il matrimonio – nell'ipotesi che questo si rivelasse sufficientemente duraturo, e il marito guadagnasse abbastanza – avrebbe avuto figli adolescenti verso la fine dei suoi trent'anni. A quel punto, avrebbe goduto di molto più tempo libero che in passato. Nel 1979 il sociologo Abe Yōko osservò che le donne tra i trentacinque e i quarantacinque anni rappresentavano una specifica fascia di consumatrici. Mentre i mariti lavoravano, loro si dedicavano a una molteplicità di hobby e passatempi, aspettando che i coniugi, reduci dall'ennesima bevuta aziendale, tornassero a casa con passo barcollante poco prima di mezzanotte e consegnassero loro la busta paga, salvo poi chiedersi dove fossero andati a finire i soldi della busta paga precedente.

Negli anni Ottanta una seconda fascia di consumatrici divenne ancora più importante della prima. Molte segretarie, soprattutto nelle grandi città, speravano di lasciare l'attività impiegatizia e unirsi in matrimonio prima dei venticinque anni, ma per il momento continuavano a vivere con i genitori, non contribuendo alle spese familiari e tenendo da parte i soldi guadagnati in quattro o cinque anni di lavoro. Queste «single parassitarie» fecero subito gola al mercato della moda, dei cosmetici, degli accessori di marca e delle vacanze all'estero, creando un indotto economico di tutto rispetto, e dando un forte impulso alla vendita di prodotti «graziosi», che avrebbero prolungato l'illusione della giovinezza anche in età matura. In proposito, particolarmente significativo è il caso di Hello Kitty, della Sanrio, un pupazzo creato nel 1974 per decorare gli astucci delle scolarette, e che negli anni Ottanta acquistò una nuova popolarità come icona della femminilità giapponese.

Certe donne, tuttavia, scelsero di opporsi alle tradizioni culturali del paese in modo quasi rivoluzionario, rifiutandosi, ad esempio, di accettare i matrimoni combinati dai loro genitori, com'era costume ormai da secoli. Nel 1945 il 69% di tutti i matrimoni aveva avuto alla base un *omiai* («incontra-e-saluta»). Si trattava di un sistema ritualizzato in cui un sensale organizzava una serie di cene tra le famiglie dei potenziali sposi, così che fossero in grado di accertare i requisiti dei rispettivi candidati sotto il profilo della classe sociale e della disponibilità economica. Nel periodo postbellico, tuttavia, l'*omiai* dovette cedere il passo ai costumi occidentali, e al criterio della libera scelta personale che questi propugnavano. Al giorno d'oggi solo il 6,2% dei matrimoni viene celebrato grazie a un *omiai*, anche se c'è chi non manca di sostenere la sua maggiore affidabilità rispetto alle unioni basate su un'effimera attrazione fisica o sentimentale.

Altre giapponesi, semplicemente, rifiutavano di sposarsi, o quantomeno – nella misura di oltre il 50% delle ragazze in questione – di sposarsi prima dei trent'anni. Durante l'epoca Meiji, le giovani dell'arcipelago convolavano a nozze abitualmente a sedici anni; negli anni Cinquanta del XX secolo, a ventitré. Adesso, come media, a ventinove. Questo fenomeno, accorciando il periodo fertile delle donne, ha contribuito alla formazione di nuclei familiari sempre più ristretti. L'aumento dei figli unici, unito a un'accresciuta consapevolezza dei propri diritti, ha spinto molte ragazze a rifiutare i vecchi costumi maschilisti e familisti, e a impegnarsi per migliorare la propria istruzione e il proprio status. Il vecchio detto secondo il quale una donna con un diploma in economia domestica non va mai oltre il ruolo di dattilografa, sembra rispecchiare sempre meno la realtà.

Tornando agli elementi del «successo» postbellico del Sol Levante, non va dimenticata la spiccata abilità dei suoi manager nel nascondere i propri errori e fallimenti. Negli anni Ottanta si parlò molto del geniale sistema «giusto in tempo» dell'industria nipponica, che riduceva i costi di magazzino facendo sì che i nuovi materiali fossero ordinati e consegnati solo quando erano necessari. Peccato che questo sistema si affidasse a una filiera di piccole imprese esterne, che erano le prime ad andare a picco quando la domanda di una determinata merce crollava.

Infine, nel miracolo giapponese si nascondeva un difetto specifico, che di lì a poco ne avrebbe decretato la fine. Tutti gli investimenti si basavano fondamentalmente su prestiti bancari in cambio di garanzie reali. Queste ultime, tuttavia, vennero a coincidere sempre più con proprietà immobiliari incredibilmente sopravvalutate. Andando alla fonte del patrimonio di certe compagnie, si sarebbe scoperto che era costituito solo da prestiti su prestiti, erogati da banche di cui quelle stesse compagnie erano socie, e che avevano come garanzia terreni o edifici il cui valore *reale* era di gran lunga inferiore a quello nominale.

Il miracolo economico giapponese era una bolla, e stava per scoppiare.

COOL JAPAN: I DECENNI PERDUTI

11

Quando si avvertirono i primi tremori, David si sforzò di restare calmo. In tono fermo ma preoccupato, i suoi colleghi d'insegnamento – tutti giapponesi – dissero agli alunni di alzarsi dai loro posti e uscire ordinatamente. *In fretta, ma senza correre.* I libri traballavano sugli scaffali delle aule. Le sedie si spostavano sul pavimento. Disobbedendo all'ordine di lasciare ogni cosa lì dov'era, una ragazza afferrò l'album con le firme e gli scarabocchi dei suoi compagni di classe. Dopotutto, domani sarebbe stato l'ultimo giorno di scuola.

In Giappone vi erano terremoti ogni giorno, ma quasi sempre di lievissima entità. *Ho perso il senso dell'equilibrio, oppure la terra si sta muovendo? È stata un'auto di passaggio a far tremare il ponte, oppure è stato il terreno sotto i suoi piloni a spostarsi?* Il giorno prima, una scossa di terremoto aveva fatto vibrare i muri della scuola. E adesso eccone un'altra, di durata decisamente inconsueta.

Chiunque sapeva come comportarsi in quei casi. La palestra della scuola offriva ogni garanzia di sicurezza. Era stata costruita secondo criteri antisismici, e sorgeva su un'altura, sufficientemente lontano dal mare e da possibili *tsunami*. Dato che non riteneva giusto trovarsi al riparo prima dei suoi allievi, David si nascose dietro la porta, osservando i bambini mentre entravano. Con loro vi era una coppia di genitori in anticipo sull'uscita delle classi. Più indietro, un autobus carico di ospiti della vicina casa di riposo, alcuni in sedia a rotelle.

Finalmente il tremore cessò. David premette gli interruttori della luce, ma erano tutti fuori uso. Allora volse lo sguardo alle vetrate della palestra. All'esterno un cielo cupo minacciava pioggia.

I bambini ridacchiavano e strillavano. Qualcuno si stringeva ai propri genitori.

Attraverso le grandi porte di vetro della palestra, David vide un uomo con un caschetto di protezione correre verso di lui. A giudicare dal suo abbigliamento, doveva trattarsi di un impiegato municipale, forse un bidello, o una guardia di sicurezza. Gesticolava furiosamente, urlando in continuazione lo stesso avvertimento:

«Sta per arrivare uno *tsunami!*».

Davvero?

Era un atteggiamento stranamente sopra le righe per un giapponese. La palestra distava almeno tre chilometri dalla costa. Inoltre, perché le sirene d'allarme tacevano?

A meno che non tacessero per lo stesso motivo che aveva provocato il blackout delle luci: la mancanza di corrente.

Il bidello raggiunse l'ingresso della palestra, continuando a urlare:

«È in arrivo uno *tsunami*. Salite di sopra. *Di sopra!*».

La gente cominciò a spostarsi di malavoglia. Non c'erano ascensori per gli anziani, mentre i bambini sapevano che al secondo piano non avrebbero avuto sedie a sufficienza. Non sarebbe stato meglio rimanere dove si trovavano? O magari rifugiarsi sul palco della palestra, che di sicuro era abbastanza alto?

Arrivò un rumore simile a quello di un treno in corsa. Un rombo sordo, sempre più vicino, accompagnato da tonfi, stridii, colpi.

Fuori dalla porta David vide che le auto del parcheggio si stavano urtando a vicenda, spinte via da una forza nascosta, fatte rotolare sul proprio asse come fossero dadi. Intanto un'ondata nera si avvicinava alla palestra e all'edificio scolastico lì vicino, aumentando di volume strada facendo. Raggiunse le porte di vetro e cominciò a filtrare all'interno.

Quando l'acqua arrivò a lambirlo, David fece istintivamente un passo indietro. Le porte non ressero all'urto e la fiumana sfociò nella palestra. Ormai arrivava al ginocchio.

Fuori l'ondata nera trascinava con sé bidoni della spazzatura, biciclette, scatole di cartone, rami d'albero.

Quando un'auto sbatté di lato contro la vetrata della porta, David si girò e scappò via. Il rumore dell'acqua era così forte da coprire le urla degli adulti e dei bambini. Trascinate dalla corrente, le sedie sballottavano contro i malcapitati, ferendoli e facendoli inciampare.

Il palco della palestra cominciò a sollevarsi dal pavimento, galleggiando pericolosamente su acque che si ingrossavano sempre più.

David si ritrovò aggrappato alla tenda del palco, tenuto disperatamente per un braccio da un uomo che a sua volta era tenuto per un braccio da una donna urlante.

L'acqua era fredda, talmente fredda da intorpidire le membra.

Lo sguardo di David incrociò quello dell'uomo. La presa di quest'ultimo venne meno; la sua mano scivolò via. L'uomo e la donna scomparvero nei flutti. In preda alla disperazione, David allungò le sue dita, centimetro dopo centimetro, verso una scrivania dove si tenevano stretti quattro bambini terrorizzati e un suo collega d'insegnamento.

Dopo averla agguantata non mollò la presa finché i bambini non riuscirono a farsi forza sulle braccia e ad arrampicarsi sulla balconata del secondo piano.

Un momento. La balconata?

Adesso l'altezza dell'acqua sfiorava i tre metri, sicché David, in realtà, si trovava a pochi centimetri dal livello superiore dell'edificio. Con un ultimo sforzo, afferrò il corrimano della balconata e lo scavalcò, ansimando per la fatica, il freddo, l'intorpidimento.

Il rumore cominciò a scemare, le urla divennero singhiozzi. Adesso l'acqua, persa la sua forza, si limitava a ristagnare, sciabordando beffardamente contro i muri.

David rabbrividì. Domani non ci sarebbe stata scuola.

Il terremoto e il conseguente *tsunami* che devastò la zona di Fukushima l'11 marzo 2011, furono i due episodi più drammaticamente significativi della lunga, lenta stagnazione che aveva colpito il Sol Levante all'inizio del XXI secolo. In effetti, sembrava che il costante calo demografico e il persistente declino economico stessero mettendo in dubbio la stessa sopravvivenza di molte realtà nipponiche.

Nel 1960 la cittadina mineraria di Yūbari, nell'isola di Hokkaidō, contava 120.000 abitanti. Meno di mezzo secolo dopo, complice la chiusura delle miniere, solo 12.000. Quasi tutti se n'erano andati altrove, in cerca di fortuna. Nel 2007 con 10.000 abitanti in tutto, Yūbari era stata costretta a dichiarare bancarotta. Nel 2016 l'ultimo locale di karaoke aveva dovuto chiudere i battenti. Oggi l'età media della popolazione è molto elevata e l'ex cittadina mineraria si distingue per un altro primato: quello di annoverare in stragrande maggioranza soltanto pensionati, con un inevitabile aumento della spesa medica, e una diminuzione, altrettanto prevedibile, del gettito fiscale.

In realtà, alcuni quartieri di Yūbari erano già stati restituiti alla natura nel corso degli ultimi decenni. Durante gli anni Settanta e Ottanta, i caseggiati dei minatori erano stati sistematicamente demoliti per lasciare spazio a zone alberate. Ancora oggi vi si aggirano i cervi di montagna. Le infrastrutture sono rimaste in piedi, e i cittadini fanno del loro meglio per attirare i turisti, mettendo in cartellone festival di cinema fantasy, o pubblicizzando tipici portafortuna a forma di melone. Ciononostante, Yūbari resta lontana dalle nuove autostrade. Francamente c'è un unico motivo che ne giustifichi una visita: dare uno sguardo a come molte prefetture del Giappone potrebbero apparire nel 2060. La tenuta demografica di un paese necessita di un tasso di natalità di 2,1. Attualmente, nel Sol Levante è di 1,4. Stando agli istituti di ricerca, se questo trend dovesse continuare, nel 2060 il Giappone avrà perso un terzo dei suoi abitanti, che a quel punto saranno soltanto 87 milioni. I boom demografici che avevano caratterizzato molti periodi della storia nipponica, rischiano di diventare uno sbiadito ricordo del passato.

La rinaturalizzazione dell'arcipelago è una delle storie più sorprendenti dei tempi moderni. Attualmente, gran parte delle «città fantasma» del Giappone si trova nella regione di Tōhoku, che si deve ancora riprendere dalla triplice apocalisse del 2011 – terremoto, *tsunami*, e disastro nucleare. Persino nel prospero meridione non è raro che i quartieri dormitorio appaiano deserti in pieno giorno. L'autore di questo libro ha camminato spesso in totale solitudine lungo le loro strade arroventate dal sole. Nel 2016, con un gesto stranamente simbolico, la rinaturalizzazione ha lambito persino Ginza, l'area commerciale più prestigiosa di Tōkyō, dove la Sony ha annunciato di voler demolire la sua sede storica, per permettere la creazione di una piccola città-giardino in vista delle Olimpiadi del 2020.

L'economia nipponica aveva raggiunto il suo apice alla fine degli anni Novanta. I magnati e i banchieri del paese dominavano la finanza internazionale, acquistavano costosissimi quadri di Van Gogh (ad esempio la serie dei *Girasoli*), e si impossessavano di un simbolo di New York come il Rockfeller Center. Nel 1989 la Sony comprò a sorpresa la Columbia Pictures. L'anno dopo la Matsushita acquisì il controllo della MCA (Universal). Ma, come avvertiva l'economista Shimada Haruo, la prosperità del Giappone si basava su «un'alchimia di investimenti resa possibile da valori fittizi». Tutto ruotava attorno al valore nominale delle proprietà immobiliari, sovrastimato a tal punto che, se fosse stato vero, avrebbe superato di gran lunga la ricchezza immobiliare degli interi Stati Uniti. Come ovvio, questo non era possibile; si trattava soltanto dell'ennesima finzione di quel modello di capitalismo che aveva retto le sorti del paese negli ultimi decenni. Ma adesso il Giappone faceva parte dell'economia globale, esposto come tutte le altre nazioni all'imprevedibilità della finanza internazionale. E per mettersi al riparo, il protezionismo non bastava più. Mentre gli azionisti delle società occidentali pretendevano che queste non violassero le leggi, le banche finanziatrici delle aziende giapponesi avevano la tendenza a guardare dall'altra parte in caso di eventuali irregolarità.

Allo scoppio della bolla, nel 1991, le proprietà immobiliari di Tōkyō persero il 40% del loro valore nel giro di tre anni. Molte aziende «troppo grandi per fallire» ricevettero prestiti da altre società dello stesso conglomerato. Nacquero così le cosiddette «compagnie zombie», che dovevano essere alimentate da continue iniezioni di liquidità, o dalla fornitura agevolata (tramite dilazioni di pagamento) delle materie prime necessarie ai loro processi produttivi.

Poi ci mise anche la sfortuna, che si accanì sul paese con una serie di colpi bassi. Nel 1995 il terremoto di Kobe sottrasse miliardi all'economia nipponica. Solo pochi mesi più tardi, la setta religiosa Aum Shinrikyō diffuse gas sarin nella metropolitana di Tōkyō, causando tredici morti e migliaia di feriti. Nel 2001, l'attacco terroristico di al-Qaeda contro le Torri Gemelle spinse i paesi occidentali a intervenire in Medioriente, e indusse il primo ministro nipponico, Koizumi Junichirō a scongiurare i suoi connazionali di non fare vacanze all'estero. La tragedia dell'11 settembre mise anche in discussione i limiti imposti dall'articolo 9 della carta costituzionale. Secondo molti, non era giusto che il Giappone non partecipasse con proprie truppe alla coalizione internazionale contro il terrorismo, limitandosi ad appoggiarla finanziariamente.

Lo scoppio della bolla economica inaugurò il cosiddetto Decennio perduto (*ushinawareta jūnen*), un termine che ben presto venne declinato al plurale, visto che il paese si ostinava a non dare segni di ripresa. Le banche furono costrette a una serie di fusioni per salvare i propri bilanci; l'opinione pubblica scese in piazza per protestare contro l'introduzione di una nuova tassa sui consumi; i mutui per le abitazioni di lusso divennero così onerosi che i loro proprietari, non potendo più permettersi di farvi fronte, dovettero rassegnarsi al pignoramento degli immobili.

Nonostante tutto il Giappone continuò a registrare un tasso di crescita, seppur modesto. Certo l'economia ristagnava, ma i suoi fondamentali non erano in crisi. Ciò che era in crisi, semmai, era il tasso di natalità, mentre la generazione del dopoguerra, che con i suoi sacrifici e il suo lavoro aveva permesso il miracolo economico, si stava avviando fatalmente sul viale del tramonto. Hirohito morì nel 1989, e con lui, durante tutti gli anni Novanta, se ne andò un'intera classe dirigente che aveva gestito le proprie aziende tramite rapporti personali e strette di mano; due doti difficilmente sostituibili.

Il rallentamento dell'economia riportò l'attenzione sulla presunta superiorità della forza lavoro nipponica. Si era sempre pensato che il sistema educativo del paese, nonostante il suo carattere rigidissimo, giocasse un ruolo decisivo nel forgiare il lavoratore-tipo del Sol Levante. Gli studenti nipponici prevalevano regolarmente sulle loro controparti straniere nelle prove di esame, ma la scuola dava valore *solo* a quelle, reprimendo qualunque guizzo di autonomia intellettuale che non rientrasse negli standard previsti, e diplomando, un anno dopo l'altro, intere classi di studenti-fotocopia. Un famigerato test di letteratura, ad esempio, chiedeva semplicemente di riconoscere l'incipit di un romanzo di Kawabata, *Il paese delle nevi.* («Il treno sbucò dalla lunga galleria nella campagna innevata»). La conoscenza del resto dell'opera non era richiesta.

Quanto alle università, avrebbero dovuto fornire una preparazione più accurata (come talvolta accadeva), ma per molte matricole le discipline accademiche costituivano più che altro una vacanza dall'inferno degli esami di ammissione. Oltretutto i legami tra l'industria privata e le istituzioni universitarie conducevano a una specie di segmentazione degli accessi, con alcune università che facevano da «serbatoio» a specifiche aziende o a particolari settori dell'economia. Così, gli studenti della facoltà di giurisprudenza di Tōkyō sapevano in anticipo presso quali studi legali avrebbero fatto praticantato; i futuri ingegneri di Chiba, dove avrebbero trovato impiego; gli aspiranti agenti di viaggio, in quale istituto turistico di Kyōto i boss del settore avrebbero assunto i neo diplomati. Anche se questo metodo offriva evidenti vantaggi ai datori di lavoro, rappresentava un'altra forma di inferno per gli studenti, che spesso erano costretti a sospendere il loro percorso formativo per uno o più anni, in attesa dell'esame *giusto* che avrebbe permesso loro di accedere all'università *giusta*. Questi malcapitati - per lo più maschi, ovviamente - divennero noti con la stessa parola che aveva designato i samurai senza padrone: *rōnin*.

Ma persino i *rōnin* avevano bisogno di qualche valvola di sfogo. Così il rallentamento delle possibilità di crescita tra i giovani, unito alla consapevolezza di quanto la loro quotidianità fosse condizionata da limiti materiali (in termini di spazi personali, privacy e tempo libero), contribuì a far emergere un nuovo tipo umano. Nel 2005 l'istituto di ricerche Nomura pubblicò un rapporto sul «mercato degli *otaku*», delineando un nuovo modello di business rivolto a una specifica nicchia di consumatori. In origine la parola *otaku* (nerd) si riferiva alla passione per i cartoni animati, ma ben presto iniziò a riguardare una molteplicità di altri campi, dal turismo all'elettronica domestica, dagli sport automobilistici all'editoria a fumetti. Gli acquirenti-tipo erano giovani single con una discreta capacità di spesa, ma non mancavano neppure individui più anziani con posizioni professionali di rilievo. In entrambi casi, gli *otaku* furono incoraggiati ad acquistare in modo compulsivo prodotti personalizzabili, che avrebbero permesso loro di entrare in un circuito di appassionati, e godere di esperienze su misura all'insegna delle «Tre C: Collezionismo, Creatività e Comunità». Al giorno d'oggi la subcultura *otaku* si esprime soprattutto nelle convention dedicate ai film d'animazione (*anime*) o ai giochi di ruolo, come pure nel bizzarro fenomeno del *cosplay* (dove i partecipanti indossano i costumi dei loro eroi preferiti, sforzandosi di imitarli in tutto e per tutto), e in quelli, altrettanto stravaganti, delle vacanze «a tema», nonché dell'incessante sostituzione delle lenti delle proprie macchine fotografiche. Anche i media nipponici fanno la loro parte, alimentando le manie degli *otaku* con programmi e pubblicazioni ad hoc.

Tornando al quadro economico a cavallo tra XX e XXI secolo, va detto che in quegli anni alcune industrie giapponesi si sforzarono di resistere alla tempesta, soprattutto nel settore dell'intrattenimento, dove i videogiochi nipponici rimanevano i più venduti al mondo. Negli anni Ottanta e Novanta, i modelli «arcade», disponibili anche sotto forma di console domestica, resero popolari i marchi della Sega, della Sony e della Nintendo (come pure i personaggi dei loro videogames), contribuendo a rilanciare il mercato del *kontentsu* (intrattenimento a tema). Posto in secondo piano il comparto manifatturiero, il Giappone si stava rapidamente orientando verso il terziario postmoderno. In sintonia con questa svolta strutturale, il governo riconobbe l'importanza della cultura popolare ai fini della promozione turistica del paese. Nel 2005, lo stesso anno del rapporto dell'istituto Nomura, il ministro del commercio Nakagawa Shōichi scrisse: «Il Giappone considera la proprietà intellettuale e l'industria dell'intrattenimento due fattori chiave della ripresa economica. I media digitali e le iniziative internazionali in questo campo provocheranno con ogni probabilità una rapida espansione del mercato, contribuendo allo sviluppo dei settori correlati, come il comparto turistico e quello manifatturiero». In altre parole, ora che le corporazioni avevano venduto ai consumatori stranieri tutte le merci possibili e immaginabili, il Giappone doveva eccellere nell'offerta di un altro tipo di prodotto: giochi per computer, film d'animazione, e giocattoli ad alta tecnologia. Nakagawa faceva parte del governo di Asō Tarō, un politico che non solo corteggiava i giovani consumatori pubblicizzando il suo amore per i *manga*, ma cercava anche di favorire un'immagine *cool* del paese con misure promozionali – sia nel campo dei fumetti che in quello cinematografico – che sarebbero durate più a lungo della sua amministrazione.

Al riguardo, tuttavia, non mancò qualche voce discordante. Nel 2013 il professor Ōyama Shinji, in seguito docente al Birkbeck College dell'Università di Londra, sottopose a critica feroce il fenomeno *cool*, descrivendolo come una cortina fumogena di ragazzi coi capelli a spillo e studentesse ballerine che serviva semplicemente a nascondere la squallida omologazione dell'entertainment nazionale. Altri sociologi notarono che le ragazze immagine della *coolness* nipponica non sarebbero mai state assunte dalle grigie compagnie per le quali facevano pubblicità. Gli *otaku* stranieri che avevano eletto il Sol Levante a loro patria ideale, si erano fatti ingannare da una menzogna. Il pittore e scultore Murakami Takashi, il cui stile «superpiatto» aveva contribuito a lanciare la nuova immagine alternativa del paese, fu altrettanto severo, sostenendo che la *coolness* non era altro che «una formula deliberatamente creata per soddisfare l'orgoglio dei giapponesi, e permettere alle agenzie pubblicitarie di ricevere fondi pubblici».

Del resto un simile disincanto era abbastanza comune anche tra le giovani generazioni, alle prese con un sistema educativo infernale (oltre che estremamente costoso), e del tutto prive delle garanzie sociali che un tempo avevano accompagnato l'esistenza dei loro padri. Per descrivere questo fenomeno i media nipponici ricorsero a un acronimo inglese, NEET, ovvero «Not in Education, Employment or Training» (Né studio, né lavoro, né formazione). Si trattava di giovani che, non riconoscendosi più nei modelli che avevano dominato l'epoca della Bolla, si limitavano a vivacchiare ai margini del mercato del lavoro, con occupazioni saltuarie e malamente retribuite.

Un paese postindustriale ha ancora bisogno dell'industria; di fonti energetiche, materie prime e processi di trasformazione. I consumatori non potrebbero esistere senza i produttori. Ma un'economia globalizzata costringe a guardare sempre più lontano, in cerca di nuove occasioni di sviluppo. Furono queste considerazioni che nel 2013 spinsero il governo giapponese a stanziare un pacchetto di aiuti all'Africa del valore di 32 miliardi di dollari, nel tentativo di contrastare la crescente influenza economica cinese sulle zone chiave del continente.

Nell'epoca post-Bolla, il clima di austerità forzata riportò in auge i prodotti di seconda mano e i negozi dell'usato. Quest'ultimi non mettevano in vendita giocattoli rotti o giacche senza bottoni, bensì merci di alta qualità, spesso ancora intonse, che un tempo erano appartenute ai beneficiari della Bolla. Poteva così capitare – com'è successo all'autore di questo libro – che un negozio dell'usato di Kyōto esponesse in vetrina una borsetta di marca al prezzo di 1500 dollari. Persino gli oggetti con qualche ammaccatura potevano avere un certo valore, a patto che fossero appartenuti a una persona facoltosa. Prese così piede l'estetica del *boro*, cioè l'apprezzamento degli «stracci preziosi»: più l'oggetto era vissuto, meglio era. Quella delle vendite di seconda mano è una tendenza che dura tuttora. Per esempio, alcune delle più grandi casi editrici giapponesi finanziano Book-Off, una catena di remainder le cui vendite garantiscono loro (ma non ai loro autori) qualche introito in più.

Ironicamente, uno dei simboli più emblematici dell'austerità giapponese risale al boom economico degli anni Ottanta. Si tratta di un marchio che in realtà ha fatto di tutto per non sembrare tale. Apparsa sul mercato nel 1980 come ditta associata ai grandi magazzini Seibu, la Muji – o più precisamente, la Mujirushi Ryōhin (Buone cose senza marchio) – offriva ai suoi clienti prodotti di alta qualità a prezzi contenuti. Bastava togliere alle merci tutto ciò che non era strettamente necessario, a partire dalle confezioni e dagli imballaggi, e il gioco era fatto. Avvolti in carta da pacchi riciclata, con un'estetica che richiamava la spoglia essenzialità dello Zen, i prodotti della Muji riscossero un successo incredibile. Nel caso di una delle sue merci più richieste, cioè i funghi sbriciolati (già pronti per la cottura), l'azienda si spinse persino a comprarli interi, per poi frantumarli e impacchettarli in proprio. Ben presto, tuttavia, il volume delle vendite arrivò al punto da rendere sempre meno credibile il presunto carattere «artigianale» della compagnia. Ormai non si trattava più di un negozio, ma di una catena. Non a caso, a dispetto dei suoi slogan, gli stranieri la consideravano un vero e proprio marchio.

Tra le conseguenze dell'austerità va annoverata anche la comparsa dei cosiddetti *hikikomori*, cioè di tutti quei giapponesi – centinaia di migliaia di individui – che, appena bambini allo scoppio della Bolla, hanno scelto intorno al Duemila di isolarsi in modo ermetico dalla società, accontentandosi di condurre un'esistenza virtuale sulla Rete. Al giorno d'oggi tutto lascia credere che siano sostanzialmente loro – cioè un milione e mezzo di giovani giapponesi – ad alimentare il mercato *otaku*. Non mancano però altri ragazzi e ragazze alle prese con preoccupazioni più concrete, come ad esempio l'assistenza ai loro genitori anziani. Per gran parte del XX secolo le leggi del paese avevano considerato come «famiglia» (*ie*) ciascuna unità che comprendesse almeno tre generazioni: nonni, genitori e figli. Questa definizione era andata in crisi durante gli anni del miracolo economico, quando molti lavoratori avevano lasciato la propria casa natìa per trasferirsi in città, costituendo nuclei familiari più simili al fluido modello occidentale che alla rigida tradizione nipponica. Ciononostante, il sistema legislativo e pensionistico del paese non era sembrato rendersene conto, e aveva continuato a immaginare un tipo di famiglia che nelle realtà urbane del paese trovava sempre meno riscontro.

Se esiste un evento che ha segnato in profondità la recente storia nipponica, questo è senza dubbio il disastro di Fukushima. L'11 marzo 2011 i sismografi registrarono un terremoto marino a circa 70 chilometri dalle coste settentrionali dell'arcipelago. La sua magnitudo non aveva precedenti: 9 gradi sulla scala Richter. L'onda sismica spostò di due metri verso est l'intera isola di Honshū. Ancora peggio, sconvolse 180 chilometri di fondale marino, facendolo sollevare di quasi 8 metri. Fu la regione di Tōhoku a subire i primi, apocalittici danni, e quindi ad avere il triste privilegio di battezzare il terremoto con il proprio nome.

Ma questo fu soltanto l'inizio, perché la scossa tellurica generò anche un mostruoso maremoto che non assomigliava per niente alla celebre «Grande onda» di Hokusai. Spinta da un'energia che sembrava inesauribile, questa massa d'acqua si abbatté sulla costa e dilagò nell'entroterra per parecchi chilometri, trascinando nella sua scia automobili, pali del telefono, alberi, e macerie di edifici; un'autentica muraglia di legname e cemento che pareva non volersi fermare mai.

Come sempre, i media diedero spazio soprattutto alle cattive notizie. Così, l'opinione pubblica venne a sapere che l'effetto congiunto del terremoto e dello *tsunami* aveva provocato la morte (soprattutto per annegamento) di 15.000 persone, per lo più anziani che non avevano voluto, o non erano stati in grado, di allontanarsi dal fronte del maremoto. Abbattendosi durante un giorno di scuola, lo *tsunami* aveva diviso molte famiglie, facendo sentire i suoi effetti persino in Antartide, dove ondate anomale avevano frantumato vaste sezioni di banchi di ghiaccio, e dove un uomo era stato trascinato in mare mentre fotografava il fenomeno. Viceversa, come d'abitudine, le testate giornalistiche e televisive non si occuparono, o si occuparono solo tangenzialmente, di ciò che *non* era accaduto. Ad esempio, non riferirono degli edifici che non erano crollati grazie alla loro architettura antisismica. Il terremoto era stato abbastanza potente da sbriciolare il parcheggio di Tōkyō Disneyland, eppure la capitale aveva subìto pochissimi danni, in quanto era stata protetta dalla penisola di Chiba, da una serie di dighe marittime predisposte per i casi d'emergenza, e da decenni di accorta edilizia. I quotidiani non prestarono grande attenzione neppure alle migliaia di giapponesi che si erano salvati grazie a una rete avanzatissima di sistemi d'allarme. D'altro canto la notizia del giorno era un'altra: il disastro che si stava verificando nella centrale nucleare di Fukushima.

Lo *tsunami* aveva messo fuori uso parecchie centrali elettriche, lasciando senza corrente milioni di case. Nelle settimane successive, si fece strada una verità sconcertante. Le autorità non potevano convogliare l'energia elettrica da sud a nord, perché le due parti del paese funzionavano con sistemi diversi, a causa di rivalità locali che risalivano alla fine del XIX secolo.

In linea teorica i reattori di Fukushima erano provvisti di sofisticati sistemi di raffreddamento e spegnimento del nocciolo radioattivo, che sarebbero entrati in funzione in caso di terremoto. Questi, tuttavia, non poterono resistere all'urto di un'onda alta 10 metri. Per tragica ironia si verificò la stessa situazione profetizzata da un rapporto sulla sicurezza del 2007, che i dirigenti della centrale avevano accantonato giudicandola irrealistica. Il crollo delle gabbie di contenimento dei reattori, la conseguente fuoriuscita di vapore radioattivo e il rilascio in mare di acqua contaminata, determinarono un'evacuazione di massa della regione, suscitando nel contempo molti interrogativi sugli effetti a lungo termine del fallout. Un giornale calcolò che nei decenni successivi l'incidenza delle patologie tumorali tra gli evacuati di Fukushima sarebbe aumentata sensibilmente, portando alla morte almeno 10.000 persone. Neppure le strutture in acciaio e cemento predisposte per «seppellire» il nocciolo avrebbero scongiurato ogni pericolo di fuga radioattiva, mentre l'efficacia del permafrost artificiale steso sul fondo marino sembrava quantomeno dubbia. Nel 2015 le onde del tifone Etau spazzarono via centinaia di fusti contenenti tonnellate di terra contaminata, che quindi si riversò in mare. Continuando semplicemente ad esistere, la centrale di Fukushima non cessava di provocare «seri incidenti di livello 3», che si andavano ad aggiungere all'iniziale «incidente rilevante» di livello 7.

Le conseguenze del disastro di Tōhoku, che si era abbattuto sul paese dopo vent'anni di stagnazione, misero il Sol Levante in una situazione insostenibile. Il governo dovette dimettersi dopo aver introdotto nuove misure di austerità, ma l'opposizione di sinistra non riuscì a impedire il ritorno al potere del partito liberal-democratico. Quanto all'idea di creare nuovi posti di lavoro nei distretti settentrionali trasferendovi alcune industrie allocate a sud, non ebbe alcun seguito. L'aumento delle imposte sui consumi si accompagnò a un estenuante dibattito sul problema delle fonti energetiche: sarebbe stato meglio tornare al petrolio (quindi a un'inevitabile dipendenza dall'estero), oppure continuare ad affidarsi al nucleare, mettendo nuovamente a rischio la popolazione?

Il nuovo primo ministro, Abe Shinzō (nipote di Kishi Nobusuke), si aggiudicò l'assegnazione delle Olimpiadi del 2020; un evento che nelle sue speranze avrebbe favorito nuovi investimenti, soprattutto nel settore turistico. Ma le aspettative di Abe si focalizzavano soprattutto sulle cosiddette «tre frecce»: stimolo fiscale, allentamento monetario, e riforme strutturali. Questa formula richiamava un antico detto samurai, secondo il quale una singola freccia può anche essere spezzata in due, ma tre assieme sono molto più forti. In realtà, l'Abenomics – come venne presto definita – era più che altro una traballante scialuppa di salvataggio, gravata oltretutto da numerose contraddizioni. Mentre il governo svalutava lo yen, le imposte sui consumi continuavano a restare troppo alte, erodendo in modo significativo il potere d'acquisto dei salari. Intanto la politica di Abe virava nettamente a destra, rilanciando un vecchio contenzioso con la Cina per il possesso delle minuscole isole Senkaku, e varando norme lesive della libertà di stampa.

Nonostante gli stimoli governativi, il deficit commerciale continuava ad aumentare, non ultimo a causa del parziale abbandono del combustibile nucleare, che aveva portato il paese a dipendere nuovamente dal petrolio straniero. Come in molti altri campi della vita pubblica, la politica giapponese si ostinava a ignorare le cause più profonde dei problemi sul tappeto, limitandosi a varare provvedimenti per limitarne gli effetti più vistosi.

Al giorno d'oggi la questione più preoccupante è quella demografica. Analogamente a ciò che avviene in altri paesi postindustriali, anche in Giappone la generazione nata negli anni Sessanta si sta ritirando progressivamente dal lavoro, creando una «massa brizzolata» di pensionati i cui assegni dipendono dai contributi dei lavoratori ancora in attività, che però sono sempre di meno. I governanti nipponici guardano con fiducia ai possibili ritorni economici e infrastrutturali delle Olimpiadi del 2020, ma non si nascondono la gravità del «Problema 2030», quando il pensionamento della prossima generazione comporterà un onere ancora più pesante a carico dei bambini, dei precari e dei disoccupati.

Come osservano gli analisti economici del gruppo Keidanren, già da oggi il Giappone dipende pesantemente dai lavoratori immigrati o clandestini. In un ironico rovesciamento degli editti *sakoku* del XVII secolo, che avevano bandito dall'arcipelago chiunque avesse avuto tre nonni stranieri, ora è il governo del Sol Levante a offrire incentivi a qualunque sudamericano con *un* nonno giapponese. Evidentemente, un nipponico al 25% è sempre meglio di un non-nipponico al 100%. Quanto alla delocalizzazione dei processi produttivi, assai più conveniente in termini economici, il detto «lontano dagli occhi, lontano dal cuore» ha portato le corporation nipponiche ad approfittarne senza ritegno, anche a costo di mandare in crisi le aziende operanti sul territorio nazionale. Persino nel settore dei new media e degli *anime*, molti aspetti tecnici delle lavorazioni vengono gestiti all'estero, soprattutto in Cina e nella Corea del Sud, mentre i disegnatori e gli esperti di grafica computerizzata del Sol Levante rimangono ai margini del mercato, o devono accontentarsi di stipendi da fame.

Questo fenomeno ha investito molti altri settori dell'economia nazionale, provocando nel corso del tempo l'espulsione dai cicli produttivi di migliaia di lavoratori nipponici. In compenso, sono nate numerose fabbriche-fantasma per lavoratori stranieri, in particolare vietnamiti, che vengono prelevati temporaneamente dal loro paese, sfruttati a dovere, e poi rispediti a casa. È quasi inutile aggiungere che il prodotto finale dei loro sforzi rimane ufficialmente «made in Japan».

Nel tentativo di porre un freno al fenomeno immigratorio, piuttosto impopolare presso l'opinione pubblica, il governo Abe ha incoraggiato il ritorno all'attività lavorativa del sesso femminile, varando la cosiddetta *Womenomics*. Attualmente, le donne occupano il 5,7% dei posti disponibili nei consigli di amministrazione. Negli Stati Uniti, questa percentuale è del 24,7. Abe sperava di arrivare al 30% nel 2020; un traguardo che persino i suoi consiglieri giudicavano irraggiungibile.

Del resto gli incentivi al lavoro femminile lasciano molto a desiderare, limitandosi a promettere un «miglior accesso» agli asili, senza peraltro abbassare le loro rette, o abbassandole in misura del tutto insufficiente. L'eguaglianza salariale con gli uomini resta una chimera, mentre il congedo di maternità, di durata triennale, sembra fatto apposta per *allontanare* le donne dai posti direttivi. Al riguardo, l'introduzione delle quote rosa nei consigli di amministrazione è servita a ben poco, vuoi per la scarsità di candidate, vuoi per i mugugni dei colleghi maschi. Inoltre non è chiaro se le donne giapponesi aspirino davvero a fare propria la stessa cultura del golf, del whisky e del karaoke aziendale che aveva condizionato la vita dei loro padri.

Infine, la *Womenomics* non sembra tener conto di alcuni aspetti tradizionalisti della società nipponica, ancora profondamente radicati nel suo tessuto. Secondo un recente sondaggio, una discreta percentuale di lavoratori maschi rifiuta l'idea di dover obbedire a un manager di sesso femminile. Peraltro questo dato non sorprende, soprattutto se si considera l'esempio offerto dalla casa imperiale. Nonostante la storia nipponica abbia visto spesso donne al vertice del potere supremo, le regole successorie attualmente in vigore impongono che l'erede al trono sia un maschio. Agli inizi del XXI secolo, tale necessità fomentò un contrasto ideologico tra i circoli imperiali e il corpo legislativo, in quanto quest'ultimo intendeva riconoscere alla principessa Aiko, all'epoca unica erede del futuro imperatore Naruhito, la possibilità di succedergli al trono.[27] Il problema nasceva dal fatto che la bambina di un imperatore, nominalmente «imperatrice», avrebbe potuto un giorno lasciare la casa imperiale per sposarsi, dando così inizio a una nuova dinastia, che avrebbe quindi interrotto la linea successoria ufficiale, in auge da secoli. Tale ipotesi risultava sgradita anche per i ricordi dell'occupazione postbellica che sembrava evocare, non solo perché l'Atto imperiale del 1947, che aveva definito le regole successorie, era stato l'ultimo del vecchio regime, ma anche perché lo stesso Atto aveva disconosciuto interi rami della nobiltà. Questi ultimi, tuttavia, sarebbero potuti rientrare nella cerchia del sovrano qualora gli avessero portato un erede maschio, aggirando in tal modo la riforma voluta dagli Alleati. Al riguardo, un membro della casa imperiale, scherzando ma non troppo, suggerì una soluzione alternativa: l'erede al trono avrebbe potuto dotarsi di un cospicuo numero di concubine, così da moltiplicare la possibilità di generare un erede maschio.

Comunque sia, per il momento la questione di una possibile imperatrice femmina non ha più importanza, considerando che Naruhito ha avuto un figlio maschio nel 2006.

Osservata dall'estero, la *Womenomics* può anche apparire un'iniziativa lungimirante, malgrado lo scarso sostegno ricevuto in patria, dove la previdenza sociale e il sistema fiscale del paese continuano a basarsi su una visione anacronistica dei ruoli lavorativi e delle incombenze di genere. D'altro canto, non si vede come una donna possa presenziare all'assemblea annuale dell'azienda per cui lavora, quando è costretta, senza alcuna retribuzione, ad assistere la propria suocera a letto.

27. Naruhito è diventato ufficialmente imperatore il 1° maggio 2019 (N.d.T).

Nonostante i progressi compiuti dal movimento di liberazione femminile durante gli anni Settanta, sembra che molti giapponesi abbiano ancora molto caro, magari senza ammetterlo ad alta voce, lo stereotipo della segretaria giovane e carina, che dopo qualche anno si dimette dall'impiego per sposarsi con un collega d'ufficio, per poi fare figli e dedicarsi alla loro crescita, come pure all'assistenza dei suoceri anziani. Nel 2017 il Giappone contava ben 38 milioni di donne lavoratrici. A dispetto di tale numero, molte di loro sono ancora confinate ai gradini più bassi delle gerarchie aziendali, con scarsissime possibilità di una carriera che non si fermi all'impacchettamento delle insalate in un supermercato.

Con ogni evidenza, la *Womenomics* non è una bacchetta magica che possa far sparire di colpo atteggiamenti e pregiudizi maschilisti vecchi di secoli. Lo stesso Abe ha avuto occasione di verificare i limiti della sua politica, quando, dopo aver cooptato nel suo gabinetto cinque donne, è stato costretto a farne dimettere due, colpevoli di appropriazione indebita.

Il calo demografico e l'invecchiamento generalizzato sono problemi che affliggono molte società postindustriali, ma nell'arcipelago nipponico appaiono ulteriormente aggravati dall'isolamento etnico e linguistico dei suoi abitanti. L'Associazione nazionale del Sumō ha impiegato anni prima di riconoscere le vittorie dei campioni stranieri, in quanto sosteneva che i lottatori delle Samoa, delle Hawaii, o della Mongolia, erano sprovvisti di sufficiente *hinkaku*, quell'impalpabile «sensibilità» che solo i nativi del Giappone possono avere. Giudizi del genere, che hanno condizionato la politica nipponica fin dal XIX secolo, vanno ad alimentare ancora oggi le cosiddette *nihonjinron*, cioè le «tesi sull'unicità giapponese», utile strumento quando si tratta di negare il visto d'ingresso a un immigrato, o di limitare l'importazione di determinate merci. D'altro canto, diventare cittadini giapponesi non è facile. Difficoltà burocratiche a parte, vi è l'ostacolo di una lingua piuttosto ostica. Visitare il paese da turisti non presenta problemi; soggiornarvi stabilmente ne presenta parecchi. Nel suo rapporto per il 2020, il gruppo Keidanren ha sottolineato quanto l'immigrazione dall'estero sia sempre più necessaria alla crescita economica e demografica del paese. Il futuro del Giappone dipenderà anche da un sostanziale ripensamento delle sue politiche su stranieri, donne e famiglie. Tutto lascia credere che la questione demografica costringerà in breve tempo il Sol Levante a varare riforme radicali. Dopo l'arrivo delle «Navi nere», la restaurazione Meiji e l'occupazione alleata, il Giappone si accinge a scrivere un nuovo capitolo della sua storia.

NOTA SUI NOMI

La genealogia ufficiale degli imperatori nipponici retrocede nel passato fino al 660 a.C., trovando il suo inizio in Jinmu, discendente della dea del Sole. Per semplificare le cose, non ho assegnato periodi di regno a quegli antichi sovrani che persino la casa imperiale considera leggendari e privi di una precisa contestualizzazione storica. La prima mezza dozzina di secoli dell'elenco è considerata ampiamente immaginaria, ma anche epoche più recenti non sfuggono a un certo grado di ambiguità. Probabilmente, i sovrani giapponesi dei cosiddetti Secoli bui si ammantavano del titolo di «grande re» o di qualche sua variante. L'espressione «Figlio del Cielo» non apparve prima del VII secolo, e persino allora, l'adozione di questo termine sconvolse i governanti della Cina, che la vissero come un insulto. I nomi ufficiali e la numerazione degli imperatori nipponici risalgono ad appena un secolo fa, ma per rendere la materia meno impervia, ho usato il vocabolo «imperatore» per tutti i sovrani giapponesi e per tutti i periodi storici. Forse questa scelta scandalizzerà qualche studioso (a maggior ragione se cinese e cultore della dinastia Tang), ma è un rischio che sono disposto a correre.

Il lettore deve anche sapere che gli imperatori nipponici vengono tradizionalmente indicati non con il loro nome, bensì con il titolo postumo della loro epoca. Hirohito, ad esempio, non è mai stato conosciuto dai suoi fedeli sudditi come Hiroito: durante il suo regno, era semplicemente «l'imperatore», mentre dopo la sua morte ci si riferiva a lui come all'imperatore Shōwa. E Shōwa non costituiva il suo nome, bensì il suo titolo. Nel corso della mia trattazione, ho spesso usato i titoli dei regni degli imperatori come se fossero nomi. Così, per ovvi motivi di scorrevolezza, ho ritenuto preferibile citare l'imperatore Keikō in questo modo, piuttosto che ricorrere al suo nome proprio, che era Ōtarashi-hiko-oshirowake no Sumera-mikoto. Analogamente, come del resto è costume degli stessi giapponesi, ho indicato certi personaggi con il loro nome di nascita: ad esempio, Tokugawa Ieyasu è sempre citato come Ieyasu, in modo da distinguerlo da tutti gli altri membri del clan Tokugawa che era necessario menzionare. Non è stata una questione di simpatia personale nei confronti di questa figura, bensì di chiarezza verso il lettore. Ho adottato lo stesso metodo, scartando il cognome in favore di un appellativo più riconoscibile, anche quando mi sono occupato degli artisti. Non mi sono mai riferito a Katsushika Hokusai come al signor Katsushika, ma semplicemente come a Hokusai. D'altro canto, lo stesso pittore e incisore firmava le sue opere proprio così.

La nomenclatura nipponica è incredibilmente macchinosa. Al riguardo i problemi sorgono già nel periodo medievale, quando il nome delle donne veniva raramente tramandato per un senso confuciano del decoro, mentre gli appartenenti ai clan avevano spesso nomi personali che si confondevano tra loro: si pensi, per esempio, a Yoshitune, figlio di Yoshitomo, fratello di Yoritomo, e si capirà quanto sia facile smarrirsi in questa foresta di somiglianze e assonanze. In tempi ancora più antichi, vi era anche l'uso di ricorrere a titoli descrittivi; una tradizione, questa, che fa sorgere un problema spinoso: è più corretto privilegiare il nome proprio, come Amaterasu, o piuttosto il suo significato letterale, cioè «Colei che splende nei cieli»? Per quanto mi riguarda, in particolare nel caso di temi legati a leggende, ho scelto frequentemente di adottare entrambe le soluzioni. Sfortunatamente, alcuni nomi arcaici appaiono di una tale lunghezza da costringere lo studioso a un compito quasi impossibile, forzandolo a scegliere tra scioglilingua come *Ohonushi no kami* o le sue bizzarre traduzioni come «Maestro della Divinità della Grande Terra». In proposito, ho cercato di ricorrere a traduzioni che fossero di forte impatto e facilmente memorizzabili, così da aiutare il più possibile il lettore.

Le parole della lingua giapponese, nella sua forma scritta, esprimono non di rado concetti con più livelli di senso, sia per quanto riguarda i nomi in sé, sia per quanto riguarda l'origine del loro significato. In molti casi, il significato di un nome scritto in giapponese appare più ovvio e manifesto rispetto a ciò che avviene nelle lingue occidentali. Ad esempio, io mi chiamo Jonathan, ma nessuno si sognerebbe mai di riferirsi a me col significato originario del mio nome, cioè «Dono di Dio». Nella lingua giapponese, invece, anche i significati più remoti emergono con chiarezza. Quando s'incontra una ragazza del Sol levante il cui nome, tradotto nella nostra lingua, suonerebbe come «Signora-Principessa-Spaventata-dai-Genitali-a-Soffietto», ci si sente obbligati a rivolgersi a lei in giapponese, finché non si scopre che si sta parlando con una donna che si chiama Hoto-tatara-isusuki-hime-no-mikoto. Gustav Heldt, nella sua traduzione del *Kojiki* (*Un racconto di antichi eventi*), si sforza in ogni modo di mettere in luce la qualità sorprendentemente schietta e banale di molti nomi giapponesi apparentemente misteriosi. Ecco, ad esempio, il brano dedicato alla famiglia dell'imperatore Kinmei (509-571):

> Il Grande Scudo della Terra dell'Uomo Coraggioso dimorò nelle possenti sale delle Isole Sparse... e prese in moglie una Signora Pietra... che dimorava nell'Angolo del Cipresso. Lei gli partorì il potente principe Molte Risaie, quindi il potente Grande Cumulo di Gioielli nel Magazzino di Giada, e poi la potente principessa Tessitura di Baldacchino.

Quanto alla geografia dei luoghi, ho utilizzato alcuni termini anacronistici per renderla più semplice. Ad esempio, mi sono riferito all'isola principale posta più a sudovest come a Kyūshū (nove province), pur consapevole che si tratta di un nome che risale soltanto al Medioevo, quando le riforme dell'epoca avevano riconosciuto la presenza di nove provincie sul suo territorio. Del resto, Kyūshū si chiama così ancora oggi, nonostante abbia sette prefetture anziché nove. Analogamente, l'isola principale più a nord ha preso il nome di Hokkaidō (via per il mare settentrionale) solo quando è stata annessa all'impero giapponese nel XIX secolo, così da sottrarla all'espansionismo territoriale e commerciale della Russia. In precedenza, l'isola era conosciuta come Watarishima o Ezo. In molti punti del testo sono ricorso a simili scorciatoie, così da evitare lungaggini e puntualizzazioni che avrebbero inutilmente appesantito la mia breve storia del Giappone.

LETTURE RACCOMANDATE

I bozzetti narrativi che aprono ciascun capitolo, si ispirano direttamente o indirettamente ad alcuni testi citati in bibliografia. Ciò a partire dall'introduzione, basata sugli studi di Delgado relativi all'armata mongola. Il primo capitolo deve molto al libro di Pearson sull'archeologia delle isole Ryūkyū; il secondo alla traduzione di Heldt del *Kojiki* e a quella di Aston del *Nihongi*; il terzo al saggio di Wang sulle cerimonie della corte cinese; il quarto alla traduzione di McCullough dell'*Heike monogatari*; il quinto alla traduzione di Whitehouse e Yanagisawa del diario della concubina Nijō; il sesto alla traduzione di Keene del *Sonezaki shinju tsuketari Kannon meguri* di Chikamatsu; il settimo alla monografia di Feifer sull'arrivo delle «Navi nere»; l'ottavo alla biografia di Keene dell'imperatore Meiji; il nono al diario di Siemes riguardante il bombardamento atomico di Hiroshima; il decimo alle biografie di Nathan e Inose su Mishima Yukio. L'apertura dell'undicesimo capitolo è stata influenzata da *Strong in the Rain* di Birmingham e McNeill, soprattutto per quanto riguarda le vicissitudini di David Chumreonlert, un texano di origine thai che lavorava come supplente di Inglese presso la scuola elementare di Nobiru l'11 marzo 2011.

Il mio libro si rivolge a un pubblico generalista; di conseguenza, ho evitato di soffermarmi su discussioni troppo specialistiche, come pure di introdurre citazioni in lingue esotiche. Mi permetto comunque di indicare alcuni testi che potranno risultare utili a chiunque vorrà approfondire i temi trattati nel mio lavoro. Per quanto riguarda i migliori studi di docenti contemporanei, suggerisco di iniziare con *Japan Emerging: Premodern History to 1850.* Il saggio di Mikiso Hane *Premodern Japan* è stato ripubblicato qualche anno fa e ampliato con contributi inediti di Louis Perez. Riflettendo le tendenze più moderne, nella mia trattazione ho evidenziato alcune tematiche ecologiche, con particolare riguardo ai problemi della deforestazione e riforestazione. Sotto questo profilo, sono debitore a *The Green Archipelago* di Conrad Totman, al quale rinvio.

I miei capitoli sul Giappone dei secoli più antichi devono molto alle ricerche e alle scoperte più recenti ricapitolate da Junko Habu in *Ancient Jōmon of Japan*. Segnalo anche, per spessore e profondità (ben superiore alla mia), *Himiko and Japan's Elusive Chiefdom of Yamatai* di J. Edward Kidder, un testo eccellente sia dal punto di vista archeologico che da quello storiografico – Kidder rievoca con grande scrupolo la storia degli studi sul regno Yamatai, compresa la pluridecennale controversia sulla sua esatta collocazione geografica. Quanto alla figura semi leggendaria della regina Himiko, a fare chiarezza provvede *The Emergence of Japanese Kingship* di Joan Piggott.

Come evidenziato dal titolo del mio capitolo sul Medioevo nipponico, sconto un debito di riconoscenza nei riguardi del racconto di Ivan Morris *Il mondo del principe splendente: vita di corte nell'antico Giappone.* Dico questo anche se i lettori moderni possono ormai contare su diverse traduzioni del *Racconto di Genji.*

Le battaglie dell'epoca dei samurai costituiscono uno degli

argomenti prediletti dagli storici dilettanti. Tuttavia, per chi voglia approfondire seriamente questo tema, segnalo *Heavenly Warriors* di William Wayne Farris. *The Christian Century in Japan* di Charles Boxer – un autentico classico – si concentra sulla rapida ascesa e l'apocalittica caduta dei missionari cristiani tra il XVI e il XVII secolo.

Per i tragicomici retroscena della missione del commodoro Perry e delle sue «Navi nere» (guasti, incidenti, e l'astuzia giapponese nello stampare i trattati a caratteri microscopici), uno dei testi migliori è senz'altro *Far China Station* di Robert Erwin Johnson. *Japan and the London Illustrated News*, a cura di Terry Bennett, ci restituisce decenni di articoli di quella testata, proponendoci un'avvincente cronologia non solo degli eventi, ma anche di ciò che i giornalisti britannici dell'epoca consideravano degno di particolare interesse.

The Abacus and the Sword di Peter Duus e *Japan's Total Empire* di Louise Young ci introducono magnificamente al tema dell'effimero espansionismo giapponese in Corea e Manciuria. Né va dimenticato, per quel che concerne la colonizzazione dell'isola di Hokkaidō, *The Conquest of Ainu Lands: Ecology and Culture in Japanese Expansion,1590-1800* di Brett Walker.

Per quanto riguarda il Giappone contemporaneo (un argomento che investe più la cronaca che la storia), c'è solo l'imbarazzo della scelta. Tra gli innumerevoli libri di viaggio nel Sol Levante scritti da occidentali, quelli di Alex Kerr e Alan Booth spiccano per la loro attendibilità, anche se ogni tanto gli autori sembrano non capire fino in fondo alcuni aspetti della cultura nipponica, reagendo ad essi in modo discutibile. Per una visione generale del Giappone dei giorni nostri, per molti versi ancora sospeso tra modernità e passato, un buon testo da cui partire è *Japan and the Shackles of the Past* di Taggart Murphy.

BIBLIOGRAFIA

Questa bibliografia, pur breve, comprende tutti i testi che ho effettivamente citato, o usato come fonti, nel corso della mia trattazione.

Adolphson Mikael, *The Teeth and Claws of the Buddha: Monastic Warriors and Sohei in Japanese History*, University of Hawaii Press, Honolulu 2007.

Alcock John Rutherford, *The Capital of the Tycoon: A Narrative of a Three Years' Residence in Japan* (2 voll.), Harper & Brothers, New York 1863.

Aston William George (trad.), *Nihongi: Chronicles of Japan from the Earliest Times to A.D. 697*, Tuttle, Rutland 1972.

Batten Bruce, *Climate Change in Japanese History and Prehistory: A Comparative Overview*, Edwin O. Reischauer Institute Occasional Papers in Japanese Studies, Harvard University, Cambridge 2009.

Bennett Terry, *Japan and the Illustrated London News – Complete Record of Reported Events 1853-1899*, Global Oriental, Folkestone 2006.

Best Jonathan W., *A History of the Early Korean Kingdom of Paekche together with an Annotated Translation of the Paekche Annals of the Samguk Sagi*, Harvard University Press, Cambridge 2006.

Birmingham Lucy, David McNeill, *Strong in the Rain: Surviving Japan's Earthquake, Tsunami, and Fukushima Nuclear Disaster*, St Martin's Press, New York 2012.

Booth Alan, *The Roads to Sata: A 2000-Miles Walk Through Japan*, Kōdansha America, New York 1997.

Boxer Charles R., *The Christian Century in Japan 1549-1650*, Carcanet, Manchester 1951.

Brienza Casey, *Manga in America: Transnational Book Publishing and the Domestication of Japanese Comics*, Bloomsbury Academic, London 2015.

Chen Cheng et al. (trad.), *The Classic of Mountains and Seas*, Hunan People's Publishing House, Changsha 2010.

Conlan Thomas, *In Little Need of Divine Intervention: Takesaki Suenaga's Scrolls of the Mongol Invasion of Japan*, East Asia Program, Cornell University, Ithaca 2001.

Cooper Michael (a cura di.), *They Came to Japan: An Anthology of European Reports on Japan, 1543-1640*, University of Michigan, Ann Arbor 1965.

Deal William E., *Handbook to Life in Medieval and Early Modern Japan*, Oxford University Press, New York 2006.

Delgado James P., *Khubilai Khan's Lost Fleet: History's Greatest Naval Disaster*, Bodley Head, London 2009.

Duus Peter, *The Abacus and the Sword: The Japanese Penetration of Korea 1895-1910*, University of California Press, Berkeley 1998.

Farris William Wayne, *Heavenly Warriors: The Evolution of Japan's Military 500-1300*, Harvard University Press, Cambridge 1992.

Feifer George, *Breaking Open Japan: Commodore Perry, Lord Abe, and American Imperialism in 1853*, Smithsonian Books, New York 2006.

Friday Karl, *Japan Emerging: Premodern History to 1850*, Westview Press, Boulder 2012.

Habu Junko, *Ancient Jomon of Japan*, Cambridge University Press, Cambridge 2014.

Heldt Gustav (trad.), *The Kojiki: An Account of Ancient Matters*, Columbia University Press, New York 2014 (trad. it. a cura di Paolo Villani, *Kojiki. Un racconto di antichi eventi*, Marsilio editore, Venezia 2006).

Hendy Richard, «Yubari, Japan: a city learnshow to die», *The Guardian*, 15 agosto 2014. Disponibile online su: www.theguardian.com/cities/2014/aug/15/yubari-japan-city-learns-die-lost-population-detroit

Hesselink Reinier H., *The Dream of Christian Nagasaki: World Trade and the Clash of Cultures, 1560-1640*, McFarland & Co., Jefferson 2016.

Inose Naoki, Hiroaki Sato, *Persona: A Biography of Yukio Mishima*, Stone Bridge Press, Berkeley 2012.

Johnson Robert Erwin, *Far China Station: The U.S. Navy in Asian Waters 1800-1898*, Naval Institute Press, Annapolis 1979.

Keene Donald, *Major Plays of Chikamatsu*, Columbia University Press, New York 1961.

Id, *Emperor of Japan: Meiji and His World 1852-1912*, Columbia University Press, New York 2002.

Kerr Alex, *Dogs & Demons: The Fall of Modern Japan*, Penguin, Harmondsworth 2002.

Kidder J. Edward, *Himiko and Japan's Elusive Chiefdom of Yamatai: Archeology, History and Mythology*, University of Hawaii Press, Honolulu 2007.

Landor Arnold Henry Savage, *Alone with the Hairy Ainu: Or 3800 Miles on a Pack Saddle in Yezo and a Cruise to the Kurile Islands*, John Murray, London 1893.

Leggett Trevo, *Shōgi: Japan's Game of Strategy*, Tuttle, Rutland 1966.

Leite Samuel, *New Kabuki Encyclopedia: A Revised Adaptation of Kabuki Jiten*, Greenwood Press, Westport 1997.

Maki John M., *A Yankee in Hokkaidō: The Life of William Smith Clark*, Lexington Books, Lanham 2002.

McNicol Tony, «Japanese Royal Tomb Opened to Scholars for the First Time», *National Geographic*, 28 aprile 2008. Disponibile online su: https://heritageofjapan.wordpress.com/following-the-trail-of-tumuli/types-of-tumuli-and-haniwa-cylinders/national-geographic-japanese-royal-tomb-opened-to-scholars-for-first-time/

Minohara Tosh et al. (a cura di), *The Decade of the Great War: Japan and the Wider World in the 1910s*, Brill, Leiden 2014.

Morris Ivan, *The World of the Shining Prince: Court Life in Ancient Japan*, Peregrine, Harmondsworth 1979 (trad. it. a cura di Pietro Parri, *Il mondo del principe splendente: Vita di corte nell'antico Giappone*, Adelphi, Milano 1984).

Morton W. Scott, J. Kenneth Olenik, *Japan: Its History and Culture* (Quarta edizione), McGraw-Hill, New York 2005.

Murphy R. Taggart, *Japan and the Shackles of the Past*, Oxford University Press, New York 2015.

Nathan John, *Mishima: A Biography*, Tuttle, Rutland 1974.

Nitobe Inazō, *The Intercourse Between the United States of North America and Japan – An Historical Sketch*, Johns Hopkins Press, Baltimore 1891.

OkaYoshitake, *Prince Konoe Fumimaro: A Political Biography*, Madison Books, Lanham 1992.

Ooms Herman, *Imperial Politics and Symbolics in Ancient Japan – The Tenmu Dynasty 650-800*, University of Hawaii Press, Honolulu 2009.

Pearson Richard, *Ancient Ryūkyū: An Archeological Study of Island Communities*, University of Hawaii Press, Honolulu 2013.

[People's Court Daily, Trials of Justice] *Commemoration of the 70th Anniversary of the Victory of the Chinese People's War of Resistance Against Japanese Aggression*, People's Court Press, Beijing 2016.

Piggott Joan, *The Emergence of Japanese Kingship*, Stanford University Press, Stanford 1997.

Polo Marco, *The Travels*, trad. Ronald Latham, Penguin, London 1958. Per il lettore italiano, tra le numerose edizioni de *Il milione*, citiamo quella proposta nella collana I Meridiani da Mondadori, Milano 1982.

Rafferty Kevin, «WhyAbe's womenomics program isn't working», *Japan Times*, 31 dicembre 2015. Disponibile online su: www.japantimes.co.jp/opinion/2015/12/31/commentary/japan-commentary/abes-womenomics-program-isnt-working/#.XcPi7TNKhPY

Ruoff Kenneth J., *Imperial Japan at Its Zenith: The Wartime Celebration of the Empire's 2600th Anniversary*, Cornell University Press, Ithaca 2010.

St. John Henry Craven, *Notes and Sketches from the Wild Coasts of Nipon*, David Douglas, Edinburgh 1880.

Samuels Richard J., «Kishi and Corruption: An Anatomy of the 1955 system», *Japan Policy Research Institute*, Working Paper N. 83, dicembre 2001.

Satow Ernest, *A Diplomat in Japan*, Stone Bridge Press, Berkeley 2006.

Schuessler Axel, *ABC Etymological Dictionary of Old Chinese*, University of Hawaii Press, Honolulu 2007.

Shigematsu Setsu, *Scream from the Shadows: The Women's Liberation Movement in Japan*, University of Minnesota Press, Minneapolis 2012.

Shōnin Nichiren, *Writings of Nichiren Shōnin*, Trad. Kyōtsu Hori, Nichiren Shū Overseas Propagation Promotion Association, Honolulu 2002.

Siemes John, «The Atomic Bombings of Hiroshima and Nagasaki, Chapter 25: Eyewitness Account», *The Avalon Project*. Disponibile online su: http://avalon.law.yale.edu/20th_century/mp25.asp

Smart Richard, «Tōkyō's 50-Year Itch: Why is Sony Knocking Down its Flagship Building?». *The Guardian*, 28 giugno 2016. Disponibile online su: www.theguardian.com/cities/2016/jun/28/tokyo-sony-flagship-building-olympics-park

So Kwan-wai, *Japanese Piracy in Ming China During the 16th Century*, Michigan State University Press, East Lansing 1975.

Solt Georg, *The Untold History of Ramen: How Political Crisis in Japan Spawned a Global Food Culture*, University of California Press, Berkeley 2014.

Soumaré Massimo, *Japan in Five Ancient Chinese Chronicles: Wo, the Land of Yamatai, and Queen Himiko*, Kurodahan Press, Fukuoka 2009.

Tagore Rabindranath, *The Spirit of Japan: A Lecture*, Indo-Japanese Association, Tōkyō 1916.

Tames Richard, *A Traveller's History of Japan* (Quarta edizione), Chastleton Travel, Moreton in Marsh 2008.

Teeuwen Mark, Kate Wildman Nakai (a cura di), *Lust, Commerce, and Corruption: An Account of What I Have Seen and Heard, by an Edo*

Samurai, Columbia University Press, New York 2014.
Totman Conrad, *The Green Archipelago: Forestry in Preindustrial Japan*, University of California Press, Berkeley 1989.
Tsang Carol Richmond, *War and Faith: Ikkō Ikki in Late Muromachi Japan*, Harvard University Press, Cambridge 2007.
Vlastos Stephen, *Mirror of Modernity: Invented Traditions of Modern Japan*, University of California Press, Berkeley 1998.
Walker Brett L., *The Conquest of Ainu Lands: Ecology and Culture in Japanese Expansion, 1590-1800*, University of California Press, Berkeley 2006.
Wang Zhenping, *Ambassadors from the Isles of the Immortals: China-Japan Relations in the Han-Tang Period*, University of Hawaii, Honolulu 2005.
Whitehouse Wilfrid, Yanagisawa Eizo, *Lady Nijō's Own Story: The Candid Diary of a Thirteenth-Century Japanese Imperiale Concubine*, Tuttle, Rutland 1974.
Young Louise, *Japan's Total Empire: Manchuria and the Cult of Wartime Imperialism*, University of California Press, Berkeley 1999.

INDICE ANALITICO

Titoli in collana

STORIA E STORIE

Callum MacDonald
Operazione Anthropoid
L'attentato a Reinhard Heydrich, il "boia di Praga"
pp. 400, € 18,00
EAN 9788809815070

Robin Waterfield
La ritirata di Senofonte
Lo scontro fra greci e persiani al tramonto dell'età classica
pp. 336, € 18,00
EAN 9788809815087

John Man
Saladino
Il condottiero che sconfisse i crociati
pp. 336, € 18,00
EAN 9788809815797

Stephen Dando-Collins
La legione di Cesare
Le imprese e la storia della decima legione dell'esercito romano
pp. 496, € 18,00
EAN 9788809815094

Joshua Levine
Somme. Voci dall'inferno
pp. 384, € 22,00
EAN 9788809830028

Sandro Matteoni
Sul confine dell'Impero
Imprese militari e vita quotidiana dei soldati di Roma
pp. 320, € 20,00
EAN 9788809820128

Richard Bassett
La spia delle spie
Wilhelm Canaris e il complotto per assassinare Hitler
pp. 448, € 18,00
EAN 9788809833074

Stephen Dando-Collins
L'assassinio di Germanico
Trame e misteri alla corte dei Cesari
pp. 354, € 20,00
EAN 9788809836037

Gordon Thomas - Greg Lewis
Guerriere nell'ombra
Le spie alleate che sfidarono il Terzo Reich
pp. 400, € 20,00
EAN 9788809847750

Brian Todd Carey
Annibale alle porte!
La guerra totale tra Roma e Cartagine
pp. 304, € 20,00
EAN 9788809860148

Gianmaria Donà dalle Rose
L'antipapa veneziano
Vita del Doge Leonardo Donà
pp. 192, € 20,00
EAN 9788809864450

Johnathan Kingsbury
Condottieri
I guerrieri che hanno fatto la storia
pp. 304, € 14,90
EAN 9788809889842

John Man
Sulla Via della Seta
Marco Polo e l'incontro tra due mondi
pp. 352, € 14,90
EAN 9788809889859

Michael Fitzgerald
Il tesoro occulto dei nazisti
e altri misteri irrisolti
della Seconda guerra mondiale
pp. 288, € 14,90
EAN 9788809889293

STORIA E STORIE